제3판

유아사회교육

조운주 · 최일선

창지사

머 리 말

현대 사회는 첨단과학의 발달로 매우 급속하게 변화하고 있다. 생활의 측면에서 컴퓨터나 스마트폰 등의 보급으로 모바일, 블로그, 카페, 트위터, 페이스북 등의 온라인 상호작용이 증가하면서, 사람들이 직접 만나서 인간관계를 형성할 수 있는 기회는 점점 줄어들고 있다. 환경적 측면에서는 산업화로 인해 자연환경이 파괴되면서 지진, 쓰나미, 홍수, 가뭄, 한파, 열대야, 황사, 미세먼지 등의 자연재해가 지속적으로 발생하고 있고, 사람들은 언제 발생할지 모르는 자연재해에 위협을 받으며 살아가고 있다. 경제적 측면에서는 양적으로 발전하였으나 빈부의 격차는 점차 증가하여 사람들은 과거보다 상대적 빈곤감을 더 많이 느끼면서 살아가고 있다. 직업도 변화하여, 다양하고 새로운 직업이 새로 등장하고 테크놀로지가 사람의 역할을 대신하면서 일부 직업은 사라지고 있다. 경제적 이해관계도 복잡해져서 다양한 이익집단이 생겨나고 있다. 문화적으로는 가족구조가 다양하게 변화하고 있고, 이민자 가족이 늘어나면서 다양한 인종의 사람들이 공존하는 다문화 사회가 형성되고 있으며, 세계화로 여러 나라의 문화를 공유하는 시대에 살고 있다. 가치 측면에서 보면, 사회 구성원 간의 지속적인 평가로 인하여 공동체에서 다른 사람들과 더불어 살아가는 것보다는 경쟁에서 우위에 서는 것을 우선시하고 있으며, 경쟁에서 밀려난 사람들을 패배자로 인식하는 풍토가 사회 전반에 만연하고 있다.

현대 사회에서 행복감과 만족감을 느끼지 못하는 학생들은 학교 폭력, 왕따 등의 문제를 유발시키고 있으며, 더불어 살지 못하고 고립감을 느끼는 사람들은 자살이라는 극단적인 방법을 선택하는 등 다양한 문제들이 벌어지고 있다. 한 마디로 행복하지 않은 사회, 문화를 공유하지만 함께 더불어 사는 것이 아니라 경쟁하고 고립되는 사회로 치닫고 있다.

이러한 사회적 문제를 해결하기 위해서는 사회구조의 개선과 함께, 자신을 긍정적으로 인식하고, 다른 사람과 바람직한 관계를 형성하고, 공평하고 도덕적이며, 친사회적인 태도와 가치 등 사회적 역량을 기르도록 교육하는 것이 매우 중요할 것이다. 이러한 역할을 담당하는 것이 바로 사회교육이다. 즉, 현대 사회의 다양한 문제점을 해결하기 위해서 바른 사회교육이 반드시 이루어져야 한다.

'유아사회교육'은 유아들에게 자신에 대한 바른 인식을 갖게 하고, 다른 사람과 긍정적인 관계를 형성하게 도와주며, 자신의 감정을 조절할 수 있는 능력을 증진시켜주기 위한 교육이다. 또한 유아사회교육은 어린 유아들이지만 공평함, 규칙, 도덕적 가치를 습득하고 사회의 경제, 지리, 역사 등에 대한 기초 지식을 습득하여 민주시민으로서의 역할을 수행할 수 있도록 교육하는 것이다.

유아교사들의 경우, 사회교육의 중요성에 대해서는 잘 인식하고 있다. 그러나 유아들에게 필요한 사회교육 내용이 무엇인지를 정확히 인식하지 못하는 경우가 많고, 2019년 누리과정이 개정되면서 유아들의 놀이와 사회관계 내용을 효과적으로 통합시키는 것을 어려워한다. 이에 유아교사들이 유아사회교육의 내용을 보다 정확히 이해하고 유아 · 놀이 중심인 2019 개정 누리과정을 체계적으로 운영할 수 있도록 지원하기 위해서 개정되었다. 이러한 의도로 개정된 이 책은 다음과 같은 특성을 가진다. 첫째, 유아들에게 가르쳐야 하는 사회교육 내용을 사회 · 정서발달과 사회과학 영역으로 나누어서 제시하였다. 둘째, 유아사회교육과정의 효과적인 운영을 위해서 표준(standards) 및 2019 개정 누리과정의 사회관계 내용에 기초한 교육과정 운영방안을 제공하였다. 셋째, 유아사회교육 내용을 다루기에 적합한 놀이 및 대 · 소집단 활동을 연령별로 제시하였다. 넷째, 유아들의 놀이를 관찰하고, 2019 개정 누리과정에 기초하여 분석한 다음, 놀이를 지원 및 확장하는 방법을 제시하였다.

이 책은 이러한 특성을 반영하여 유아사회교육의 이론 부분, 그리고 유아사회교육의 실제 부분을 사회 · 정서발달과 사회과학으로 나누어 총 3부로 구성하였다. 1부 '유아사회교육의 이론'은 유아사회교육의 개념 및 중요성, 유아사회화 이론 및 영향요인, 유아사회교육의 목표 및 내용, 유아사회교육의 방법, 유아사회교육과정의 운영, 유아사회교육의 평가에 대해서 다루었다. 2부 '사회 · 정서발달'은 자아개념, 정서, 성인 및 또래 관계에 대해서 다루었다. 3부 '세상이해를 위한 사회과학'은 가족 및 지역사회, 시민의식, 경제, 지리, 역사에 대해서 다루었다. 2, 3부에서는 각 장별로 정의 및 중요성을 제시하였고, 유아의 발달특성을 기술하였다. 그리고 표준 및 2019 개정 누리과정 내용에 기초하여 가장 적절한 연령별 놀이 및 대 · 소집단 활동을 제공하였고, 유아의 놀이관찰 및 분석에 기초한 교육과정 운영 및 교사의 지원 방법을 제공하였다.

이 책을 통해서 예비유아교사 및 유아교사들이 유아사회교육의 중요성을 인식하고, 유아들에게 가르쳐야 하는 사회교육의 내용이 무엇인지 정확히 이해하기를 기대한다. 또한 사회교육 표준 및 2019 개정 누리과정에 기초하여 교육과정을 어떻게 운영할 것인지 전문적 지식 및 운영 능력을 습득하기를 바란다. 하지만 저자의 의도가 충분히 전달되었는지 여러 가지 고민이 남아 있다.

마지막으로 정성으로 만들어주신 창지사 관계자분들께 감사의 인사를 드린다.

2023년 7월

저자 일동

차 례

CHAPTER 03 유아사회교육의 목표 및 내용 _ 55

CHAPTER 04 유아사회교육의 방법 _ 69

CHAPTER 05 유아사회교육과정의 운영 _ 99

CHAPTER 06 유아사회교육의 평가_ 113

PART 02 사회 · 정서발달

PART 03 세상이해를 위한 사회과학

PART 01

유아사회교육의 이론

CHAPTER

01

유아사회교육의 개념 및 중요성

SOCIAL STUDIES FOR YOUNG CHILDREN

1. 유아사회교육의 개념

사회교육의 개념은 일반적으로 사회과 교육(social studies)을 중심으로 정의한다. 사회과 교육의 개념은 광범위하기 때문에 목적과 특성이 분명하게 정의되지 못하고 있다(Melendez, Beck, & Fletcher, 2000). 사회과 교육에 대한 사전적 정의를 살펴보면, 사회과 교육은 여러 가지 인간관계 문제를 아동의 요구와 흥미에 따라서 학습시키는 학교교육의 한 분야이다. 사회과 교육은 사회생활에 필요한 지식 · 기능 · 태도 · 습관 · 성격을 함양하고 나아가 성공적인 사회생활을 함과 동시에 사회와 국가의 발전에 공헌할 수 있는 민주시민을 양성하기 위한 교육을 의미한다(서울대학교 교육연구소, 1995). 미국 사회과교육협회(National Council for the Social Studies: NCSS, 2010)는 유치원에서부터 12학년의 사회과 교육을 시민의 역량을 증진시키기 위해서 사회과학(social science)과 인문학을 통합적으로 학습하는 것이라고 정의하였다. 사회과위원회의 정의에 따르면, 사회과 교육은 인류학, 고고학, 경제학, 지리학, 역사학, 법학, 철학, 정치학, 심리학, 종교, 사회학과 같은 학문뿐 아니라 인문학, 수학, 자연과학의 내용을 활용하여 통합적이고 체계적으로 학습하는 것을 의미한다. 미국의 미네소타 주 교육부(Minnesota Department of Education, 2015)에서는 사회과 교육을 시민의식 · 정부, 경제, 지리, 역사 등의 사회과학과 인문학 등 현대 사회의 시민으로 알아야 하는 내용을 이해하고, 필요한 기술과 성향을 발달시키는 것이라고 정의하였다.

그 외에 학자들(Melendez, Beck, & Fletcher, 2000; Parker, 2005)의 사회과 교육에 대한 정의를 살펴보면, 사회과 교육을 2가지 측면으로 설명하였다. 첫째, 사회과 교육은 사회과학(역사, 지리, 시민과 정치, 경제, 사회학, 인류학 등)과 인문학(철학, 윤리학, 문학, 종교, 음악, 예술, 등)의 사실, 아이디어, 기술, 이슈, 탐구방법을 포함하는 통합적 교육이다. 둘째, 사회과 교육은 문화적으로 다양하고, 상호의존적인 민주사회에서 공공의 선을 위해서 합리적으로 의사결정을 할 수 있는 시민으로서의 역량을 발달시키는 것이다.

이와 같은 점에서 사회과 교육은 성공적인 사회생활을 함과 동시에, 사회와 국가의 발전에 공헌할 수 있는 민주시민을 양성하기 위해서 다양한 사회과학과 인문학 등을 포함하여 가르치는 통합적인 교육이라고 볼 수 있다.

유아를 위한 사회과 교육에 대해서 유아학습 · 지식센터(Early Childhood Learning & Knowledge Center, 2015)는 사람들에 대해서 이해하고, 사람들이 다른 사람 또는 주변 세계와 어떻게 관계를 형성하는지를 이해하는 것이라고 하였다. 마인즈(Mindes, 2005)와 닐(Neill, 2015)은 유아를 위한 사회과 교육을 사회 조직 및 집단의 구성원인 유아의 시민의식과 자부심을 증진시키는 것을 목표로 이웃과 지역사회 문제를 조사하고, 학급과 사회의 이슈를 해결하도록 지원하는 것이라고 하였다.

그동안 우리나라에서 유아를 위한 사회과 교육을 '유아사회교육'이라는 용어로 사용되어 왔다. 유아사회교육은 유아의 사회 · 심리학적 발달은 강조하였으나 인지적으로 미성숙한 유아가 사회과학 지식을 다루는 것은 어렵다고 생각하여 사회과학에 대한 교육은 부분적으로 실시되었다. 이러한 인식으로 유아사회교육은 유아의 사회성 발달을 주요 목표로 기초생활 및 훈련과 같은 사회 · 정서발달에 치중해 왔다. 그러나 최근에 이르러서는 유아의 사회 · 정서발달과 함께 사회과학에 대한 관심이 증가하고 있다. 따라서 유아를 위한 사회교육의 범위는 사회 · 정서발달과 역사, 지리, 경제, 환경, 사회적 시사 등의 기본적인 사회과학 개념을 포함한다(이은화 · 김영옥, 2000; 장영희 · 엄정애 · 박수진, 2007; Melendez, Beck, & Fletcher, 2000).

유아사회교육에서 다루어지는 유아의 사회 · 정서발달이란 사회적으로 성인 및 다른 유아와 친밀하고 만족스러운 관계를 형성하고 유지할 수 있는 능력을 의미하며, 정서적으로 자신의 감정을 인식하고, 적절히 표현하고 조절할 뿐 아니라 다른 사람의 감정을 이해하고 적절히 반응할 수 있는 능력을 의미한다(Administration for Children and Families, 2015). 신뢰감, 자신감, 자부심, 우정, 애정, 유머 등도 모두 사회 · 정서발달의 한 부분이다. 유아가 다른 사람과 효과적으로 관계를 형성하고, 친구를 사귀고, 협력하고, 협상하고, 갈등을 조절하고, 자신의 정서를 조절하고, 지시에 따르고, 주의집중 하는 등의 기술을 획득하기 위해서는 사회 · 정서적 기술이 필요하다(KidsMatter Australian Early Childhood Mental Health Initiative, 2014; Mid-State Central Early Childhood Direction Center, 2009). 유아의 사회 · 정서발달의 개념을 정리해 보면, 사회 · 정서발달은 자신이 누구이고 무엇을 할 수 있는지를 이해하는 개인적 발달, 자신과 다른 사람의 정서를 이해하고 감정이입 능력을 개발하는 정서적 발달, 그리고 다른 사람과의 관계에서 자신을 이해하고, 친구를 사귀고, 사회 규칙과 다른 사람의 행동을 이해하는 사회적 발달을 포함한다(Department for Childhood, Schools, and, Famillies, 2008, 조운주, 2014a, 재인용).

이러한 유아의 사회 · 정서발달은 유아가 학급과 지역사회에서 경험하는 사회과학과 밀접한 관련성이 있다(Early Childhood Learning & Knowledge Center, 2015). 유아사회교육에서 다루어지는 사회과학은 유아가 살고 있는 세상에 대해서 배우고, 가족 및 지역사회가 더 큰 세상과 어떻게 연결되는지를 이해하는 것으로, 사회에서 다른 사람과 상호작용하고 함께 사는 방법에 대해서 학습하는 것이다(Alaska Department of Education and Early Development, 2007; Kansas State Department of Education, 2014; Sinnema, 2004). 주로 역사, 시민의식, 경제, 지리, 생태, 테크놀로지 등 초등학교나 이후에 다루어질 사회과학 개념을 학습하기 위한 기본적인 기술과 역량, 경험을 포함한다(Michigan State Board of Education, 2013; Ohio Department of Education, 2011). 유아의 사회과학의 개념을 정리해 보면, 유아가 살고 있는 세상, 그리고 세상에서 사람들이 함께 사는 방법을 이해하기 위해서 역사, 지리, 경제, 다문화, 시민의식 등에 대해서 학습하는 것이다.

이상의 내용에 기초할 때, 유아를 위한 사회교육은 유아가 자신을 이해하는 개인적 발달, 다른 사람과 긍정적 관계를 형성하는 사회적 발달, 감정이해 및 조절을 위한 정서적 발달을 도모하는 것이다. 그리고 유아가 살고 있는 세상에서 사람들과 함께 사는 방법에 대해서 이해하기 위해서 역사, 지리, 경제, 다문화, 시민의식 등 사회과학에 대해서 학습하는 것을 의미한다.

2. 유아사회교육의 중요성

발달은 일생을 통해서 이루어지는 계속적인 성장과 변화의 과정이다. 유아기는 경험을 통해서 뇌의 구조와 기능이 급격하게 성장하는 결정적인 시기이고, 미래의 발달과 학습을 위한 기초를 제공하는 매우 중요한 시기이다(KidsMatter Australian Early Childhood Mental Health Initiative, 2016). 따라서 유아기는 사회·정서적인 발달과 사회과학의 학습에서도 중요한 시기이다. 유아기 사회·정서 발달과 사회과학의 중요성을 구체적으로 살펴보면 다음과 같다.

1) 유아 사회 · 정서발달의 중요성

유아교육의 가장 중요한 목표 중의 하나는 유아가 사회 · 정서적으로 건강하게 발달하는 것이다. 유아의 사회 · 정서발달은 인지 · 신체 · 언어영역과 밀접하게 상호작용을 하므로 다른 영역의 발달에 중요한 역할을 하고, 이후 생활에 영향을 주기 때문에 매우 중요하다(Arizona Department of Education, 2013; Nevada State Board of Education, 2010). 유아의 사회 · 정서발달은 유아의 자존감, 신뢰, 다른 사람과의 관계 형성능력, 감정이입 등에 영향을 미친다. 뿐만 아니라 어떻게 행동하고 판단해야 하는지와 같은 정신적 발달 및 지적 탐구심, 뇌기능의 발달, 그 이외의 의사소통과 언어사용 능력 등을 증진시킨다(Kharrzi & Delgoshee, 2010). 즉, 유아의 사회 · 정서발달은 유아의 전체적인 건강과 안녕의 기초적인 부분이고, 유아의 정신건강의 핵심이라고 말할 수 있다. 또한 유아의 사회 · 정서발달은 학습준비도, 학교생활, 이후 인생의 성공 등 장기간에 걸쳐서 영향을 미친다. 이러한 영향력 때문에 유아의 건강한 사회 · 정서발달을 촉진시키고, 사회 · 정서적 문제를 해결하는 것에 관심이 증가되고 있다(Powell & Dunlap, 2009).

유아의 사회 · 정서발달이 중요한 이유를 보다 구체적으로 살펴보면, 첫째, 유아기 자아개념은 자신이 누구이고 자신의 특성이 어떠한지를 인식하여 정체성을 형성하게 하고, 자신에 대한 존중감과 신뢰감을 갖게 하며, 자기조절력을 발달시킨다. 유아기 자신에 대한 느낌과 자신의 가치에 대한 생각은 다른 사람을 이해하고 감정이입을 하는 사회 · 정서적 기술의 기초가 되어 이후 인생에 많은 영향을 미친다(Alaska Department of Education and Early Development, 2007; Lackaff & Mindes, 2013). 최근 연구(Administration for Children and Families, 2015; Wisconsin Model Early Learning Standards Steering Committee, 2013)에 따르면, 자아존중감과 사회적 기술이 발달된 유아가 이후의 학습에서 더 성공적이었다. 미국 유아들에 대한 연구(Cooper, Masi, & Vick, 2009)에 의하면, 유치원에서 필요한 인지적 기술을 가지고 있는 유아는 60%이지만, 필요한 사회 · 정서적인 기술을 가지고 있는 유아는 40%에 불과하였다. 0~5세 유아 중 9.5~14.2%가 사회 · 정서적 문제가 나타났는데, 이는 학교준비에 부정적인 영향을 미쳤다. 6세 이하의 유아 중 9%가 정신건강 서비스를 받았고, 남아의 경우 여아보다 더 많은 문제행동을 보인 것으로 나타났다. 한국 유아들에 대한 연구(박낭자 · 고진영, 2006; 박민지 · 김민진, 2016; 이용주 · 오선영, 2014)에 의하면, 만 4~5세 유아 중 자아개념이 높은 유아가 유아교육기관에 더 잘 적응하였고, 자아개념이 높을수록 사회지능이 높은 것으로 나타났다. 그리고 만 5세 유아의 자아존중감은 유아의 행복에 영향을 미치는 것으로 나타났다. 따라서 유아기에 자신을 이해하고 자신에 대한 존중감을 발달시킬 수 있도록 성인의 체계적인 지도와 지원이 필요하다.

둘째, 유아기 사회 · 정서발달 중 정서를 이해하고 조절하는 능력은 자신과 다른 사람의 정서를 이해하고, 감정 이입을 도와주기 때문에 중요하다. 유아가 자신과 다른 사람의 정서를 정확히 인식하고, 분노, 좌절, 스트레스 등의 정서를 조절하여 긍정적인 방법으로 교사 및 또래와 관계를 맺을 때, 학교로의 전이에서 성공할 수 있다(Michigan Department of Community Health, 2003). 관련 연구(김성애 · 박성연, 2009; 김혜순, 2012; 신지혜 · 김혜순, 2014; 조성희, 2015)에 의하면 유아의 정서조절 능력이 높을수록 리더십이 좋았고, 유치원에 적응을 더 잘하였으며, 공격성이 적게 나타났다. 감정조절과 관련하여 유아시기의 자기조절 능력은 충동을 조절할 수 있는 능력으로, 다른 사람과 긍정적인 관계를 형성하고 성공적으로 학습하기 위해서 필요하다. 실제 4세에 자신의 정서를 조절할 수 없는 유아는 5세에 자기성질을 조절할 수 없으며, 또래와 부정적으로 상호작용을 한다. 만 5세에 자기조절을 못하는 유아는 6세에 교사의 지시를 따를 수 없고, 7세에 문제해결 방법을 계획할 수 없다(Boyd, Barnett, Leong, Bodrova, & Gomby, 2005). 따라서 유아는 정서를 다양하게 표현하고 이해하는 것, 불안감, 슬픔, 좌절을 극복하는 것, 자신의 감정을 조절하는 것, 만족을 지연하는 것, 공격성을 통제하는 것 등을 배워야 한다.

셋째, 유아기에 성인 및 또래와의 관계형성은 유아가 세상을 이해하고, 자신과 다른 사람에 대한 건강한 이미지를 형성하게 한다. 이 시기에 만들어진 사회적 관계는 미래의 관계형성에서 모델로 작용하고, 세상에 대한 지식을 구성하게 하므로 중요하다(Alabama Department of Children's Affairs Office of School Readiness, 2012). 유아의 성인과의 관계는 자아존중감과 행복감에 직·간접적인 영향을 미치고, 성인과 신뢰로운 관계를 형성한 유아는 주변 세상을 충분히 탐색할 수 있다(박민지·김민진, 2016; Administration for Children and Families, 2015). 한편, 유아는 또래 관계를 통해서 다른 요구와 생각을 가진 친구와 협상하고 문제를 해결하는 기술을 기를 수 있다. 또한 유아는 또래와 협동 활동에 참여하면서 의사소통을 하고, 다른 사람을 이해할 수 있다(Kharrzi & Delgoshee, 2010; Nevada State Board of Education, 2010). 따라서 유아기에 부모 및 교사와 신뢰로운 관계를 형성하고, 또래와 긍정적인 관계를 경험하는 것이 중요하다.

이상에서 살펴본 것처럼 사회·정서적 기초를 잘 형성한 유아는 자신감을 갖고, 갈등을 해결하고, 역경과 스트레스를 극복하여 목표를 달성할 수 있다. 이러한 유아는 성인이 되어서 스트레스를 잘 조절하고, 어려운 시간을 인내할 수 있어서 인생을 행복하게 살 수 있다(Mid-State Central Early Childhood Direction Center, 2009).

2) 유아사회과학의 중요성

사회·정서발달뿐 아니라 사회과학에 대해서 학습하는 것은 유아가 자유롭고 민주적인 미래 사회에서 생활하는 데 필요한 사회적 지식과 기술을 획득하게 한다(Melendez, Beck, & Fletcher, 2000). 유아는 태어나는 순간부터 자신이 속한 사회와 공간에 대해서 생각하고 학습한다. 3~4세가 되면서 유아는 사회를 이해하고 관찰하는 능력이 발달하면서 가족 및 지역사회가 자신의 생활에 미치는 영향력을 이해하고, 점차 사회 조직에 속한 자신을 인식하기 시작한다. 그리고 매일의 생활경험을 통해서 날씨, 돈, 시간, 장소와 위치의 개념을 이해하기 시작한다(California Department of Education, 2008). 이처럼 유아기에 사회적 정체성이 발달하고, 세상에서 자신의 위치에 대해서 생각하기 시작하면서 유아는 가정과 유아교육기관을 넘어서 역사, 전통, 문화, 시간, 환경과 장소에 대한 경험과 인식을 확장시킨다(Early Childhood Learning & Knowledge Center, 2015; Lackaff & Mindes, 2013). 따라서 유아기는 사회과학을 시작할 수 있는 적기이다. 유아가 사회과학에 대해서 학습하므로 집단에서의 권리와 책임, 사회적 규칙과 공정성, 개인적 역사와 전통, 시간과 과거 · 현재 · 미래 등 사람들이 상호작용하는 방법과 주변의 세계를 이해할 수 있다(Alaska Department of Education and Early Development, 2007; Michigan State Board of Education, 2013).

유아사회과학의 중요성을 구체적으로 살펴보면 다음과 같다. 첫째, 유아는 자신, 가족 및 지역사회의 문화에 대한 이해를 통해서 자신과 다른 사람들의 개인적 특성, 사람들 간의 유사성과 차이점을 알 수 있다. 유아는 다른 가족과 문화에 대해서 배우므로 다른 사람이 어떻게 생각하고 느끼는지를 이해하고, 다양한 관점에서 보기 시작한다. 더 나아가 유아는 지역사회의 특성을 알게 되면서 지역사회에 대한 소속감을 갖게 된다(Gainsley, 2013).

둘째, 유아는 집단에서 자신과 다른 사람의 권리와 책임을 이해하고, 사회 규칙과 공정성을 알게 되므로 시민의식을 증진시킬 수 있다(Mindes, 2005). 유아는 자신의 가족과 유아교육기관에서 의사결정의 기회를 갖고, 투표를 하고, 다수의 의견을 존중하고, 학급 규칙을 만들고 지키는 것에 참여한다. 이를 통해서 유아는 집단 구성원으로서의 참여와 책임을 경험하고, 갈등 해결, 다른 사람에 대한 공정성, 상호 존중 등 민주적인 절차에 대해서 배울 수 있다(Kansas State Department of Education, 2014; Neill, 2015).

셋째, 유아기에 기본적인 경제 개념인 희소성, 돈, 생산 · 소비 등을 이해하는 것은 건전한 소비생활을 위해서 중요하다. 유아기의 경제 경험으로 가정에서 부모가 돈을 주고 물건을 사는 것을 관찰하고, 용돈을 받아서 스스로 물건을 사 보거나 은행에 저축한다. 이외에도 유아교육기관에서 시장놀이에 참여하는 것을 들 수 있다. 이러한 경험을 통해서 유아는 자연스럽게 돈에 관심을 갖게 되고, 자신이 원하는 것을 사기 위해서 돈이 필요하고, 원하는 것을 모두 가질 수 없다는 것을 알게 된다. 이런 이해를 바탕으로 점차 어떻게 경제가 작동하는지, 돈이 어떻게 사용되는지, 경제생활에서 자신의 역할은 무엇인지 등에 대한 기본적인 이해를 발달시킨다(California Department of Education, 2008; Seffedlt, 2001). 경제에 대한 이해는 민주사회의 유능한 시민에게 필수적인 부분이므로 유아에게 직접적인 경험을 통해서 기초적인 경제 개념을 소개하는 것이 중요하다.

넷째, 유아는 방향과 위치, 공간의 상호관계성, 우리가 사는 지역 등을 탐색하고 지리 개념을 학습하므로, 자신이 살고 있는 세계의 특성과 사물의 존재를 이해할 수 있다(박찬옥 · 김영중 · 황혜경 · 엄정례 · 조경서, 2001). 유아는 사물을 정리하기 위해서 또는 흥미영역의 위치를 인식하기 위해서 상징을 사용하고, 환경의 특징과 위치를 인식한다. 유아는 교실 지도와 같이 단순하고 친숙한 지도를 볼 수 있고, 주변의 건물과 랜드마크의 위치를 설명하며, 모르는 지역의 지도를 해석할 수 있다(Gainsley, 2013). 이처럼 가족과 이웃, 나라와 지구, 그리고 지구에 사는 사람들에 대한 적절한 탐구방법은 유아에게 민주사회의 시민으로서 필요한 지리적 기술을 제공하므로 중요하다(Michigan State Board of Education, 2013).

다섯째, 유아가 하루 일과, 과거 · 현재 · 미래, 변화, 계속성 등의 역사 개념을 아는 것은 사건에 대해서 이해하고, 시간에 대한 감각을 발달시키며, 미래에 대한 예상과 계획을 가능하게 한다(California Department of Education, 2008). 유아는 과거와 미래의 일을 말하기 위해서 어제, 내일과 같은 어휘를 사용하고, 오래 전에 자신이나 가족에게 일어났던 이야기를 다른 사람들과 공유한다. 유아는 과거나 미래를 나타내는 사진이나 그림을 이해하고, 사건을 순서대로 구성할 수 있다(Gainsley, 2013). 이러한 유아의 역사 개념은 자신을 더 잘 이해하고, 보다 폭넓게 주변 세계를 바라볼 수 있으며, 앞으로의 삶을 계획하는 데 도움이 되기 때문에 중요하다.

이상에서 살펴본 것처럼 사회과학 경험은 교실 안과 밖, 지역사회와 세상에서 활동적이고 생산적인 시민이 되는 데 필요한 지식, 기술, 이해, 태도를 갖출 수 있는 기초를 제공한다. 사회과학에 대한 학습은 유아가 사회에서 협상하고, 문제를 해결하고, 자신의 요구에 대해서 의사소통하고, 구성원으로 의사결정을 하는 집단참여 기술을 발달시킨다. 사회과학을 통해서 배운 지식과 기술은 유아가 자신의 나라와 세상에 대해서 알게 하고 시민으로 참여하게 한다(Illinois State Board of Education, 2013; Ontarion Ministry of Education, 2013). 즉, 사회과학에 대한 학습은 유아에게 사회에서의 자신의 위치, 사회적 정체성을 형성하게 하고 인간의 맥락에 대해서 배우게 하므로 일상을 통해서 사회과학에 대해서 학습시키는 것이 중요하다.

CHAPTER

02

유아사회화 이론 및 영향요인

SOCIAL STUDIES FOR YOUNG CHILDREN

1. 유아사회화 이론

사회화는 개인이 자신이 속한 사회집단에 적합하다고 생각되는 행동양식을 습득하는 과정을 말한다. 개인의 사회화는 유아에서 성인 그리고 죽음으로 이어지는 생물학적인 과정으로 규정할 수 있다. 사회화 이론으로 정신분석 이론, 성숙주의 이론, 행동주의 이론, 인지발달 이론 및 생태학적 이론 등에 대해서 살펴보면 다음과 같다.

1) 정신분석 이론

정신분석 이론은 사회화에 대해 직접적으로 언급하지는 않았으나 무의식의 세계와 성격의 구조 및 발달과정을 제시함으로써 사회화 과정을 설명하고 있다. 정신분석 이론의 학자로는 심리 · 성적 발달이론을 주장한 프로이드(Freud)와 심리 · 사회적 발달이론을 주장한 에릭슨(Erickson)이 대표적이다.

(1) 프로이드의 심리·성적 발달이론

프로이드(Freud)에 의하면 인간은 자아만족과 쾌락을 추구하고 선천적 본능과 에너지를 갖고 있으며, 인간의 발달은 단계에 따라 이루어진다고 하였다. 이러한 전제하에 인간의 성격구조, 발달단계 및 성격형성 과정에 대해 설명하였다.

프로이드는 인간의 성격구조를 원초아(id), 자아(ego), 초자아(super ego)의 3가지로 설명하였다. 프로이드는 이 3가지 성격구조 간의 상호작용에 의해서 인간의 행동이 나타난다고 보았다. 성격구조의 주요 내용을 살펴보면 다음과 같다(강문희 · 신현옥 · 정옥환 · 정정옥, 2004; 송명자, 2001; Freud, 1920, 1923, McLeod, 2016, 재인용).

- 원초아(id)

  원초아는 본능을 포함하여 출생 때부터 나타나는 생리적 반응으로 이루어진다. 원초아는 쾌락 원리에 의해 지배되어 쾌락을 최대로 추구하고 고통을 최소화하려 한다. 이러한 성격을 가진 사람은 충동적인 행동을 하는 경향이 있다.

- 자아(ego)

  자아는 이성과 분별을 의미하며, 현실 원리를 따른다. 자아의 중요한 역할은 원초아의 본능적 욕구와 그를 둘러싸고 있는 환경의 조건을 중재하는 것이다. 자아의 성격이 강한 사람은 현실에 적절히 적응한다.

- 초자아(super ego)

  초자아는 인성 중에서 도덕적 · 통제적 기능을 수행하는 것으로, 도덕 원리에 입각하여 현실적이라기보다는 이상적으로 표상되며 완전을 추구하는 자아의 형태이다. 초자아가 잘 발달되어 원초아를 잘 억제하고 조절할 때, 도덕적 행동을 할 확률이 훨씬 높아진다.

프로이드는 인간 행동에 있어서 본능의 역할을 강조하고 있는데, 성적 본능 에너지를 리비도(libido)라고 하고 이것이 집중되는 신체부위를 성감대라고 하였다. 그는 성적 본능 에너지인 리비도가 집중적으로 나타나는 신체부위의 변화에 따라 심리·성적 발달단계를 구강기, 항문기, 남근기, 잠복기, 생식기로 구분하였다. 각 단계별 만족감의 정도와 성취여부에 따라 성격형성이 변화될 수 있는데, 문제가 있는 경우 성격적으로 고착되어 성장 후에 갈등상황에서 그 성격이 나타난다고 하였다. 또한 한 단계에서 다음 단계로 옮겨가는 데 명확한 단절이나 전이가 있다고 보지 않았다. 성격은 5세 무렵에 거의 완성되며 유아기의 각종 경험은 평생을 두고 반복된다고 하였다. 발달단계별 구체적인 내용을 살펴보면 다음과 같다(송명자, 2001; Schaffer, 1979).

- 1단계(0~1.6세): 구강기(oral stage)

  이 시기는 주로 입을 통해 쾌감을 얻는 단계로, 영아 전기에는 빠는 행위를 통해, 영아 후기에는 씹거나 깨무는 행동으로 리비도의 욕구가 충족된다. 욕구가 충족된 영아는 성인이 되어서 낙천적이며 관대하다. 이에 반해 구강기 욕구가 충족되지 못한 영아는 성인이 되어서 타인에게 지나치게 의존적이며 수동적이거나 공격적인 성격을 갖게 된다.

- 2단계(1.6~3세): 항문기(anal stage)

  이 시기는 영아가 대소변을 참거나 배설의 쾌감을 통해 리비도의 만족을 얻는 단계로, 대소변 훈련이 이루어지는 시기이다. 이 시기에 부모가 적절한 칭찬과 도움을 제공하면 창의적이고 생산적인 사람이 된다. 반면에 부모가 엄격하고 강압적일 경우에는 완고하고 인색한 사람이 되거나 지나치게 강박적이고 지저분한 사람이 되기도 한다(Crain, 1992).

- 3단계(3~6세): 남근기(phallic stage)

  이 시기는 생식기로부터 쾌감을 느낄 수 있을 만큼 신체적으로 성숙한 시기로, 자신의 생식기를 통해 리비도의 만족을 얻는 단계이다. 남아는 어머니에게, 여아는 아버지에게 이성적인 감정을 갖고 오이디푸스 갈등과 엘렉트라 갈등을 거쳐 자신과 같은 성의 부모와 동일시하면서 갈등을 해소한다. 이 시기를 원만하게 보내면 부모에 대한 동일시로 콤플렉스를 해결하고 초자아가 발달한다. 그러나 원만하게 보내지 못하면 남아는 과시적이며 남성성을 강조하는 기질을 갖게 되고 여아는 유혹적이고 경박한 성품을 갖게 된다.

- 4단계(6~12세): 잠복기(latency stage)

  이 시기는 생리적인 현상으로 성적 욕망이 대부분 무의식 속에 억압되어 잠복되어 있는 시기로, 성적 에너지를 학업, 운동, 놀이, 우정 등 사회적으로 용납되고 인정되는 활동으로 전환한다. 잠복기의 아동은 놀이를 통해 초자아를 공고하게 하고, 동성의 아동을 동일시하며 성인의 사회적 가치에 동화한다.

- 5단계(12세 이후): 생식기(genital stage)

  이 시기는 사춘기가 되면서 성적 · 공격적 충동이 이성에 대한 흥미와 관심으로 나타난다. 이 시기를 원만하게 보낼 경우, 성숙하고 책임 있는 사회적 · 성적 관계를 유지하며, 이성과의 사랑에서 만족감을 느끼며, 욕구 충족을 지연시킬 수 있고 책임감 있는 성인이 된다.

프로이드는 발달단계에서 유아가 자신이 추구하는 만족을 충분히 얻었을 때 다음 단계로의 이행이 순조롭게 진행된다고 하였다. 그리고 부모와의 동일시 과정을 통해서 유아가 일반적으로 가치 있게 생각하는 도덕성을 내면화하고 타인의 행동을 모방함으로써 사회화를 이루어 나간다고 생각하였다.

이상에서 살펴본 것처럼 정신분석 이론에서 제시한 주요 개념인 성격구조, 리비도, 발달단계, 동일시 등은 가족 내에서의 인간관계의 발달에 초점을 맞춘 것으로, 결국 양육방식 및 가족 간의 차이가 개인의 사회화와 성격 형성에 주요 요인이 된다는 것을 시사하고 있다.

(2) 에릭슨의 심리·사회적 발달이론

에릭슨(Erickson)은 프로이드의 심리 · 성적 발달이론을 더욱 확대시켜서 성인기 이후의 단계를 새로이 추가하였다. 에릭슨은 전 생애를 포괄하는 발달단계를 제시하였고 생의 각 단계에는 결정적인 사건이 있으며, 이는 사회적 상호작용에서 비롯된 심리 · 사회적 위기라고 하였다.

에릭슨은 발달단계에서 한 단계의 성취나 실패가 영구불변한 것은 아니지만 다음 발달단계에서 잘 적응하고 건전한 방식으로 나아가려면 각 심리 · 사회적 위기를 적절하게 해결해야 한다고 설명하였다. 즉, 각 단계에서의 발달과제가 어떻게 해결되느냐에 따라 개인의 특징적인 행동 패턴이 결정된다는 것이다. 이때 자아는 각 단계에서 나타나는 두 가지 특성 사이의 균형을 유지시키며, 갈등이 균형적으로 통합될 때 자아특성 또는 덕목(virtue)이 발달한다고 하였다. 에릭슨이 제시한 긍정적 및 부정적 특성을 갖는 8개의 심리 · 사회적 발달단계는 다음과 같다(강문희 외, 2004; 김신옥 · 민혜영 · 이혜란 · 홍길회, 2014; 송명자, 2001; Crain, 1992; Schultz & Schultz, 1987).

- 1단계(출생~약 1.6세 무렵): 신뢰감 대 불신감(trust vs. distrust)
  이 시기는 프로이드의 구강기에 해당하며, 가장 중요한 사건은 수유이다. 출생한 영아는 돌보는 양육자(특히 어머니)와의 관계를 통해 자신이 필요로 하는 기본적인 것을 얻으려 애를 쓰게 된다. 이때 양육자의 행동에서 일관성과 규칙성을 발견하게 되면 부모에 대한 기본적인 신뢰를 형성하게 된다. 그러나 주된 양육자가 아기의 요구에 잘 응해주지 않거나 일관성이 없을 경우, 아기는 불신감을 가지게 된다. 신뢰감과 불신감의 갈등이 균형적으로 이루어지면 '희망(hope)'이라는 자아특성이 발달된다.

- 2단계(1.6~3세 무렵): 자율성 대 수치심 및 회의(autonomy vs. shame/doubt)
  이 시기는 자기 통제와 자신감이 계발되기 시작하는 단계로, 스스로 더 많은 것을 할 수 있는 단계이다. 화장실 훈련은 이 단계에서 가장 중요한 과업이며, 스스로 음식을 먹고 옷을 입기 시작하면서 자율성을 확보하기 위한 노력을 한다. 이 단계에서 부모는 과보호하지 않는 것이 중요하며, 부모가 유아에게 적절한 강화를 해주지 않으면 유아는 수치심과 회의를 느끼게 된다. 이 단계에서 너무 많은 수치심과 회의를 경험한 유아는 나중에 자신감이 부족하게 된다. 자율성과 수치심을 적절하게 경험하면 자유선택권을 행사하려는 '의지(will)'라는 자아특성이 발달된다.

- 3단계(3~6세 무렵): 주도성 대 죄책감(initiative vs. guilt)
  이 시기는 신체적인 활동이 활발한 시기이며 다양한 신체적 활동 및 언어활동에 참여할 수 있는 능력이 발달하는 시기로, 이 단계에서 가장 중요한 과업은 독립심이다. 이 시기의 유아는 상상놀이를 통해 사회적 역할과 제도를 배우고 자신이 어떤 사람이 될 것인가에 대한 기본적인 인식을 가지게 된다. 이 시기의 유아가 목표를 세우고 자신이 세운 목표를 성취하기 위해 노력하는 것을 부모가 지지하면 주도성을 획득하게 된다. 그러나 부모가 통제하고 간섭하면 자신의 목표가 사회적으로 금지된 것이라고 생각하여 죄책감을 가지게 된다. 이 단계에서 유아는 자신과 타인을 보호하기 위하여 허용되지 않은 것이 있다는 것을 배울 필요가 있다. 주도성과 죄책감 간의 갈등이 균형 있게 되면 가치 있는 목표를 취하려는 '목적(purpose)'이라는 자아특성이 발달된다.

- 4단계(약 6~12세 무렵): 근면성 대 열등감(industry vs. inferiority)
  이 시기는 초등학교 시기로, 신체적 · 사회적 · 인지적 기능이 활발한 때이며, 다른 사람의 인정을 받으려고 애쓰는 시기이다. 이 시기의 아동은 학업, 운동, 타인과의 협동작업에 참여하고, 자신이 잘하는 일을 하는 과정에서 근면성을 발달시킨다. 만일 이 시기에 순조롭게 근면성이 발달하지 못하고 실수나 실패를 거듭하게 되면, 아동은 열등감을 가지게 된다. 근면성과 열등감 간의 갈등이 해결될 경우, '유능함(competence)'이라는 자아특성이 발달된다.

- 5단계(약 12~18세 무렵): 자아정체성 대 정체성혼란(identity vs. role confusion)
이 시기는 청소년기에 해당되며 질풍노도의 시기라고 표현하기도 한다. 자기 자신에 대해 올바로 인식하게 되면서 자신 속에서 일관성 있는 자아를 발견하게 되고, 자신이 타인의 눈 속에 어떻게 보여지는가에 대한 관심이 고조되고, 자기 존재에 대한 새로운 의문과 탐색이 시작되는 시기이다. 자아정체성을 확립한 청소년은 사회에서의 자신의 위치, 역할을 인식하고 책임지기 위해 노력한다. 그러나 정체성을 확립하지 못한 청소년은 자신의 존재 가치에 대해 의미 부여를 못하고 사회에서의 자신의 역할에 대한 혼란을 느끼는 등 정체성의 혼란이 나타난다. 자아정체성이 형성되면 '충실함(fidelity)'이라는 자아특성이 발달된다.

- 6단계(약 19~40세 무렵): 친밀감 대 고립감(intimacy vs. isolation)
이 시기는 사춘기를 지나 초기 성인기에 해당되는 시기로, 에릭슨은 이 단계 이후에서 프로이드의 발달단계를 뛰어넘어 자신만의 독자적인 이론을 정립하였다. 정체성을 확립한 성인은 이성이나 타인과의 의미 있는 친밀한 관계를 형성하나 정체성을 확립하지 못한 성인은 자신에 대한 자신감이 없기 때문에 이성이나 타인과의 관계에서 친밀감을 형성하지 못하여 고립된다. 친밀한 관계를 잘 맺게 될 경우 '사랑(love)'이라는 자아특성이 발달된다.

- 7단계(약 40~65세 무렵): 생산성 대 침체감(generativity vs. stagnation)
이 시기의 생산성은 다른 사람을 돌보는 성인의 능력을 나타내는 것으로, 다음 세대를 위해 무엇인가 지원할 수 있는 일을 하고 있다고 느끼는 것이다. 이 단계에서 가장 중요한 사건은 자녀양육이다. 자녀양육에 대한 성취감을 경험하지 못한 성인은 의미 있는 만족감의 부재로 침체감을 느낀다. 생산성의 균형 있는 발달이 이루어지면 '호의(care)'라는 자아특성이 발달된다.

- 8단계(약 65세~ 죽음): 자아통합 대 절망(integrity vs. despair)
  이 시기에서 가장 중요한 사건은 자신의 삶 전체를 받아들이고 그 삶을 긍정적인 방식으로 반성하는 것이다. 노인이 자신의 살아온 과정을 점검하면서 인생이 가치 있고 보람 있다고 느끼면 자아통합을 이루게 되지만, 자신의 인생에 만족감을 느끼지 못하면 절망감을 느껴 죽음을 두려워하게 된다. 자아통합을 경험하게 되면 '지혜(wisdom)'라는 자아특성이 발달된다.

오늘날 에릭슨의 이론은 정신분석 이론에서 가장 많이 활용되고 있다. 프로이드의 이론이 정신과 환자를 대상으로 도출된 이론인 데 반해 에릭슨의 이론은 일반인을 대상으로 한 이론으로, 인간발달을 보다 긍정적으로 보고 있다. 아울러 프로이드가 성적 욕구에 집중했다면 에릭슨은 성적 욕구에만 제한을 둔 것이 아니라 심리 · 사회적 발달단계에 따라 일정 시기가 되면 유아가 사회적 행동을 보이고 사회적 적응을 위해 노력한다는 것을 시사한다. 따라서 성인의 역할은 유아가 발달 위기를 적절히 넘길 수 있도록 도와주고 올바로 사회화를 이룰 수 있도록 지원하는 것이다.

2) 성숙주의 이론

성숙주의 이론은 사람이 선천적으로 태어날 때부터 가지고 있는 생득적인 부분을 강조하여 이미 내재되어 있는 발달단계에 따라 발달이 이루어진다고 보았다. 사회화의 경우도 일정한 시기가 되면 습득되고 발달하게 된다고 보았다.

성숙주의 이론은 철학적으로는 루소(Rousseau)의 자연주의에 근원을 두고, 심리학적으로는 인간발달이 예정된 패턴대로 전개되어 나간다는 다윈(Darwin), 홀(Hall)과 게젤(Gesell)의 이론에 근거를 두고 있다. 성숙주의자들은 연령별 행동규준을 제시하였고, 이에 따라 미성숙하고 바람직하지 않은 것을 보다 성숙하고 바람직한 것으로 바꾸어 나가는 것을 사회화된 것으로 평가하였다(신옥순, 2001).

(1) 홀

홀(Hall)은 아동연구운동의 창시자로, 질문지법, 관찰법, 일화기록법 등을 통해서 보다 객관적이고 과학적인 연구방법을 제시하였다. 그는 진화론자인 다윈의 영향을 받아 발달연구에서 과학적 · 생물학적 측면을 적용하였다. 그래서 홀은 유아의 발달이 유아의 유전적인 특성과 관련이 있다고 보았으며 바람직한 교육은 유아 중심적이며 발달적 특성을 반영해야 한다는 입장을 가졌다. 유아를 체계적인 방법으로 연구해야 한다는 홀의 견해는 유아발달에 대한 과학적 연구를 시작하는 데 기여하였다(신옥순, 2001).

(2) 게젤

게젤(Gesell)의 성숙주의 이론은 루소를 포함한 많은 교육 사상가들이 주장하였던 아동의 내적인 능력에 대한 과학적인 설명을 제공하였다. 게젤은 인간의 성장과 발달은 전적으로 생득적 요인에 의해 좌우된다는 결정론적 입장을 취하였다. 게젤에 의하면 발달은 정해진 스케줄에 따라서 전개되고, 생물학적 시간표에 따라 진행된다(Wolraich, Dworkin, Droiar, & Perrin, 2008). 유아는 성인의 가르침이나 사회적 강화와 같은 외적인 요인에 의해 발달하기보다는 자연적인 계획에 따라 스스로의 힘으로 성장한다. 게젤은 발달은 일련의 단계를 거쳐 진행되고 각 단계마다 유아의 사고 및 행동패턴이 그들 나름의 독특한 특성을 갖기 때문에 각각의 단계마다 유아들은 다른 방식으로 세계를 경험하게 된다고 하였다.

게젤은 태내 발달이 각 세포의 핵에 포함되어 있는 유전자에 의해 통제되어 유기체의 형태와 행동유형이 순서적으로 나타나게 되는데, 이처럼 유전자가 발달과정을 방향 짓는 기제를 성숙이라고 명명하였다. 모든 유아는 정해진 발달단계를 거쳐야 하지만 모두가 같은 연령에 서고 걷는 것은 아니며 발달속도에 개인차가 있다고 하였다. 게젤의 견해에 의하면, 성장속도에서의 개인차는 주로 내적 유전기제에 의해 통제된다(강문희 외, 2004; Schaffer, 2006).

이처럼 게젤은 발달이 환경이나 경험에 의해 영향을 받기보다는 생물학적 계획의 자연스러운 전개 현상이며, 발달을 이끄는 중요한 힘이 성숙이라고 주장하였다. 게젤은 정상적인 성장을 위해서 적절한 환경 역시 필요하다고 하여 환경이 발달에 영향을 미친다는 것은 인정하였지만, 발달에 있어 성숙과 환경의 역할은 명확히 구별하였다(이은화 · 김영옥, 2000).

게젤은 성인이 미리 설계해 놓은 틀에 유아를 맞추려고 강요해서는 안 되며, 유아가 성장의 기본적인 생리적 힘을 표현할 때 거기에서 나오는 단서에 따라야 한다고 주장하였다. 그는 성숙주의 이론에 있어서 유아들 간의 발달 속도, 행동의 차이는 환경이나 경험이 아니라 유전 형질이 다르기 때문이며 학습 동기는 성숙적 준비도 수준과 조화를 이룬다고 보았다.

이처럼 게젤의 이론은 체계적이고 객관적으로 아동을 연구하였다는 점에서 높이 평가되고 있다. 그러나 오늘날 대부분의 심리학자들은 게젤의 성숙주의 이론이 환경의 영향을 간과하였다는 점에서 지나치게 극단적이라고 비판하였다. 또한 일련의 발달단계에 따라 사회화된다면 일탈행동에 대해서는 설명하기가 어렵다는 한계도 있다.

3) 행동주의 이론

행동주의 이론은 인간의 성격과 행동을 형성하는 데 환경의 역할을 강조한다. 대표적인 행동주의 이론가로는 파블로프(Pavlov), 손다이크(Thorndike), 스키너(Skinner), 반두라(Bandura) 등이 있다. 이들은 학습을 경험이나 관찰의 결과로 유기체에게서 일어나는 비교적 영속적인 행동의 변화 또는 행동 잠재력의 변화로 정의하여, 유기체를 자극에 대해 수동적으로 반응하는 존재라고 보았다. 파블로프는 고전적 조건화 이론, 손다이크는 도구적 조건화 이론, 스키너는 조작적 학습 이론, 반두라는 사회학습 이론을 정립하였다(한국교육심리학회, 2000). 행동주의 이론의 대표 이론인 스키너의 조작적 학습 이론과 반두라의 사회학습 이론을 살펴보면 다음과 같다.

(1) 스키너의 조작적 학습 이론

스키너(Skinner)의 조작적 학습 이론은 당시 지배적인 정신분석 이론과 반대되는 관점을 내세우며 성격 이론의 확대에 기여하였다. 인간은 내적인 충동보다 유전적 요인과 환경에 따라 조건 지어지며 외적 자극에 의해 동기화된다고 보았다. 즉, 스키너는 인간 행동을 무의식, 자아, 내면적 동기 등으로 설명하는 것을 거부하였으며, 행동을 과학적으로 분석하기 위해서는 객관적으로 관찰이 불가능한 인간의 성격, 심리상태, 느낌, 성격의 특징, 계획, 목적, 의도 등은 연구될 필요가 없다고 주장하였다(정정옥 · 이경희 · 임은숙, 2003).

스키너는 단순한 반사나 조건화된 반응으로 구성되지 않는 인간 행동이 많으며, 인간이 성장하면서 고전적 조건반응보다는 조작적 조건반응을 주로 한다는 것에 주목하였다. 조작적 조건화로 바람직한 행동을 증가시키고 바람직하지 않은 행동을 완화 혹은 소멸시켜 사람들이 적절하게 행동하도록 지원하는 것을 중요하게 보았다. 조작적 조건반응은 행동의 결과가 보상적이면 그 행동이 쉽게 재현되나, 그 행동의 결과가 고통스럽거나 도움이 되지 않는다면 그 행동이 재현되기 어려운 것을 말한다. 결국 조작적이란 용어는 유기체가 바라는 결과를 얻기 위해 선택적으로 환경에 작용하는 것을 의미한다. 조작적 조건화에서는 인간이 환경을 조작해 변화하는, 즉 행동의 결과를 만들어 가는 것으로 보았기 때문에 인간을 고전적 조건화에서처럼 수동적 존재가 아닌, 능동적 존재로 간주하였다.

스키너의 이론에 근거하면, 성격은 자극의 일반화와 변별능력이 적절하게 발달된 결과이다. 즉, 가정에서 예절 바른 태도를 학습할 때 보상이 주어진 유아는 가정 밖의 비슷한 상황에서도 예절 바르게 행동한다는 것이다. 이때 변별할 수 있는 능력의 개인차는 개인마다 독특한 차별화된 강화 경험에 의해 좌우된 결과로 볼 수 있다.

(2) 반두라의 사회학습 이론

사회학습 이론이란 명칭은 행동 또는 성격의 형성요인으로 사회적 요소를 중요시하기 때문에 붙여진 것이다. 환경의 영향을 강조한 사회학습 이론은 직접적 · 간접적 강화를 통해 사회화가 이루어진다고 보았다.

반두라(Bandura)의 사회학습 이론은 기본적으로 행동주의 이론에 토대를 두고 있으나 감정, 기대, 무의식 같은 직접적으로 관찰할 수 없는 개념들을 포함하였다. 반두라는 대부분의 학습이 다른 사람의 행동을 관찰하고 모방한 결과로 나타난다고 보았다. 즉, 학습은 인간의 직접적인 행동이나 경험에 의해서뿐만 아니라 관찰이나 모방을 통한 간접적인 경험과 기대요인이 중요한 요소가 될 수 있다고 설명하였다. 이는 사회적 상황에서 유아가 다른 사람의 행동을 단순히 모방하고 관찰하는 것만으로도 학습할 수 있다는 것이다(송명자, 2001).

반두라는 직접 강화만 강조한 행동주의와 달리 간접강화(모델링, 관찰학습)에 주목하였다. 반두라는 외부자극이 대부분의 인간 행동을 통제한다는 스키너의 가정을 비판하면서 스키너의 행동주의 이론이 스스로 기회를 만들고 자기 강화를 가능하게 하는 인간의 능력인 인지능력을 고려하지 않은 점을 문제로 제기하였다. 다시 말해, 강화가 많은 인간 행동을 통제하기는 하나 절대적으로 통제하지는 못하며, 행동과 그 결과 간의 관계에 대한 인간의 의식에 의해 좌우된다는 것이다(강문희 외, 2004; 정정옥 · 이경희 · 임은숙, 2003).

사회학습 이론의 주요 개념인 모방, 인지, 자기조절, 자기강화와 자기효능감, 관찰학습에 대해 살펴보면 다음과 같다(한국교육심리학회, 2000).

- 모방: 다른 사람이 행동하는 것을 보고 들으면서 그 행동을 따라서 하는 것이다. 공격적인 행동, 이타적 행동, 불쾌감을 주는 행동 등이 관찰을 통해 학습된다. 유아는 공격적 · 이타적 · 지원적 모델을 모방하기 쉽고 통제할 위치에 있거나 보상받는 모델들을 모방하기가 가장 쉽다.
- 인지: 지식을 획득하고 조직하고 사용하는 과정이다. 즉, 기억 속에 있는 정보의 종류와 그러한 정보를 획득하고 파지하며 활용하는 과정을 말한다.
- 자기조절: 목표를 설정하고 이를 이루기 위해서 학습과정을 스스로 조직하고 통제하는 것을 의미한다. 성과를 평가하는 개인적 기준에 따라 좌우되며 또한

자기평가적 반응과 관계가 있다. 어떤 행동이 보상을 받을지 처벌을 받을지는 개인적 기준에 의해 평가된다.

- 자기강화: 자신이 통제할 수 있는 보상을 자기 스스로에게 주어서 자신의 행동을 유지하거나 변화시키는 과정을 의미한다. 수행 또는 성취와 관련된 내적인 기준에 근거해 보상 여부를 결정한다.
- 자기효능감: 어떤 행동을 성공적으로 수행할 수 있다는 신념으로 내적 표준과 자기강화에 의해 형성된다. 어떤 행동을 성공적으로 수행할 수 있다는 확신을 스스로 가지고 있을 때 개인의 수행능력이 증가된다.
- 관찰학습: 자신이 직접 실행하지 않고 관찰에 의한 간접경험으로 학습하는 것을 의미하며, 대리학습이나 모델링이라고도 한다. 학습자는 강화를 받은 자신의 직접 경험에 의하여 학습하기도 하지만, 타인이 강화받는 행동을 의식적으로 관찰하고 모방하는 대리적 경험을 통해서도 학습한다. 관찰을 통한 학습방법에는 타인 관찰에 의한 학습과 모방에 의한 학습 등이 있다. 전자는 타인들이 특정 행동에 대해 보상받았거나 처벌받는 것을 보고 마치 자신이 직접 그 보상과 처벌을 받았던 것처럼 자신의 행동을 수정할 때 일어난다. 후자의 경우 비록 관찰자가 보고 있는 동안에 모델이 아무런 보상이나 처벌을 받지 않을지라도 관찰자가 그 모델의 행동을 모방하는 경우를 말한다.

반두라는 다른 사람의 행동을 관찰함으로써 학습되는 관찰학습 과정을 체계적으로 연구하였다. 관찰학습은 주의과정, 파지과정, 운동적 재생과정, 동기화과정을 통해 일어나는데, 구체적인 단계는 다음과 같다(Bandura & Walters, 1963, Adeoye, Ojewole, & Babalola, 2014, 재인용).

- 1단계: 주의과정(attention processes)
  주의과정은 모방할 행동의 중요한 특징들에 주의하고 정확하게 지각하는 것이다. 우선 관찰에 의해 학습하려면 어떤 모델의 행동에 조심스럽게 주의를 기울여야 한다.

- 2단계: 파지과정(retention processes)
  파지과정은 모델의 행동을 재현하기 위해서 모방한 행동의 반응패턴을 상징적 형태로 기억하는 것이다. 기억은 연습이나 부호화과정을 포함하며 이러한 기억요소는 행동을 내면화하고 순서를 재생하도록 해준다.

- 3단계: 운동적 재생과정(motor reproduction processes)
  운동적 재생과정은 심상과 언어적 단서들이 운동적 재생으로 옮겨지는 행동의 재현이다. 이는 모델을 모방하기 위해 기호화된 표상을 외형적인 행동으로 전환하는 것으로, 행동의 신체적 수행능력이 필요하다.

- 4단계: 동기화과정(incentive and motivational processes)
  관찰학습은 실제로 주어지는 강화에 의해서만 이루어지는 것이 아니라, 관찰만으로도 학습이 가능하며 행동을 재현할 수 있다. 행동의 결과는 정보나 동기를 부여하여, 그러한 결과를 얻기 위해서 자신이 어떠한 행동을 취하도록 동기화시킴으로써 학습한 행동을 수행하게 된다.

반두라(1977)는 유아의 경우, 부모의 행동을 모델링하며 사회화가 이루어진다고 보고 부모의 역할을 강조하였다. 유아를 수동적인 존재가 아니라 자기조절이 가능한 존재로 보아서 유아가 사회(환경)로부터 배우기는 하지만 무조건 모두 배우는 것이 아니라 자신에게 적합한 행동들을 판단해 개념을 형성한다고 하였다.

반두라는 일생 동안 갖게 되는 습관의 대부분이 다른 사람을 관찰하고 모방함으로써 배우는 것이라고 생각하였고, 사회학습의 경험이 성격을 형성한다고 주장하였다. 만일 유아가 모방 대상인 사람들과 접촉하지 않으면 많은 복잡한 행동들을 학습할 수 없다고 하였다. 성격형성에 가장 중요한 것은 의미 있다고 여겨지는 타자의 행동을 모방하는 것이라는 관점을 가졌으나 유전된 소질, 보상과 벌도 성격에 영향을 미친다고 인정하였다.

4) 인지발달 이론

인지발달 이론은 유아의 사고 능력에 초점을 두는 이론으로, 지적 성장은 유기체와 환경의 끊임없는 상호작용의 결과라고 보았다. 즉, 유기체의 지적 또는 신체적 활동은 환경에 적응하고 경험을 조직하는 활동이다. 사회화 과정을 이해하기 위해서 유아의 인지, 사고 등의 내재적 변화에 대한 이해를 강조하였다. 여기서 인지란 여러 가지 방법을 거쳐 기억에 저장한 후 이를 사용할 경우 인출하는 정신과정을 의미한다. 인지발달의 각 단계에 도달하는 데는 개인의 지능이나 사회 환경에 따라 개인차가 있을 수 있으나 발달단계의 순서는 바뀌지 않는다고 가정하였다.

(1) 피아제

피아제(Piaget)의 이론에서 인간의 지적 능력은 개인이 주어진 환경에 효과적으로 적응할 수 있는 능력을 의미한다. 피아제에 의하면 다른 동물과 마찬가지로 인간도 태어날 때 몇 개의 반사기능을 가지고 있다. 이 반사기능을 바탕으로 인간은 환경과의 적극적인 상호작용을 통해 끊임없이 자신의 인지구조를 재구성해 나간다(송명자, 2001).

피아제는 인지발달과정을 도식, 적응, 동화 및 평형화를 통해 설명하였다(송명자, 2001; 이선경 · 하승연, 2010). 도식(schema)은 사물이나 사건에 대한 전체적인 윤곽을 의미한다. 빨기나 잡기와 같은 최초의 도식은 본질적으로 반사적인 것이지만 환경의 요구에 따라 변화한다. 이처럼 유아는 기본적인 도식을 가지고 태어나며, 이후 적응과정을 통해서 새로운 도식을 개발하고 기존의 것들을 변화시킨다. 적응은 환경과의 상호작용을 통해서 도식이 변화하는 과정으로 동화와 조절이라는 두 가지 수단을 통해 진행된다. 동화(assimilation)는 자신이 이미 가지고 있는 도식을 사용해 새로운 대상을 이해하는 것을 말한다. 조절(accommodation)은 자신이 가진 기존의 도식 이 새로운 대상을 동화하는 데 적합하지 않을 때 새로운 대상에 맞게 이미 있는 도식을 바꾸는 것을 말한다. 평형화(equilibrium)는 기본적으로 동화와 조절의 균형상태로, 상황에서 일관성과 안전성을 이루려는 시도를 말한다.

피아제는 인지발달 단계를 감각운동기, 전조작기, 구체적 조작기, 형식적 조작기의 네 단계로 구분하였다(강문희 외, 2004; Piaget, 1950, 1952, Schaffer, 1979, 재인용; Simatwa, 2010).

- 1단계(0~2세): 감각운동기(sensory motor stage)
  감각운동기는 신생아의 단순한 반사들이 나타나는 출생에서 시작하여, 초기 유아적 언어가 나타나고 상징적 사고가 시작되는 2세경에 끝난다. 이 단계에서 유아의 행동은 자극에 의해 반응하는 것에 불과한데, 이는 언어가 발달하기 이전의 단계이기 때문이다. 따라서 유아는 시각이나 청각 등의 감각과 운동기술을 사용해 외부 환경과 상호작용하게 된다. 이 시기의 가장 중요한 특징으로 대상영속성(object permanence)을 발달시킨다. 이는 대상이 보이지 않더라도 존재한다는 것을 알게 되는 것을 말한다. 초기 영아는 어떤 대상이 눈앞에서 사라지면 세상에서 없어졌다고 생각한다. 그러나 이 시기가 지나 8개월 무렵부터 눈앞에서 사라져도 아예 없어지는 것은 아니라는 것을 이해하게 된다. 또 이 시기가 지나면 모방이나 기억이 가능한 정신적 표상을 형성하게 되며, 초기의 단순한 반사행동은 사라지고 점차 자신의 의도에 따라 계획된 목적행동으로 바뀌게 된다.

- 2단계(2~7세): 전조작기(preoperational stage)
  전조작기에는 상징을 사용하고 사물의 크기, 모양, 색 등과 같은 지각적 특성에 의존하는 직관적 사고를 하고 자기중심적 태도를 보인다. 조작이란 어떤 논리적인 사고를 통해 조작하는 행위를 의미한다. 즉, 전조작기란 조작이 가능하지 않은 이전의 단계라는 의미이다. 이 시기에는 대략 언어를 사용하면서 자신이 내재적으로 가지고 있는 표상을 여러 형태의 상징으로 표현하게 된다. 전조작기 사고의 주요한 특징은 상징적 사고, 자기중심적 사고, 직관적 사고, 물활론적 사고, 인공론적 사고 등이 있다.

- 3단계(7~11세): 구체적 조작기(concrete operational stage)
  구체적 조작기는 사물 간의 관계를 관찰하고 사물들을 순서화하는 능력이 생기며, 자아중심적 사고에서 벗어나 자신의 관점과 상대방의 관점을 이해하기 시작하는 시기이다. 이 시기에 형성되는 개념은 보존, 유목화 및 서열화 등이다.

- 4단계(11세~): 형식적 조작기(formal operational stage)
  형식적 조작기는 논리적인 추론을 하고 자유, 정의, 사랑과 같은 추상적인 원리와 이상들을 이해할 수 있게 되는 시기이다. 이 시기는 가설적 사고, 과학적 사고 및 추상적 사고 등이 가능하다.

피아제는 인지발달을 통해 사회화를 이룰 수 있다고 보았는데, 이는 단순히 성숙주의처럼 무조건 생득적인 요소에 의한 인지발달을 말하는 것은 아니다. 피아제는 연령에 따른 인지발달 단계를 설명하고 있지만 사회, 환경과의 상호작용도 중요하게 인식하여 유아는 사회와 끊임없이 상호작용하면서 사회적 행동을 습득한다고 보았다.

(2) 비고츠키

비고츠키(Vygotsky)는 유아는 타인의 영향을 받으면서 성장하는 역사적-사회적 존재(historico-societal being)라고 하였다. 즉, 유아의 인지발달은 사회학습의 결과로서 보다 성숙한 사회 구성원들과 상호작용하는 동안 자신의 문화에 적합한 인지과정이 유아에게 전이된다고 보았다(한국교육심리학회, 2000).

피아제는 유아를 자기 주변의 세계를 스스로 구조화하고 발견할 수 있는 존재라고 생각하는 개인주의적 입장을 가졌다면, 비고츠키는 유아가 타인과의 관계에서 영향을 받아 성장하는 사회적 존재임을 강조하였다. 비고츠키는 유아를 이해하기 위해서는 유아가 성장하는 사회 · 문화 및 관습적 맥락을 함께 이해해야 한다고 주장하였다. 특히 그는 인간의 정신활동, 고등 인지과정 및 사고와 행동을 조절하기 위한 언어사용 능력은 사회 · 문화적 학습의 결과이며, 인지발달은 성인이나 유능한 또래와의 대화와 의견교환을 통해 이루어진다고 보았다(정정옥 · 이경희 · 임은숙, 2003).

비고츠키 이론의 주요 개념인 근접발달지대, 비계에 대해 살펴보면 다음과 같다(Vygotsky, 1978).

- 근접발달지대(zone of proximal development)
  유아가 스스로 문제를 해결할 수 있는 실제적 발달수준과 성인이나 유능한 또래로부터 도움을 받아 문제를 해결할 수 있는 잠재적 발달수준 간의 영역을 의미한다.

- 비계(scaffolding)
  건축에서 유래된 용어로, 유아가 문제를 해결할 수 있도록 견고한 이해를 확립하는 동안 제공되는 성인 또는 더 유능한 또래의 지원을 뜻한다. 즉, 학습자가 자신의 근접발달영역에 따라 향상될 수 있도록 수업에서 교사(성인 또는 또래 학습자)가 도움이나 힌트를 제공해 주는 행위를 의미한다.

학습은 발달에 의존한다는 피아제의 이론과는 달리, 비고츠키는 학습이 발달을 주도한다는 입장을 가지고 있다. 유아의 인지발달이 사회·문화적 상호작용의 결과로 이루어진다는 사실을 강조한 비고츠키의 이론은 유아의 인지발달에 부모나 교사의 도움을 유용하게 활용할 수 있다는 교육 및 학습의 중요성을 뒷받침하는 근거를 제시한 점에서 의의가 있다. 특히 비고츠키 이론은 사회교육과정운영 및 협동학습을 강조한 집단 활동 교과과정의 기초를 제공하였다(Glassman, 2001).

5) 생태학적 이론

사회과학자들은 생물학과 구분하여 '인간 생태학'이라는 용어를 사용하고 있다. 인간발달이 성장하고 있는 유기체와 환경과의 상호작용의 산물이라는 것을 강조하여 대부분의 아동발달 이론에서는 환경을 '유아를 둘러싸고 있는 직접적인 환경, 즉 개인이 반응하는 대상이나 유아가 직접 얼굴을 마주 대하고 상호작용하는 사람들'로 정의하고 있으나, 생태학적 이론에서는 환경을 '발달하는 개인에게 영향을 미치는 제반 상황'이라는 확대된 개념으로 정의하였다.

인간의 발달에 생태학을 적용한 브론펜브레너(Bronfenbrenner)는 인간발달 생태학(ecology of development)이라는 용어를 사용하여 학문적 관점으로 체계화하였다. 그는 발달은 인간이 자신의 환경을 지각하고 다루는 방식을 지속적으로 변화시켜 가는 것이라고 정의하였다. 브론펜브레너는 생태학적 환경을 미시체계, 중간체계, 외체계, 거시체계, 그리고 시간체계 등 5가지의 체계로 설명하였다. 이러한 환경체계는 유아를 둘러싸고 있는 직접적 환경으로부터 유아가 살고 있는 문화적 환경까지를 포함하는 것이다. 생태학적 환경은 러시아 인형처럼, 한 구조가 그 다음 구조 속에 들어 있는 일련의 겹 구조(nested structure)로 이해될 수 있다. 구체적인 생태학적 환경체계를 설명하면 다음과 같다(정정희 · 이경희 · 임은숙, 2003; Bronfenbrenner, 1994).

- 미시체계(microsystems)

  미시체계는 유아의 근접환경으로서, 유아가 상호작용하거나 활동하는 직접적인 환경을 말한다. 미시체계는 발달하고 있는 인간이 물리적 또는 물질적 특성을 지닌 특정 환경에서 경험하게 되는 활동, 역할 그리고 대인관계의 한 유형이다. 유아에게 미시체계는 자신이 살고 있는 장소, 함께 생활하는 사람들, 그리고 함께하는 사건이나 물건들이다. 예를 들면 가족, 친구, 유아교육기관, 학교, 병원, 놀이터 등이 해당된다. 이 미시체계에서 가장 중요한 것은 유아와 부모, 형제와 같은 참여자들의 역할과 관계이다.

- 중간체계(mesosystems)

  중간체계는 미시체계들로 구성된 상위 체계로서, 인간이 능동적으로 참여하는 가정, 학교, 유치원과 어린이집과 같은 둘 이상의 미시체계들 간의 상호관계들로 이루어진다. 부모와 교사 간의 관계, 형제 관계, 이웃, 친구와의 관계 등이 그것들이다. 일반적으로 이 체계들 간의 관계가 밀접하면 밀접할수록 바람직한 유아발달이 촉진된다.

- 외체계(exosystems)

외체계는 유아와 직접적인 상호작용을 하지는 않지만 유아에게 영향을 미치는 사회적 환경을 의미한다. 부모의 직장, 정부기관, 지역사회의 복지서비스, 교육위원회, 대중매체, 문화시설 등이 여기에 포함된다. 유아는 이러한 외체계에 직접적으로 참여하지는 않지만 이러한 환경들은 유아의 행동에 영향을 미친다.

- 거시체계(macrosystems)

거시체계는 특정한 환경 장면이 아닌, 유아가 살고 있는 사회와 문화의 이념, 가치, 법률, 제도, 규칙, 관습 등을 의미하는 것으로, 미시체계, 중간체계, 외체계를 포함한 모든 요소와 유아가 살고 있는 문화적 환경을 포함한다. 문화란 한 세대에서 다음 세대로 전수되는 행동 유형, 신념, 관습 등을 총칭한다. 거시체계는 유아가 속해 있는 사회 · 문화적 배경으로, 유아의 발달에 지속적인 영향을 미친다.

- 시간체계(chronosystems)

시간체계는 유아발달에 영향을 미치는 시간적 차원으로서, 유아가 발달해 감에 따라 유아가 살고 있는 환경에서 발생하는 사건과 생의 전환점이 되는 사건들을 포함한다. 가장 단순한 형태의 시간체계는 인생의 전이에 초점을 둔 것이다. 전이에는 출생, 입학, 직업생활, 결혼, 은퇴, 이사 또는 부모의 이혼 등이 있는데, 이러한 전이는 전 생애에 걸쳐 발생하며 유아의 발달적 변화에 중요한 영향요인이 된다.

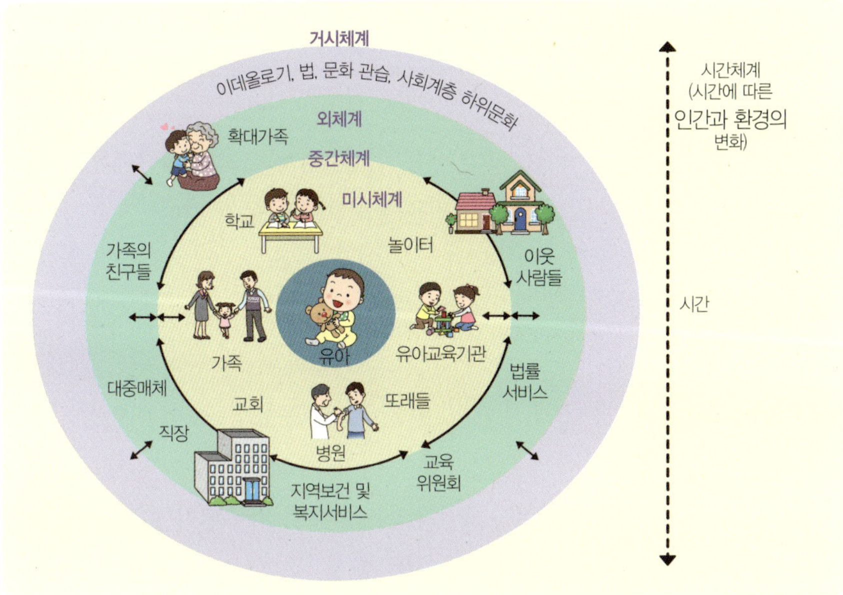

[그림 2-1] 인간발달의 생태학적 체계모델

출처: Shaffer, D. R. (1999). *Developmental psychology: Childhood and adolescence*(5th ed.). Belmont, CA: Brooks/Cole Publishing Company.

유아들은 생활하면서 생태학적 전이(ecological transition)를 경험하는데, 생태학적 전이는 하나 또는 둘 이상의 체계가 주요한 전환을 겪는 중대한 변화를 의미한다. 이러한 생태학적 전이는 전 생애에 걸쳐 이루어진다. 모든 생태학적 전이는 발달적 과정의 결과이자 시작이 된다.

기존의 연구들이 유아 주변의 직접적인 환경에만 초점을 두었다면 브론펜브레너는 유아를 둘러싼 환경을 겹겹이 구조로 체계화하고, 이들 각 체계와 유아발달 간의 관계를 연구함으로써 유아발달에 가족 외적인 환경이 미치는 영향과 그 방식을 설명하였다.

2. 유아사회화 영향요인

유아의 사회화에 영향을 미치는 요인에는 기질, 가족, 또래, 대중매체, 유아교육기관 등이 있다. 이에 대한 구체적인 내용을 살펴보면 다음과 같다.

1) 기질

기질은 사람, 사건, 상황 등에 대한 민감성, 정서, 운동성, 주의집중 등의 생물학적 반응 특성과 자기조절 능력의 개인적인 차이이다. 기질은 유아의 행동발달과 성격에 기본이 되는 고유한 특성으로, 개인차의 근원으로 간주된다(Belsky, Rovine, & Taylor, 1984). 즉, 기질은 반응 강도, 지속성, 한계, 회복시간과 복잡하게 연결되어 있고, 충동성, 분노와 좌절, 두려움, 슬픔 등과 같은 여러 가지 정서적 특성을 포함한다(국립국어원, 2013a; Rudasill, 2011; Rothbart, 2012; Zentner & Bates, 2008). 기질은 유전적 · 생물학적 요인에 의해 출생 시 나타나서 아동기 중기까지 안정성을 보이며, 청소년 및 성인의 성격 특성의 기초를 제공하지만 발달함에 따라 변화한다. 즉, 기질은 생물학에 기반을 둔 것이나 시간이 지나면서 환경과 경험의 영향을 받는다(Rudasill & Rimm-Kaufman, 2009; Karreman, de Haas, van Tuijl, van Aken, & Dekovi, 2010).

기질을 연구한 토마스, 체스와 버치(Thomas, Chess, & Birch, 1968)는 유아의 기질 특성을 활동성, 율동성, 접근과 위축, 적응성, 반응의 한계와 강도, 관심 주기와 지속성, 산만함, 기분 등으로 인식하였다. 그리고 이러한 유아의 행동패턴을 분석하여 순한 기질, 까다로운 기질, 반응이 느린 기질로 범주화하였다. 까다로운 기질의 유아는 자주 강한 충동, 분노, 좌절, 두려움, 슬픈 행동을 나타내고, 순한 기질의 유아는 환경변화에 쉽게 적응하고 안정적이고 행복한 정서를 보인다. 느린 기질의 유아는 새로운 환경의 변화에 적응이 늦은 편이다(Karreman et al., 2010, 재인용).

버스와 플로민(Buss & Plomin, 1984)은 기질 특성을 다음의 3가지로 제시하였다. 첫째, 정서성으로 잘 울고, 감정적이고, 쉽게 기분 나빠지고, 화를 내는 등의 특성이다. 둘째, 운동성으로 끊임없이 새로운 것을 찾아다니며 격렬한 활동을 보이는 특성이다. 셋째, 사회성으로 혼자 있는 것보다 사람과 함께 있는 것을 좋아하고 쉽게 사람들과 친해질 수 있는 사교적인 특성이다. 플러스와 벨스키(Pluess & Belsky, 2009)는 기질은 소심한 기질과 소심하지 않은 기질로 구분하여 연구하였다. 소심한 기질의 경우, 좋은 환경에서는 소심하지 않은 기질보다도 사회적 역량이 크게 향상되고 문제행동도 감소하였다. 이에 반해 소심하지 않은 기질의 유아들은 환경의 영향을 많이 받지 않았다.

케이건(Kagan, 2015)은 배고픔, 추위, 통증에 대한 반응(심하게 우는 정도와 달랠 수 있는 정도), 낯설거나 예상하지 못한 경험에 대한 반응(적극성 및 울음의 정도), 새로운 일에 대한 반응(움직임과 울음의 정도), 좌절에 대한 반응(울음과 달래지는 정도), 침대에 누워 있는 모습(옹알거리고, 미소 짓고, 팔다리를 움직이는 빈도 차이), 돌보는 사람이 자리 비울 때 반응(표정과 울음의 정도), 즐거운 기분에 대한 표현 등을 기준으로 23개의 기질 특성을 제시하였다. 학자들이 제시한 기질 유형 및 특성을 정리하면 다음 〈표 2-1〉과 같다.

〈표 2-1〉 학자별 기질 유형 및 특성

토마스와 체스, 버치	버스와 플로민	플러스와 벨스키	케이건
• 순한 기질 • 까다로운 기질 • 반응이 느린 기질	• 정서성 • 운동성 • 사회성	• 소심한 기질 • 소심하지 않은 기질	• 배고픔, 추위, 통증에 대한 반응 • 낯설거나 예상하지 못한 경험에 대한 반응 • 새로운 일에 대한 반응 • 좌절에 대한 반응 • 침대에 누워 있는 모습 • 돌보는 사람이 자리 비울 때 반응 • 즐거운 기분에 대한 표현

여러 학자들이 제시한 기질 특성을 종합해 보면, 유아의 기질은 정서, 주의집중, 활동 수준 3가지 요인을 포함한다고 볼 수 있다(Berk, 2012).

이러한 유아의 기질적 특성은 사회적 행동을 예언할 수 있다. 순하고 융통성이 있고, 집중하는 유아는 적응을 잘한다. 한편, 활발한 기질의 유아는 외향적 행동을 많이 하고 다른 사람과 더 많이 상호작용하여 친밀하고 긍정적인 관계를 형성하나 자기조절이 낮은 경우, 방해행동, 놀이단절, 갈등이 증가한다. 자기조절을 잘하고 수줍음이 많은 유아는 공격성과 갈등이 적고, 감정이입을 잘해서 긍정적인 관계를 형성한다(조운주 · 김은영, 2014; 황윤세, 2007; Acar, 2013; Degnan, Hane, Henderson, Moas, Reeb-Sutherland, & Fox, 2011; Rudasill & Rimm-Kaufman, 2009; Struby, 2012). 반면, 까다로운 기질의 유아는 또래에게 거부되는 경우가 많다(Szewczyk-Sokolowski, Bost, & Wainwright, 2005). 즉, 기질 특성 중 부정적인 반응, 높은 활동 수준, 적은 접촉, 부족한 과업 완수는 문제 행동과 관련이 있고, 낮은 활동 수준, 많은 접촉, 높은 과업 완수는 긍정적 행동과 관련이 있다. 기질 특성은 또래뿐 아니라 교사와의 상호작용에도 영향을 줄 수 있다(Oren & Jones, 2009).

2) 가족

가족은 가족 구성원과 혈연, 사랑, 애정에 의해 이루어진 가장 일차적인 집단으로, 유아의 교육이 최초로 이루어지는 곳이다. 사회화 과정에 가장 많은 영향을 미치는 집단은 가족이며, 그중에서도 부모의 양육행동이 사회화뿐 아니라 이후의 성격발달에도 중요한 영향을 미친다. 유아가 성장하면서 어머니와 보내는 시간보다 형제와 보내는 시간이 더 많아지게 되는데, 형제간의 상호작용을 통하여 서로를 모방하려는 경향이 강하게 나타나며, 사회성을 발달시키게 된다.

이처럼 부모와 자녀, 형제가 이루는 가정환경은 유아의 신체적 · 인지적 · 정의적 발달에 큰 영향을 미치며 가족의 형태(크기, 지위, 종교, 양육태도 등)에 따라서 차이를 보이기도 한다.

(1) 부모

부모는 결정적 시기인 유아의 사회성 발달에 지대한 영향을 주는 사람이다. 영아기 부모와의 상호작용과 정서적 관계는 유아기 다른 사람과의 사회적 관계 형성에 영향을 미친다. 또한 부모는 주관적인 선택에 의해 신념, 가치, 태도, 사회적 규칙이나 행동기준 등을 유아에게 제시한다. 나아가 부모가 유아의 사회화 과정을 돕는 기술에 따라서 유아의 사회성 발달에도 차이가 생긴다. 부모는 유아에게 바람직한 행동 모델을 제공함으로써 행동의 내면화에도 영향을 준다.

바움린드(Baumrind)는 자녀 양육방식과 유아의 사회적 능력 간의 관계를 알아보기 위해 부모-자녀 간의 상호작용을 관찰하여, 부모의 자녀 양육유형을 권위주의적인 유형, 허용적인 유형, 권위적인 유형으로 범주화하였다. 자녀 양육유형을 구체적으로 살펴보면 다음과 같다(정미라, 2006; Baumrind, 1966, 1967).

〈표 2-2〉 자녀 양육유형에 따른 부모 양육특징 및 자녀 특성

양육유형	부모 양육특징	자녀 특성
권위주의적인 부모 (authoritarian parent)	• 자녀에 대한 통제와 요구수준이 높고 복종에 가치를 두기 때문에 자녀가 자신과 다른 의견이나 신념을 갖는 것을 허용하지 않음 • 상호호혜적인 의사소통은 거의 이루어지지 않으며 부모의 말을 자녀가 무조건적으로 받아들이기를 기대함 • 자녀가 복종하지 않을 경우 부모는 무섭게 처벌하고, 자녀의 의지를 꺾음	• 또래와의 상호작용 시 불안하고 안정적이지 못함 • 타인에 대한 사려가 부족하며 좌절당할 때 적대적이고 공격적인 반응을 보임 • 여아들은 의존적이며 탐색과 성취동기가 결여됨 • 남아들은 대단히 불안하고 반항적이며 자존감도 낮음 • 좌절당할 때, 여아는 쉽게 포기할 가능성이 높고, 남아는 적대적인 반응을 보임 • 학교생활은 잘 지냄 • 반사회적 행동은 하지 않음 • 불안하고 내성적이며 불행한 성향을 가짐

양육유형	부모 양육특징	자녀 특성
허용적인 부모 (permissive parent)	• 비교적 온정적이고, 비지배적이고, 비요구적이며 자녀에게 벌을 주는 경우가 거의 없음 • 자신을 표준적인 양육자나 자녀의 모델로 생각하기보다는 자원 제공자로 생각함 • 지나치게 참을성이 많고, 자녀로 하여금 모든 의사결정을 하게 함 • 자녀 훈육 시 성숙한 행동을 할 것을 요구하지도 않고 자녀의 독립심 훈련에도 관심이 없음	• 감정조절이 어려움 • 지나치게 의존적이고 성인에게 요구를 많이 함 • 교실 활동에 덜 참여하는 경향이 있음 • 자신의 욕구와 상충되는 것을 요구하면 반항하고 공격적인 반응을 보임 • 남아들은 특히 수동적이고 의존적이며 비성취적인 행동을 보임 • 도전과제에 대한 지속성이 낮음 • 반사회적 행동을 보임
권위적인 부모 (authoritative parent)	• 부모는 자녀를 통제할 때 성숙한 행동을 할 것을 기대하고 요구함 • 필요할 경우에는 엄격하게 통제도 하고 요구도 하지만 온정적이어서 자녀를 사랑하고 후원함 • 자녀의 의견이나 생각을 인내심을 가지고 경청함 • 자녀의 개별성을 인정하여 독립심과 결정을 존중하고, 긍정적인 격려를 보냄 • 가족 문제에 관한 의사결정 시 자녀를 참여시킴 • 자녀에게 지시할 때 명백하고 합리적인 이유를 들어 설명해줌 • 자녀가 타인과 협력하고 공유하고 사회적 활동에 참여하기를 원함	• 사회적으로 적극적이고 개방적임 • 여아는 독립적이고 성취지향적인 행동을 보임 • 남아는 친절하고 협동적인 행동을 보임 • 생동감 있고 행복한 성향을 가짐 • 과제수행에 대한 자신감을 가짐 • 감정조절이 잘 발달됨 • 사회적 기술이 잘 발달됨 • 성유형화 특성이 적음

부모의 성별도 중요한데, 자녀양육에 대한 아버지의 부정적 태도는 유아의 문제 행동에 영향을 미친다고 한다. 아버지의 온정과 통제는 학업성취와 높은 관련성이 있으며, 아버지가 아닌 남자 성인과의 상호작용은 또래에 대한 친사회적 행동에 영향을 주는 것으로 나타났다(Coley, 1998).

(2) 형제·자매

유아기에 형제·자매는 동일한 가정 환경에서 접촉하고 상호작용을 하면서 상호 이해와 상호의존성을 형성하고, 서로에게 직·간접적 영향을 준다(이지선, 1994). 이러한 형제·자매 관계는 사회적·인지적 기술 습득 및 전반적인 성장과 발달에 영향을 미친다.

유아들은 자라면서 점점 형제·자매와 많은 시간을 보내면서 형제·자매끼리의 모방이 이루어지는데 동생이 형을 더 많이 모방한다. 던과 켄드릭(Dunn & Kendrick, 1982)은 형은 동생이 좋아하는 것, 원하는 것, 의도하는 것 등 동생의 심리 상태에 대해 관심과 이해를 나타낸다고 하였다. 형제간의 연령차가 적을수록 손위 아동들은 친사회적 행동을 더 많이 시도하며, 형제·자매간의 유대는 다른 관계를 형성하기 위한 터전을 마련해준다.

형제·자매의 관계에 영향을 미치는 변인으로는 출생순서, 형제 수, 성 구성 등이다.

첫째, 출생순서는 형제·자매에게 중요한 영향을 미친다. 형제·자매는 각자의 출생순서에 따른 역할이 분담되어 있어서 이에 따라 각자의 위치에서 기대되는 행동을 한다. 따라서 윗 형제는 교사, 보호자, 원조자로서 동생을 보살피고 돕고, 동생은 관찰자, 추종자 및 학습자로서의 적극적인 반응과 모방행동을 한다(Azmitia & Hesser, 1993; Hurlock, 1996; Lamb, 1978; Pepler, Abramovitch, & Corter, 1981). 맏아이는 대체로 부모와 동일시하고 부모의 가치를 받아들여 높은 수준의 성취동기를 가지며 동생들에 비해 다른 사람과 친화적이고, 의존적이고, 양심적이며, 죄의식을 가지는 경향이 있다. 동생은 자신을 부족하다고 생각하기 쉬우나 사회적 성공과 인기를 얻을 수 있는 기술을 획득하기 쉽다(Mussen, Conger, Kagan, & Huston, 1984).

둘째, 형제 수의 경우, 형제가 있는 유아는 다른 사람에 대한 인식, 경쟁, 협조, 애호, 독립 등의 특성이 형성되어 정신적으로도 안정감이 생기고 집단에 대한 적응력, 욕구불만에 대한 인내심을 키우고 정신적인 건강을 유지할 수 있다. 그러나 외둥이의 경우, 항상 같이 놀고 생활하는 형제가 없어서 경쟁상대가 없고, 성인들과 많이 접촉함으로써 조숙하고 영리한 것으로 나타났다. 반면에 의존성, 의지박약, 신경질이 생기기 쉬운 경향도 있다(민영순, 1984). 형제 수는 너무 많은 것도 좋지 않으나 적당한 형제 수는 상호협조와 경쟁하는 가운데 자아개념 발달을 촉진시키고, 사회성 발달에 도움이 된다(양동두, 1993; 홍연림, 2000).

마지막으로, 성 구성에서는 이성형제보다 동성형제에게서 긍정적 상호작용이 빈번하게 나타나며, 특히 자매간에 친밀하고 우호적인 행동이 많이 나타난다(민경희, 1990; Bowerman & Dobash, 1974). 성에 따라서 형제 · 자매 간의 행동에 차이가 있어서 여아들은 역할에 따라 긍정적으로 형제 · 자매 관계를 느끼고 우호감을 갖게 되어 바람직한 사회적 행동이 많이 나타난다. 반면, 남아들은 형제 · 자매에게 경쟁의식을 느끼므로 부정적인 행동이 더 빈번하게 나타난다(Maccoby & Jacklin, 1974). 이처럼 형제 · 자매 관계는 서로의 발달에 영향을 미쳐서 자아개념 발달과 사회성 발달, 인성 발달 등에서 중요한 역할을 담당한다.

3) 또래

또래란 단순히 연령이 동일한 집단이라기보다는 행동이나 인지적 능력이 거의 비슷한 수준에서 상호작용하는 유아들로, 걸음마 시기 이후 또래와의 상호작용이 증가한다. 최근 또래의 중요성이 더욱 부각되고 있는데, 그 이유는 현대사회에서 취업모와 편부모 가정의 증가로 어린 연령의 유아가 기관에서 생활을 더 빨리 시작하게 되었을 뿐만 아니라 자녀 수의 감소로 형제 · 자매와 상호작용하는 기회가 점차 감소하였기 때문이다(이사임, 1994). 이와 같은 사회적인 변화로 인해 유아가 유아교육기관에서 비슷한 연령의 또래와 상당히 많은 시간을 보내게 되면서, 또래가 유아의 인지적 · 정서적 · 사회적 발달에 미치는 영향력이 커지게 되었다.

반두라(1977)의 사회학습 이론에 따르면, 또래는 유아에게 새로운 형태의 행동과 직면한 상황에서 어떤 행동이 적합한지를 알려주는 역할을 하며, 유아 스스로 자신의 성격이나 능력을 평가할 수 있는 기준을 제시하는 등 중요한 역할을 한다. 쿨라한 등(Coolahan, Fantuzzo, Mendez, & McDermott, 2000)은 유아의 긍정적인 또래관계는 유치원에서의 적응을 성공적으로 도울 뿐 아니라 이후 학교생활 적응과 학업성취에도 긍정적인 영향을 미친다고 하였다.

조순옥 등(2003)에 의하면 또래는 강화자, 사회적 모델, 사회적 규범 제공자 및 상호작용자로 역할을 한다. 강화자로서 또래가 제공하는 강화나 벌에 의해 유아 자신의 행동을 수정하게 된다. 사회적 모델로서의 또래는 서로 다른 상황에서 어떤 행동을 해야 하는지에 대한 정보를 제공한다. 사회적 규범 제공자로서의 또래는 행동 기준이나 태도, 가치관을 설정함으로써 서로에게 규범을 제공하는 역할을 한다. 마지막으로 상호작용자로서의 또래는 다양한 상황에 적절한 여러 가지 행동에 대한 정보를 상호 교류하는 역할을 담당한다.

결과적으로 유아는 또래와의 접촉을 통해서 사회적 상호작용에 필요한 지식, 기술과 규칙을 습득하여 사회에서 살아가는 데 필요한 자질을 길러줄 뿐 아니라 유아의 가치, 신념, 정체성 등을 형성시키며 나아가 성역할 및 자아개념의 발달에도 영향을 미친다(김성태, 1984; 나병술, 1989). 이외에도 또래와의 상호작용을 통해 평등한 관계를 경험하고, 감정적인 유대 관계를 발달시키고, 더 나아가 또래로부터 인정을 받기 위해 집단의 규칙을 따르려고 노력하는 과정에서 사회성을 발달시키며, 여러 상황에서 또래와의 문제를 해결하기 위한 인지적 발달도 이루게 된다(원유경, 1986). 그러나 또래집단으로부터 거부 또는 무시당하고 괴롭힘을 당하는 피해를 경험할 수 있는데, 이는 불안과 우울, 낮은 자아존중감과 부정적 자아개념을 형성하게 한다. 또한 또래집단의 참여를 통해 비행과 같은 비사회적 행동이나 반사회적 행동을 학습하는 경우, 사회적 발달에 부정적 영향을 미칠 수 있다.

4) 유아교육기관

유아교육기관은 유아가 부모에게서 떨어져 최초로 집단생활을 경험하는 장소이며 또래와의 상호작용이 지속적으로 이루어지는 공간이다. 유아교육기관은 유아가 기본적인 사회기술을 익히고 대인관계 능력을 발달시켜 나가는 곳으로(구광현 · 이희경 · 김보현, 2012), 유아교육기관의 물리적 · 인적 환경은 유아의 생활과 행동에 많은 영향을 미치게 된다(이경영, 2008).

일반적으로 물리적 환경은 집단의 크기, 교사 대 유아 비율, 공간 배치 및 교실의 크기 등을 포함한다. 물리적 환경의 영향에 대한 연구들을 살펴보면, 교사 대 유아의 비율이 낮고 집단의 크기가 연령에 적합한 물리적 환경에서 유아의 발달이 촉진되고 교사와 유아 간에 긍정적인 상호작용이 나타났다(강진아, 1998; 곽주영, 1996). 이외에도 질적 수준이 높은 기관에 다닌 유아는 인지능력과 언어능력이 높으며(Anderson, 1992; Burchinal, Lee, & Ramey, 1989), 사회적 능력이 높고 사회적 상호작용에서도 자신감이 있고 보다 협동적이며 독립심이 강하고 반사회적인 행동을 적게 하는 것으로 나타났다(Holloway & Reichhart-Erickson, 1988; Howes & Olenick, 1986).

한편, 유아교육기관에서 교사는 유아의 사회화에 중요한 역할을 한다. 왜냐하면 유아기는 관계에 대한 민감성이 증가하므로 이 시기의 관계를 통한 사회화 경험은 유아발달의 여러 측면에 중요한 영향을 미치기 때문이다(Pianta & Walsh, 1996). 유아교육기관에서 교사와 유아가 형성하는 관계의 질은 유아의 사회적 유능감 및 유아교육기관의 적응에 관련이 있을 뿐 아니라(Pianta & Steinberg, 1992), 유아기에 이루어지는 인지적 · 사회적 · 정서적 발달이나 능력에 결정적인 영향을 미친다(Pianta & Walsh, 1996). 교사는 유아에게 언어적 · 인지적 학습 환경을 제공하는 것뿐 아니라 보호와 사회화 역할을 통해서 유아가 가족 구성원 이외의 성인과 신뢰로운 관계를 형성하고, 또래와 긍정적인 상호작용을 맺을 수 있도록 돕는다(Sroufe, 1983).

교사와 친밀한 관계를 공유하는 유아는 주변 환경을 탐색할 수 있는 안전 기저를 가진다. 교사와 정서적으로 안정된 관계를 형성한 유아는 그렇지 않은 유아보다 사회적 관계에 있어서 유능하며 공격성이나 위축성 등의 문제행동 수준이 낮다(Birch & Ladd, 1997; Howes, Matheson, & Hamilton, 1994). 특히 교사와 유아 간의 관계가 친밀할수록 사회적 능력 및 자기 규제능력을 발달시키는 데 도움을 주며 정서적으로 안정감을 가지게 하여 원만한 기관적응에 긍정적인 영향을 미친다(기금심, 2004; 정덕희, 2009; Baker, 2006).

5) 매체

가정과 유아교육기관 다음으로 유아의 성장과 발달에 영향을 주는 것은 TV, 컴퓨터, 인터넷, 스마트폰, 테블릿 PC 등의 매체이다. 이들 매체는 유아의 발달에 있어 긍정적인 또는 부정적인 영향을 끼친다. 먼저 TV나 컴퓨터의 긍정적인 측면은 유아가 배우고 모방하는 학습 환경이 되고, 유아의 가치관과 문제해결 능력, 표현 방식의 습득에 도움이 된다(안실, 1989; 이선경, 1995; Anderson, Lorch, Field, & Sanders, 1981). 또한 간접 경험을 통한 풍부한 학습 경험과 흥미를 제공하여, 궁극적으로는 유아의 사고력과 창의성을 계발시키고 사회성을 함양시키는 데 긍정적인 영향을 준다(이경희, 2006). 한편, 부정적인 측면은 폭력 장면 시청이 유아의 공격성을 증진시키고 폭력적이고 반사회적인 행동을 모방하게 할 수 있다(양순의, 2004; Levin & Carlsson-Paige, 2004). 특히 무분별한 TV 및 컴퓨터 시청과 게임중독은 학습능력 저하, 집중력 저하, 인간과의 커뮤니케이션 단절로 인한 사회적응력 저하 및 협동심 부족과 학습의 기초인 지능과 같은 기본적인 인지능력에 문제가 된다(이경희, 2006).

한편, 최근 스마트폰, 태블릿 PC 등으로 대표되는 스마트미디어는 시간과 공간의 제약을 받지 않고 서비스 및 정보공유와 커뮤니케이션의 편의성으로 인해 많은 사람들이 친근하게 이용하고 있다. 스마트미디어는 다양한 어플리케이션이 개발·보급되면서 공간이나 시간의 제약을 받지 않고 간접적인 체험 등의 다양한 방법을 사용하여 학습할 수 있다는 점에서 교육적 효과가 높은 것으로 나타났다(유구종 · 김민경 · 김은아, 2012; 황태경, 2013). 그러나 스마트미디어의 긍정적인 측면 못지않게 부정적 측면도 있음을 간과해서는 안 된다. 코데스와 밀러(Cordes & Miller, 2000)는 어린 연령부터 스마트미디어에 장시간 노출되면 추후 사회성 결여와 주의집중 저하 등의 문제에 직면할 수 있다고 지적한 바 있다. 또한 기기 몰입의 경향성이 높을수록 자기조절 능력이 낮아지는 것으로 나타났으며(황태경, 2013), 스마트폰 중독 경향성은 유아의 정서지능에 속하는 감정조절과 충동억제에 영향을 미친다고 보고한 바 있다(유은정, 2014). 특히 영유아의 스마트미디어 사용에 있어 심각한 문제점은 아직 신체적, 심리적으로 성숙하지 않고 자기통제력 또는 조절능력 등이 미숙한 영유아가 지나치게 스마트미디어를 과다 사용하는 것으로, 이에 대한 관심과 지도가 무엇보다 중요하다.

CHAPTER

03

유아사회교육의 목표 및 내용

SOCIAL STUDIES FOR YOUNG CHILDREN

1. 유아사회교육의 목표

사회교육(social studies)의 목적을 파커(Parker, 2005)는 지식, 기술, 태도 · 가치 3가지로 제시하였다. 첫째, 지식적 목적으로, 아동이 살고 있는 실제 사회에 대한 생각과 개념을 발달시킨다. 둘째, 기술적 목적으로, 효과적인 학습자와 시민이 되기 위해서 사회집단에 효과적으로 참여하기, 생각하고 조사하기, 자신의 생각을 다른 사람에게 설명하고 공유하기, 정보를 얻고 사용하기의 4가지 기술을 발달시킨다. 셋째, 태도 · 가치적 목적으로, 이슈와 문제에 대해서 민주적인 태도를 발달시키고, 바람직한 원리와 기준에 대한 가치를 발달시킨다.

미국 사회과교육협회(NCSS, 2010)는 사회교육의 일차적인 목적은 아동들이 문화적으로 다양하고 상호의존적인 민주사회의 시민으로 공공의 선을 잘 알고 합리적인 의사결정을 하도록 돕는 것이라고 하였다. 이에 따른 사회교육의 목표는 아동들이 사회에 활동적이고 자발적으로 참여하는 데 필요한 지식, 인지 과정, 민주적인 성향, 즉 시민으로서의 역량을 촉진시키는 것이라고 하였다.

유아사회교육의 목적을 멜렌데즈 등(Melendez, Beck, & Fletcher, 2000)은 5가지로 제시하였다. 첫째, 개인적으로 유아의 독특하고 긍정적인 발달을 지원하고, 다른 사람과의 관계에서 자아개념을 발달시키며, 의사결정 능력을 촉진시킨다. 둘째, 사회생활에 필요한 지식, 기술, 태도 등 사회적 시민 역량을 발달시킨다. 셋째, 지식에 기초하여 사회 현실에 대한 개념을 발달시키고, 경험을 통해서 사람들의 행동을 가치 있게 생각하고, 이해하는 다양한 방법을 알게 한다. 넷째, 사회 · 문화적으로 다양한 사회에서 생각, 신체적 특성, 행동 등 인간의 다양성을 존중하고, 다른 사람을 평등하게 대하는 태도를 형성하게 한다. 다섯째, 세계의 시민이라는 의식을 발달시켜서 자신의 행동에 대한 책임과 다른 사람에게 미치는 영향력을 인식한다.

유아사회교육 목표를 살펴보면, 미국의 일리노이 주(Illinois State Board of Education, 2013)는 사회 · 정서발달과 사회과학으로 나누어서 제시하였다. 사회 · 정서발달의 목표는 '첫째, 다른 사람과 긍정적인 관계를 형성하기 위해서 자기조절 기술을 발달시킨다. 둘째, 긍정적인 관계를 형성하고 유지하기 위해서 사회적 인식과 대인관계 기술을 사용한다. 셋째, 개인, 사회, 지역사회 맥락에서 의사결정 기술과 행동을 발달시킨다.'이다. 사회과학의 목표는 '첫째, 시민의식과 관련된 개념을 이해한다. 둘째, 경제 제도와 인간의 상호의존성을 탐색한다. 셋째, 자신의 독특성과 개별성에 대한 인식을 발달시킨다. 넷째, 사람들이 생활하고, 일하고, 놀이하는 환경과 지리를 탐색한다. 다섯째, 사람과 가족에 대해서 탐색한다.'이다. 알래스카 주(Alaska Department of Education and Early Development, 2007)도 유아사회교육 목표를 사회 · 정서발달과 사회과학으로 나누어서 제시하였다. 유아의 사회 · 정서발달 목표는 '첫째, 친숙한 성인을 신뢰하고 편안하게 상호작용한다. 둘째, 필요시 성인에게 도움을 요청한다. 셋째, 또래와 우정을 형성하고 협력한다. 넷째, 긍정적인 협상기술을 기른다. 다섯째, 행동의 영향을 인식한다. 여섯째, 집단 활동에 긍정적으로 참여한다. 일곱째, 다양한 상황에 적응한다. 여덟째, 다른 사람 및 자연에 감정이입을 한다. 아홉째, 사람들의 유사점과 차이점을 인식하고, 존중한다. 열째, 자신을 독특한 개인으로 인식하다. 열한째, 자신의 능력, 성격, 선호를 인식한다. 열둘째, 자신의 능력을 믿는다. 열셋째, 규칙과 일과를 이해하고 따른다. 열넷째, 정서와 충동을 조절한다. 열다섯째, 적절하게 정서를 표현한다.'이다. 사회과학의 목표는 '첫째, 과거 · 현재 · 미래의 사건을 구별한다. 둘째, 위치와 공간관계를 인식하고, 사람, 장소, 지역의 관계를 안다. 셋째, 경제 개념을 인식한다. 넷째, 인간과 환경의 관계를 안다. 다섯째, 테크놀로지를 적절히 사용한다.'이다.

싱가포르 교육부(Ministry of Education Singapore, 2012)는 유치원 교육과정에서 사회 · 정서발달에 초점을 둔 유아사회교육 목표를 제시하고 있다. '첫째, 개인의 정체성에 대한 인식을 발달시킨다. 둘째, 유아 자신의 정서와 행동을 조절한다. 셋째, 다양성을 존중한다. 넷째, 다른 사람과 의사소통 및 상호작용을 하고 관계를 형성한다. 다섯째, 자신의 행동에 책임을 진다. 여섯째, 일상생활에서 기본 도형과 단순한 공간개념을 인식한다.'이다.

우리나라의 2019 개정 누리과정은 '자신을 존중하고 더불어 생활하는 태도를 가진다.'는 목표에 근거하여 유아의 사회 · 정서발달과 사회과학교육 목표를 통합적으로 제시하고 있다. 이에 따른 구체적인 하위목표는 '자신을 이해하고 존중한다', '다른 사람과 사이좋게 지낸다', '우리가 사는 사회와 다양한 문화에 관심을 가진다'이다. 사회관계 영역의 목표 및 내용범주는 유아가 자신을 이해하고 존중하며, 친구와 가족, 또는 다른 사람들과 사이좋게 지내며 유아가 속한 지역사회와 우리나라, 다양한 문화에 관심을 갖는 내용으로 구성되었다(교육부 · 보건복지부, 2019).

이상에서 제시한 내용을 정리하면, 유아사회교육의 목적은 '사회 · 정서적으로 건강하게 발달하고, 세상에서 함께 사는 데 필요한 지식, 기술, 태도 등의 역량을 발달시킨다.'이다. 유아사회교육의 목표는 '첫째, 유아가 자신을 인식하고 존중감을 갖는다. 둘째, 자신과 다른 사람의 감정을 이해하고, 감정을 적절히 표현하고 조절한다. 셋째, 다른 사람이나 공동체에서 긍정적인 관계를 형성한다. 넷째, 가족 구성원의 책임과 역할을 이해하고, 다양한 문화를 이해하고 존중한다. 다섯째, 집단에서의 권리와 책임, 규칙을 이해하고 합리적인 가치를 발달시킨다. 여섯째, 건전한 소비생활, 희소성, 화폐 등을 이해한다. 일곱째, 위치와 공간관계를 인식하고, 사람, 장소, 지역의 관계를 안다. 여덟째, 과거 · 현재 · 미래를 이해하고, 시간의 연속성을 인식한다.'이다. 유아사회교육의 목적과 목표를 표로 제시하면 다음 〈표 3-1〉

과 같다.

〈표 3-1〉 유아사회교육의 목적 및 목표

목적	사회·정서적으로 건강하게 발달하고, 세상에서 함께 사는 데 필요한 지식, 기술, 태도 등의 역량을 발달시킨다.	
목표	건강한 사회·정서발달	세상이해를 위한 사회과학
	• 자신을 인식하고 존중감을 갖는다. • 자신 및 다른 사람의 감정을 이해하고, 적절히 감정을 표현하고 조절한다. • 다른 사람이나 공동체에서 긍정적인 관계를 형성한다.	• 가족 및 지역사회 구성원의 책임과 역할을 이해하고, 다양한 문화를 이해하며 존중한다. • 집단에서의 권리와 책임, 규칙을 이해하고 합리적인 가치를 발달시킨다. • 건전한 소비생활, 희소성, 화폐 등을 이해한다. • 위치와 공간관계를 인식하고, 사람, 장소, 지역의 관계를 안다. • 과거·현재·미래를 이해하고, 시간의 연속성을 인식한다.

2. 유아사회교육의 표준

세계 여러 나라에서는 효율적인 유아교육을 위해서 유아 시기에 달성해야 하는 것이 무엇인지를 제시해주는 표준 및 지표에 대해서 고민하였다(Michigan State Board of Education, 2013). 표준(standards)은 질적으로 우수한 유아교육기관에서 유아들이 알아야 하는 것, 할 수 있는 것이 무엇인지를 제시한 것이다. 즉, 표준은 유아에게 기대되는 학습 결과가 무엇인지, 그리고 이러한 학습을 지원하기 위해서 적합한 교수 실천이 무엇인지를 정의하는 것이다. 교육과정이 바람직한 교육 결과를 위한 조직된 활동 범위와 순서라면, 표준은 교육과정을 위한 학습 목표로 교육과정 개발을 위한 기초로 사용될 수 있다. 지표(indicators)는 유아의 진보를 관찰할 수 있는 행동, 개념, 지식, 기술을 반영한 것으로, 각 발달 영역의 범위와 깊이를 제공하는 것이다(Kagan, 2015; Michigan State Board of Education, 2013; New Jersey

State Department of Education, 2014, 조운주, 2015, 재인용). 따라서 표준에 근거하여 교육과정 내용을 구성하는 것이 필요하다. 외국에서 개발된 영유아를 위한 사회교육 표준을 살펴보면 다음 〈표 3-2〉와 같다.

〈표 3-2〉 외국의 유아사회교육 표준

국가 및 주	연령	표준	
		사회·정서발달	사회과학
미국 펜실베이니아 주 (Pennsylvania Department of Education, 2014)	0~5세	• 자아인식 및 자기조절 • 관계 형성 및 유지 • 의사결정 및 책임감	• 정치 원리 • 시민의 권리와 책임 • 부족과 선택 • 정부 기능 • 수입 및 이익·재산 • 기본적인 지리, 기호, 장소와 지역, 역사 분석 및 기술
미국 루이지애나 주 (Louisiana Department of Education, 2013)	0~5세	• 또래 및 성인과의 관계 형성 및 상호작용 • 긍정적인 자아개념 및 소속감 • 성공적인 의사결정·과업달성·목표달성 능력 • 정서조절, 충동 및 행동조절	• 과거 이해하기, 과거·현재의 사람들과 사건·상징 • 지리적인 위치·지도 • 문화와 다른 사람의 특성 • 규칙과 책임 및 시민의식 • 기본적인 경제 개념
미국 미시간 주 (Michigan State Board of Education, 2013)	3~4세	• 자기이해 • 정서표현 • 다른 사람과의 관계	• 공간 관계 • 사람의 영향, 시간 이해, 규칙과 법 • 기본적인 경제 개념 • 사람과 환경
영국 (Department for Education, 2014)	0~5세	• 자기신뢰 • 자아인식 • 감정과 행동조절 • 관계 형성	• 사람과 지역사회, 세상이해

국가 및 주	연령	표준	
		사회·정서발달	사회과학
캐나다 온타리오 (Best Start Expert Panel on Early Learning, 2007)	0~5세	• 친구 사귀기, 갈등 및 문제해결, 집단 활동, 돕기, 긍정적 상호작용, 협력, 감정이입, 의견수렴, 성인과 상호작용 • 자아개념, 정체성, 자기신뢰, 정서이해 및 표현, 정서 및 행동조절, 학습 태도	• 공간 관계·방향·지도, 시간 관계, 규칙 있는 게임
호주 (Australian Government Department of Education, Employment and Workplace, 2009)	0~5세	• 안전감과 지원감 • 자율성, 상호의존성, 탄력성 • 자아정체성 • 다른 사람과의 상호작용 • 사회·정서적 안녕감 • 건강과 신체적 안녕에 대한 책임감	• 집단 및 공동체 소속감 • 상호 권리와 책임 이해 • 공동체 참여 • 다양성 존중 • 공정함 인식 • 사회적 책임과 환경 존중

여러 나라에서 제시한 유아사회교육 표준은 공통적으로 사회 · 정서발달 영역에 자아개념(자아인식, 자신감, 긍정적 자아개념, 자기조절), 정서(정서이해, 정서표현, 정서조절, 감정이입), 성인 및 또래 관계(친구 사귀기, 갈등 및 문제해결, 집단활동, 돕기, 긍정적 상호작용, 협력, 놀이, 사회기술, 친사회적 행동) 등을 포함하고 있다. 사회과학 영역에서는 가족, 지역사회, 다양성, 책임과 권리, 역사(시간, 과거, 현재), 경제, 지리(공간, 방향, 기호, 장소), 환경 등을 포함하고 있다.

이상의 내용에 기초하여 유아사회교육을 위한 표준 및 연령별 지표의 내용을 구체적으로 제시하면 다음 〈표 3-3〉과 같다(조운주, 2015).

〈표 3-3〉 0~5세 유아사회교육의 표준 및 지표

<table>
<tr><th colspan="2" rowspan="2">표준</th><th colspan="6">연령별 지표</th></tr>
<tr><th>0세</th><th>1세</th><th>2세</th><th>3세</th><th>4세</th><th>5세</th></tr>
<tr><td rowspan="2">1. 자아 개념</td><td>1.1 자기 자신을 이해한다.</td><td colspan="2">자신과 타인을 구별하고, 자기 이름을 알며, 좋아하는 것이 생기기 시작함</td><td>자신의 기본적인 특성(모습, 이름, 성별 등)을 알고, 좋아하는 것이 생김</td><td>자신의 다양한 특성(모습, 이름, 성별, 연령, 자신의 물건, 좋아하는 것, 잘하는 것 등)을 앎</td><td colspan="2">자신의 다양한 특성(모습, 이름, 성별, 연령, 자신의 물건, 좋아하는 것, 잘하는 것 등)을 알고, 집단 구성원으로의 자신의 역할을 알고 실천함</td></tr>
<tr><td>1.2 자기 자신을 존중한다.</td><td colspan="2">자신의 성취에 대해서 기뻐함</td><td>자신의 성취에 대해서 기뻐하고, 자율성을 보임</td><td>자신감을 표현하고, 스스로 놀이에 참여함</td><td colspan="2">자신감을 표현하고, 스스로 놀이를 계획하고 실행하며 즐김</td></tr>
<tr><td rowspan="3">2. 정서 이해 및 조절</td><td>2.1 자신 및 다른 사람의 정서를 이해한다.</td><td colspan="2">자신의 정서에 관심을 보이고 반응함</td><td>자신과 친숙한 사람(부모, 교사 등)의 기본적인 정서를 알고 반응함</td><td>자신과 다른 사람의 기본적 정서(기쁨, 슬픔, 화남 등)를 알고 반응함</td><td colspan="2">자신과 다른 사람의 다양한 정서(기쁨, 슬픔, 화남, 좌절, 분노 등)를 알고 적절히 반응함</td></tr>
<tr><td>2.2 자신의 정서를 적절히 표현한다.</td><td colspan="2">기본적인 정서(기쁨, 슬픔, 화남 등)를 행동(울음, 웃음, 미소, 얼굴표정, 몸짓 등)으로 표현함</td><td>기본적인 정서(기쁨, 슬픔, 화남 등)를 행동과 말, 단어로 표현함</td><td>기본적인 정서(기쁨, 슬픔, 화남 등)를 행동과 말로 표현함</td><td colspan="2">다양한 정서(기쁨, 슬픔, 화남, 좌절, 분노 등)를 수용되는 행동과 말로 표현함</td></tr>
<tr><td>2.3 자신의 정서 및 행동을 조절한다.</td><td colspan="2">성인이 달래주면 정서적으로 안정됨</td><td>성인이 도와주면 정서와 행동을 조절하기 시작함</td><td>성인이 설정한 한계를 수용하고, 정서와 행동을 조절함</td><td colspan="2">정서와 행동을 스스로 조절하고, 적절히 반응함</td></tr>
</table>

표준		연령별 지표					
		0세	1세	2세	3세	4세	5세
3. 성인 및 또래 관계	3.1 성인과 긍정적인 관계를 형성한다.	친숙한 성인(부모, 교사)에게 애착을 보임		친숙한 성인(부모, 교사)에게 애착을 보이고, 도움을 원함	친숙한 성인(부모, 교사) 과 애정적 관계를 형성하고, 상호작용을 함	친숙한 성인(부모, 교사 등)과 애정적 관계를 형성하고, 적극적으로 상호작용을 함	
	3.2 또래와 긍정적인 관계를 형성한다.	다른 유아에게 관심을 보임		친숙한 유아를 좋아하고, 상호작용 및 병행놀이를 함	특정 유아를 좋아하고, 유아들과 연합 놀이를 함	여러 명의 유아들과 친구관계를 유지하며, 협동 놀이 및 학습활동을 함	
	3.3 친사회적 행동(나누기, 협동, 돕기, 존중, 배려, 위로 등)을 실천한다.	성인이 도와주면, 일부 친사회적 행동을 시작함		성인이 도와주면, 친사회적 행동을 실천함	자발적으로 친사회적 행동을 실천하기 시작함	자발적으로 친사회적 행동을 일부 실천하고, 다른 사람에게 친사회적 행동을 요청함	
	3.4 사회적 문제해결 방법을 이해하고 실천한다.	문제가 발생했음을 앎		문제 발생 시 성인의 도움을 요청함	성인이 도와주면, 문제를 해결하려고 시도함	한두 가지 문제해결 방법을 알고 해결함	
4. 가족 및 지역 사회	4.1 가족구성원과 가족 문화를 이해한다.		가족을 구별함	가족 구성원을 앎	가족 구성원과 역할에 관심을 가짐	가족 구성원의 관계 및 역할, 생활문화를 앎	
	4.2 지역사회의 특성과 지역문화를 이해한다.			지역사회에 관심을 가짐	지역사회의 특성 및 사람들에게 관심을 가짐	지역사회의 특성 및 사람들의 역할을 앎	

<table>
<tr><th colspan="2" rowspan="2">표준</th><th colspan="6">연령별 지표</th></tr>
<tr><th>0세</th><th>1세</th><th>2세</th><th>3세</th><th>4세</th><th>5세</th></tr>
<tr><td rowspan="2">5. 시민 의식</td><td>5.1 규칙을 이해하고 실천한다.</td><td></td><td></td><td>성인이 도와주면 규칙에 관심을 가짐</td><td>성인이 도와주면 규칙을 따름</td><td colspan="2">규칙을 알고 자율적으로 지킴</td></tr>
<tr><td>5.2 권리와 책임을 이해하고 실천한다.</td><td></td><td></td><td></td><td>자신의 권리를 주장하기 시작함</td><td colspan="2">자신과 다른 사람의 권리와 책임을 알고 일부 실천함</td></tr>
<tr><td rowspan="4">6. 경제</td><td>6.1 상품의 생산과 소비를 이해한다.</td><td></td><td></td><td></td><td>일부 상품의 소비에 관심을 가짐</td><td colspan="2">일부 상품의 생산과 소비를 앎</td></tr>
<tr><td>6.2 공평한 분배를 이해한다.</td><td></td><td></td><td></td><td>공평한 분배에 관심을 가짐</td><td colspan="2">공평한 분배를 앎</td></tr>
<tr><td>6.3 절약을 이해하고 실천한다.</td><td></td><td></td><td></td><td>절약에 관심을 가짐</td><td colspan="2">절약해야 한다는 것을 알고 실천하기 시작함</td></tr>
<tr><td>6.4 화폐의 가치와 사용을 이해한다.</td><td></td><td></td><td></td><td>동전 및 지폐에 관심을 가짐</td><td colspan="2">일부 동전 및 지폐를 구별하고, 돈의 필요성을 앎</td></tr>
</table>

표준		연령별 지표					
		0세	1세	2세	3세	4세	5세
7. 지리	7.1 위치, 방향과 지도를 이해한다.				위치, 방향에 관심을 가짐	위치, 방향을 알고 지도에 관심을 보임	
	7.2 지역의 물리적, 문화적 특징을 이해한다.				지역의 물리적, 문화적 특징에 관심을 보임	지역의 물리적, 문화적 특징을 앎	
	7.3 사람과 환경의 관계를 이해한다.				환경의 변화에 관심을 가짐	환경의 변화와 환경보호의 필요성을 앎	
8. 역사	8.1 과거·현재·미래의 시간 개념을 이해한다.				가까운 과거·현재·미래에 관심을 갖고 하루 일과를 앎	가까운 과거·현재·미래를 알고 달력, 날짜, 시계 등에 관심을 가짐	
	8.2 시간의 흐름에 따른 변화를 이해한다.				사람, 자연의 변화에 관심을 가짐	사람, 자연, 지역사회 등의 변화를 앎	
	8.3 과거·현재·미래의 계속성을 이해한다.					과거·현재·미래의 계속성에 관심을 가짐	

출처: 조운주(2015). 0~5세 유아사회교육 표준 및 지표 타당성. 보건복지교육연구, 6(8), 123-148. 재구성.

3. 유아사회교육의 내용

유아사회교육 내용에 대해서 살펴보면, 보이드 등(Boyd et al., 2005)은 유아에게 필요한 사회 · 정서발달 내용으로 '자신의 감정에 대해서 인식하고 이해하기, 다른 사람의 정서 상태를 정확하게 알고 이해하기, 격한 감정을 조절하고 건설적인 방법으로 표현하기, 자신의 행동 규제하기, 다른 사람에 대한 감정이입 하기, 관계 형성하고 유지하기'를 제안하였다. 그론룬드(Gronlund, 2006, Epstein, 2014, 재인용)는 유아에게 필요한 사회과학 내용으로 '민주적인 학급 공동체의 구성원, 위치와 장소의 관계성, 사람과 가족의 유사성 · 차이점, 유아 생활과 관련된 기본적인 경제 원리, 다양한 사회에서 자신과 다른 사람의 문화에 대한 존중'을 제안하였다.

미국 하이스코프(Neill, 2015)는 유아사회교육 내용을 사회 · 정서발달과 사회과학교육으로 나누어서 제시하였다. 사회 · 정서발달 내용으로는 자아정체성(긍정적인 자아정체성), 유능감(자신을 유능하다고 느끼는 것), 정서(자신의 정서를 인식 · 명명 · 조절하는 것), 감정이입(다른 사람에 대한 감정이입), 공동체(학급 공동체에 참여), 관계 형성(다른 유아 및 성인과 관계 형성), 협동적 놀이(협동적인 놀이에 참여), 도덕성 발달(옳고 그름에 대한 내적 감각 발달), 갈등해결(사회적 갈등 해결) 등 8가지를 제시하였다. 그리고 사회과학 내용으로는 다양성(사람들의 다양한 성격 · 흥미 · 능력 이해), 공동체에서의 역할(공동체에서 사람들의 역할과 기능 인식), 의사결정(학급의 의사결정에 참여), 지리(환경의 특징과 위치 인식), 역사(과거 · 현재 · 미래 이해), 생태(환경보호의 중요성 이해) 등 6가지를 제시하였다.

캘리포니아 주 교육부(California Department of Education, 2013)는 표준에 근거하여 사회 · 정서발달과 사회과학을 포함한 유아사회교육 내용을 제시하였다. 캘리포니아 주 교육부의 유아사회교육 내용은 '자신과 사회(문화 다양성, 관계 형성, 사회적 역할과 직업), 구성원 되기(민주적 참여를 위한 기술, 책임 있는 행동, 다른 사람에 대한 공정함과 존중, 갈등해결), 시간 개념(과거 사건 이해, 미래 예상과 계획,

개인 역사, 사람과 세상의 변화), 장소 감각(친숙한 장소 찾기, 자연환경 보호, 그림과 지도에서 물리적 세계 이해하기), 시장(교환)'이다.

싱가포르 교육부(Ministry of Education Singapore, 2012)는 유아사회교육을 유아의 사회 · 정서발달에 초점을 두어 운영하고 있다. 싱가포르의 유아사회교육 내용은 '개인의 정체성, 자신의 정서행동 조절, 다양성 존중, 다른 사람과의 의사소통 · 상호작용 및 관계형성, 자신의 행동에 대한 책임, 기본적인 모양과 공간개념 인식'의 6가지이다.

우리나라의 경우, 2019 개정 누리과정의 사회관계 내용은 '나를 알고 존중하기, 더불어 생활하기, 사회에 관심 가지기'의 3개 내용범주, 12개 내용으로 구성되어 있다(교육부 · 보건복지부, 2019). 내용범주별 내용을 살펴보면, '나를 알고 존중하기' 내용범주에는 '나를 알고 소중히 여긴다, 나의 감정을 알고 상황에 맞게 표현한다, 내가 할 수 있는 것을 스스로 한다.'의 3개 내용으로 구성되어 있다. '더불어 생활하기' 내용범주에는 '가족의 의미를 알고 화목하게 지낸다, 친구와 서로 도우며 사이좋게 지낸다, 친구와의 갈등을 긍정적인 방법으로 해결한다, 서로 다른 감정, 생각, 행동을 존중한다, 친구와 어른께 예절 바르게 행동한다, 약속과 규칙의 필요성을 알고 지킨다.'의 6개 내용으로 구성되어 있다. '사회에 관심 가지기' 내용범주에는 '내가 살고 있는 곳에 대해 궁금한 것을 알아본다, 우리나라에 대해 자부심을 가진다, 다양한 문화에 관심을 가진다.'의 3개 내용으로 구성되어 있다. 2019 개정 누리과정 사회관계의 구체적인 내용은 다음 〈표 3-4〉와 같다.

〈표 3-4〉 2019 개정 누리과정 사회관계 내용

내용범주	내용
나를 알고 존중하기	나를 알고 소중히 여긴다.
	나의 감정을 알고 상황에 맞게 표현한다.
	내가 할 수 있는 것을 스스로 한다.
더불어 생활하기	가족의 의미를 알고 화목하게 지낸다.
	친구와 서로 도우며 사이좋게 지낸다.
	친구와의 갈등을 긍정적인 방법으로 해결한다.
	서로 다른 감정, 생각, 행동을 존중한다.
	친구와 어른께 예의바르게 행동한다.
	약속과 규칙의 필요성을 알고 지킨다.
사회에 관심 가지기	내가 살고 있는 곳에 대해 궁금한 것을 알아본다.
	우리나라에 대해 자부심을 가진다.
	다양한 문화에 관심을 가진다.

출처: 교육부·보건복지부(2019). 2019 개정 누리과정 해설서. 세종: 교육부·보건복지부.

유아사회교육 목표, 표준, 2019 개정 누리과정 내용에 근거하여, 유아사회교육에 포함해야 할 내용을 정리하면 다음 〈표 3-5〉와 같다.

〈표 3-5〉 유아사회교육의 내용

<table>
<tr><th rowspan="2">영역</th><th rowspan="2">표준</th><th colspan="2">2019 개정 누리과정</th><th rowspan="2">유아사회교육 내용</th></tr>
<tr><th>내용범주</th><th>내용</th></tr>
<tr><td rowspan="7">사회·정서 발달</td><td rowspan="2">자아 개념</td><td rowspan="2">나를 알고 존중하기</td><td>나를 알고 소중히 여긴다.</td><td rowspan="2">• 자신을 이해한다.
• 자신을 존중한다.</td></tr>
<tr><td>내가 할 수 있는 것을 스스로 한다.</td></tr>
<tr><td rowspan="2">정서</td><td>나를 알고 존중하기</td><td>나의 감정을 알고 상황에 맞게 표현한다.</td><td rowspan="2">• 자신과 다른 사람의 정서를 이해한다.
• 자신의 정서를 적절히 표현한다.
• 자신의 정서 및 행동을 조절한다.</td></tr>
<tr><td>더불어 생활하기</td><td>서로 다른 감정, 생각, 행동을 존중한다.</td></tr>
<tr><td rowspan="3">성인 및 또래 관계</td><td rowspan="3">더불어 생활하기</td><td>친구와 어른께 예의 바르게 행동한다.</td><td rowspan="3">• 성인과 긍정적인 관계를 형성한다.
• 또래와 긍정적인 관계를 형성한다.
• 친사회적 행동을 실천한다.
• 사회적 문제해결 방법을 이해하고 실천한다.</td></tr>
<tr><td>친구와 서로 도우며 사이좋게 지낸다.</td></tr>
<tr><td>친구와의 갈등을 긍정적인 방법으로 해결한다.</td></tr>
<tr><td rowspan="5">사회 과학</td><td rowspan="2">가족 및 지역</td><td>더불어 생활하기</td><td>가족의 의미를 알고 화목하게 지낸다.</td><td rowspan="2">• 가족 구성원, 역할, 문화를 이해한다.
• 지역사회의 특성과 문화를 이해한다.</td></tr>
<tr><td>사회에 관심 가지기</td><td>다양한 문화에 관심을 가진다.</td></tr>
<tr><td>시민 의식</td><td>더불어 생활하기</td><td>약속과 규칙의 필요성을 알고 지킨다.</td><td>• 규칙을 이해하고 실천한다.
• 권리와 책임을 이해하고 실천한다.</td></tr>
<tr><td>지리</td><td>사회에 관심 가지기</td><td>내가 살고 있는 곳에 대해 궁금한 것을 알아본다.</td><td>• 위치, 방향과 지도를 이해하고 활용한다.
• 지역의 물리·문화적 특징을 이해한다.
• 사람과 환경의 관계를 이해한다.</td></tr>
<tr><td>역사</td><td>사회에 관심 가지기</td><td>우리나라에 대해 자부심을 가진다.</td><td>• 과거·현재·미래의 시간 개념을 이해한다.
• 시간의 흐름에 따른 변화를 이해한다.
• 과거·현재·미래의 계속성을 이해한다.</td></tr>
</table>

CHAPTER 04

유아사회교육의 방법

SOCIAL STUDIES FOR YOUNG CHILDREN

1. 유아사회교육의 접근방법

1) 사회생활중심 교육과정(Social-Living Curriculum)

힐(Hill)에 의해서 창시된 사회생활중심 교육과정은 아동발달과 정신분석 발달이론과 함께 시민정신교육에 대한 관심이 증가하기 시작한 1930년부터 발달되었다. 사회생활중심 교육과정은 학교 조직에 민주주의의 원리를 적용하여 유아들이 집단생활을 하기 위해서 필요한 기본생활습관과 사회적 기술 발달을 강조하였다. 힐의 저서인 『유치원과 1학년을 위한 교육과정』에서는 유아가 익혀야 할 모든 사회적 기술과 습관을 제시하였다. 주로 도덕적 · 사회적 행동 영역에 중점을 두고 측정 가능한 형태로 제시하였다. 힐의 영향을 받아서 1930~1940년대 만들어진 많은 보육기관의 교육과정은 '사회생활중심 교육과정'에 기초하였다. 이 교육과정은 유아의 사회적 · 정서적 성장을 지지하는 것을 목표로 다음과 같은 구체적인 지침을 제시하였다(Seefeldt, Castle, & Falconer, 2014).

- 물건과 아이디어를 공유하는 것을 배운다.

- 타인과의 건전한 관계를 발달시킨다.
- 자신을 신뢰한다.
- 자신의 행동에 책임감을 느낀다.
- 관심과 집중력을 발달시킨다.
- 친절하고 자발적으로 다른 사람과 협력한다.
- 타인의 가치와 공헌에 감사한다.
- 자아개념과 자아존중감을 발달시킨다.

사회생활중심 교육과정은 유아에게 물질적인 환경만 제공하고, 스스로 타인과 함께 살아가는 것을 학습하도록 방치하였으며 지적 발달에는 거의 관심을 갖지 않고, 기본적인 기술들을 가르친다는 점에서 비판받았다. 사회생활중심 접근법이 실패한 원인은, 첫째, 유아를 전체적으로 볼 수 있는 능력이 없었기 때문이다. 둘째, 교사들이 타인과의 관계, 타인의 관점, 사회 규칙을 이해하는 것이 사회적일 뿐 아니라 인지적이라는 것을 이해하지 못하였다. 즉, 타인과 관계를 맺는 아이디어 표현, 생각 나누기, 듣기 · 말하기 능력인 인지적인 기술을 간과하였다. 셋째, 유아의 언어발달 촉진, 인지적 성장, 규칙 개념, 도덕적 가치, 이해력 발달은 사회생활을 촉진하기 위한 교육과정의 필수 요소가 되어야 함에도 불구하고, 이를 간과하거나 무시하였다는 점이다(Seefeldt, Castle, & Falconer, 2014).

이처럼 사회생활중심 교육과정은 지나치게 사회적 기술의 촉진에 대해서만 다루었다는 점에서 한계가 있다. 이로 인해 오늘날은 사회생활중심 교육과정은 「아동낙오방지법(No Child Left Behind Act)」에 대한 추세와 교육적 책임에 대한 압력의 증가로 거의 사라졌다.

2) 지금 현재에 기초한 교육과정(Here and Now Curriculum)

1930년대 이전의 사회교육은 유아가 경험해 보지 못하고 알지도 못하는 사실들로 구성되었다. 그러나 미첼(Mitchell, 1934, Seefeldt, 2005, 재인용)은 유아의 주변 환경에 대한 이해를 증진시키는 실질적이고 세부적인 방법을 발달시켰다. 미첼은 유아발달 이론과 진보주의 영향을 받아 유아의 삶과 무관한 교육과정의 문제점을 비판하여 지금 현재에 기초한 교육과정을 개발하였다. 미첼의 사회교육과정에서의 기본적 교육 개념은 유아 스스로 경험할 필요가 있다는 것이다. 사회교육과정은 유아 주변의 세계의 사물과 문화에 대한 경험과 발견에 기초해야 한다고 본 것이다. 즉, 유아가 경험을 하기 전에 무엇을 가르친다는 것은 매우 위험하므로 교사는 유아가 직접적으로 조작하고 만져서 정보를 얻을 수 있는 다양한 경험들을 제공해야 한다는 것이다(Seefeldt, Castle, & Falconer, 2014; Field & Bauml, 2014).

미첼(1934)는 언제, 어디서든 유아의 세계는 자신의 지식을 확장하고 사고를 증진하기에 충분하고 복잡한 기회가 된다고 하였다. 즉, 유아는 즉각적으로 환경에 대해 이해함으로써 '관계적인 사고, 경험의 일반화, 상징 및 극놀이를 통한 구체적인 경험의 재창조'와 같은 지적 능력을 발달시킬 수 있다고 보았다(Seefeldt, Castle, & Falconer, 2014, 재인용). 이는 피아제(Piaget)와 비고츠키(Vygotsky)의 이론과 일관되며, 발달에 적합한 실제(Bredekamp & Copple, 1997)의 철학과도 연결된다. 이러한 미첼의 기본 개념은 현재에도 사회교육과정의 교수방법을 조직할 때 사용된다(Seefeldt, Castle, & Falconer, 2014).

그러나 미첼의 이론에 대해서 비판하는 입장이 있는데, 이들은 미첼이 현재 유아의 삶에 기초를 둔다 할지라도 유아가 처한 주변상황에서의 복잡성을 무시했다고 주장하였다. 아울러 환경 안에서 사건 간의 관계와 상호작용에 초점을 두기보다는 사소한 주변의 일에 초점을 두었다고 보았다. 그런데 이는 미첼의 관계적인 사고와 지적발달을 위한 주장을 간과한 것이다(Seefeldt, Castle, & Falconer, 2014).

최근 이론에서는 어릴수록 직접적인 체험에 의한 감각적 경험을 더욱 중요하게 생각하며, 유아가 배우는 것은 생활과 관련되어야 유용하고, 놀이와 능동적 학습이 필요하다는 점에서 미첼의 입장을 지지한다. 오늘날, 유아가 살고 있는 세상은 다양하기 때문에 교사는 유아가 접한 환경의 복잡성과 총체성을 인식할 필요가 있다.

3) 기념일 교육과정(Holiday Curriculum)

기념일 교육과정은 정규 교육과정에서 파생된 것으로, 기념일을 축하하는 교육과정이다. 기념일 교육과정의 교육적 가치로는, 첫째, 기념일을 통해 가족과 공동체와 국가의 정체성을 향상시킬 수 있다(Vygotsky, 1986, Seefeldt, 2005, 재인용). 둘째, 다른 여러 나라의 기념일 관습을 알게 되어 다른 나라의 문화에 대한 이해를 돕는다. 셋째, 정직, 용기, 친절과 같은 미덕의 의미를 분명하게 하는 이야기, 비디오, 역할놀이, 음악, 게시판, 토론은 유아가 역사를 이해하게 한다(National Venter for History in the Schools, 1994; NCSS, 1998, Seefeldt, 2005, 재인용).

하지만 기념일을 사회교육의 기초로 하는 경우, 지식, 기술, 태도 및 가치에 대한 관심 없이 기념행사 중심으로 반복적으로 진행된다. 특히 상업적인 회사들이 만든 단원계획, 포스터, 교육과정 패키지 상품으로 기념일 교육과정을 접근하게 하는데, 이는 모두 해당 기념일을 즐기는 것에만 초점을 둔다. 결과적으로 이 교육과정에서의 사회교육은 피상적이고 비현실적인 특성을 지니고 있어서 사실이 아닌 이야기를 듣거나 사람에 대한 선입견을 발달시킬 우려가 있다(Seefeldt, 2005; Seefeldt, Castle, & Falconer, 2014). 이상의 사회교육의 접근방법을 정리하여 제시하면 다음 〈표 4-1〉과 같다.

〈표 4-1〉 유아사회교육의 접근방법

시기	접근방법	개념	단점	장점
1920 ~ 1930	사회생활 중심 교육과정	민주사회에서 생활하기 위해 사회적 기술 필요함	기본 생활습관 훈련과 형성만 강조함. 사회 학습의 복잡성을 무시함	사회적 기술은 민주사회에서 생활하기 위해 요구됨. 타인의 권익을 고려하기 위해 협동, 공유, 협상 및 자신의 이익을 포기하는 능력이 필요함
1934	지금-현재 교육과정	유아의 학습은 직접적이고 자신의 주변 환경 내 경험에 기초함	단순히 '나의가족', '지역사회 인사'를 알아보기만 하는 무의미한 단원으로 잘못 이해되어 실시될 수 있음	즉각적인 지금-현재 세계의 복잡성을 이해하고 사고를 촉진하는 데 사용된다면, 이 교육과정은 현재에도 지속되며 이론과 연구에 의해 지지됨
1930 이후	기념일 교육과정	없음	진부하고 무의미한 내용이나 제한된 사고와 문제해결이 이루어짐	없음

출처: Seefeldt, C., Castle, D. S., & Falconer, D. R. (2014). 제8판 아동을 위한 사회교육. 권연희 역(원저는 2010년에 출판). 서울: 시그마프레스.

2. 유아사회교육의 교수방법

1) 유아사회교육을 위한 교수원리

사회교육은 유아의 일상적인 경험으로부터 시작되어야 한다. 유아는 일상적인 경험으로부터 자신과 주변의 사회적 현상에 대한 여러 가지 개념들을 형성한다. 이러한 유아의 초기 개념들은 흔히 불완전하고 부정확한 경우가 많지만 이후에 보다 정확하고 성숙된 개념을 형성하는 토대가 된다. 즉, 유아의 일상적 경험에서 자발적으로 이루어진 개념들이 정확하고 과학적인 개념으로 발달된다(Seefeldt, 2005).

따라서 유아사회교육을 위한 교수는 유아의 발달수준을 고려하고 일상적인 경험들에 기초하여 시작되고 확장되어야 한다. 아울러 단순한 사실에 대한 암기가 아니라 유아의 생활 경험과 관련되어 심화 · 확장할 때 사회교육은 유아에게 의미 있는 학습이 된다.

유아사회교육을 실시할 때 고려해야 하는 구체적인 교수원리는 다음과 같다(Seefeldt, 2005).

첫째, 유아의 발달에 적합하게 이루어져야 한다. 이 시기 유아는 전조작적 사고의 특징을 지니며, 활동적이고, 호기심이 많아서 학습에 대해 내적으로 동기 유발이 되는 특성이 있다. 또한 유아기에는 유사한 욕구를 지니기도 하지만 개별 유아 간의 욕구, 경험, 흥미, 능력 등에서 차이를 보인다. 따라서 교사는 유아의 일반적인 특징 및 개인차를 고려하기 위해서 다음과 같이 발달에 적합한 실제를 실천해야 한다(Bredekamp, 1987).

- 교육과정의 계획은 개별 유아의 흥미와 발달에 대한 교사의 관찰과 기록에 기초하여야 한다.
- 교사는 유아가 능동적인 탐색, 성인 및 다른 유아, 자료와의 상호작용을 통하

여 학습할 수 있도록 환경을 구성하여야 한다.

- 학습 활동과 자료는 구체적이고 사실적이며 유아의 일상생활과 관련되어야 한다.
- 교사는 다양한 활동과 자료를 제공하여야 한다. 유아의 이해와 기술이 발달됨에 따라서 활동의 난이도, 복잡성, 도전의 수준을 증가시키도록 한다.
- 교사는 정상적인 발달 범위에서 벗어나는 흥미와 기술을 지닌 유아의 요구를 충족시킬 수 있도록 준비하여야 한다.

둘째, 유아는 일상생활 속에서 통합적인 경험을 토대로 학습하고, 인지적 성장, 사회적 · 신체적 · 정서적 성장이 상호 연결되어서 전인적으로 발달하게 되므로 사회교육은 통합교육과정으로 이루어져야 한다. 사회교육은 성격상 내용범위가 광범위하고 여러 분야를 포괄하므로 통합적 교육과정의 토대가 될 수 있다(Seefeldt, 1997). 그러나 통합교육과정이 효과적으로 운영되기 위해서는 탐색할 내용의 특성을 고려하여 통합적인 접근을 실시하여야 한다. 통합적 교수활동이 교육적 가치나 실제적인 목적을 고려하지 않고 통합 그 자체를 위해서 실시되는 경우는 유아의 사회적 학습의 확장 및 이해에 도움이 되지 않고 단순히 흥미에만 국한된다(Krogh, 1995).

셋째, 유아는 주변 환경과의 상호작용을 통해서 스스로 지식을 구성하고 학습해 간다. 따라서 교수방법은 지시적이지 않고, 유아의 자율적인 학습을 격려할 수 있어야 한다. 유아가 사전에 이미 정해진 사실들을 단순하게 수용하는 것이 아니라 스스로 사회적 탐구자, 지리학자, 역사가, 경제학자, 인류학자가 되도록 허용하는 교수방법이 되어야 한다(Krogh, 1995). 유아의 자율적인 학습을 촉진하는 교수방법으로는 집단 토의 및 모임, 역할놀이, 견학, 게임 등이 있다.

넷째, 유아사회교육을 시행할 때, 유아는 한 번의 놀이 및 활동만으로 내용을 충분하게 이해할 수 없으므로 여러 차례에 걸쳐 다양한 놀이 및 활동을 반복적으로 다루고 내용이 보다 심화될 수 있도록 지도한다. 교사는 한 가지 교수 학습 방법에서 너무 많은 내용을 포함하여 다루는 것은 바람직하지 않으며, 교수–학습 방법을 계획 · 실행할 때 구조화되지 않도록 유의한다. 교사가 의도하였던 계획과는 다르게 나타나는 유아의 흥미나 관심을 고려하여 융통성 있게 놀이와 활동을 변화시키는 것이 필요하다(Seefeldt, Castle, & Falconer, 2014, 재인용).

2) 유아사회교육을 위한 놀이 및 활동방법

유아사회교육은 특정한 시간이나 특정한 활동을 통해서만 이루어지는 것은 아니다. 하루 일과 중의 다양한 놀이 및 활동들을 통하여 이루어진다. 유아를 위한 사회교육의 놀이 및 활동방법으로 역할놀이, 동화책 활용, 견학 및 자원인사 활용, 토의, 협력적 배움 등을 살펴보고자 한다.

(1) 역할놀이

① 개념 및 가치

역할놀이는 다양한 사건이나 사물에 대해 유아가 보고 듣고 경험하거나 희망과 욕구를 담아 생각하고 상상하는 것을 행동으로 표현하는 놀이이다(교육과학기술부, 2011). 역할놀이는 학자들에 따라 상징놀이(symbolic play), 사회극적 놀이(sociodramatic play), 가장놀이(pretend play), 환상놀이(fantasy play) 등 다양하게 정의되고 있다. 역할놀이는 역할 및 행동, 상황, 사물의 가작화(make-believe)가 이루어진다는 점에서 가상놀이 또는 가상놀이 요소를 포함한다고 정의하기도 하며, 또래와 어울려 극적으로 연출하는 놀이행동을 포함한다는 점에서 극놀이의 성격을 띠기도 한다(유혜령, 2004).

유아는 역할놀이를 통해 사회 내의 다양한 역할을 경험하면서 타인의 생각이나 감정을 이해하게 되는 조망수용 능력이나 감정이입 능력 등과 같은 사회적 능력이 증진된다(이숙재, 2014; 지성애 · 채영란 · 신금호 · 박희숙 · 박유영, 2012; Lindsey & Mize, 2000). 또한 역할놀이에서 유아는 자신의 감정이나 생각을 표현하며 친구들과 상호작용을 하면서 나누기, 타협하기 등의 사회적 기술을 배운다. 특히 유아는 실생활에서 경험한 다양한 역할을 맡아서 해 보면서 여러 가지 경험이나 생각, 느낌을 창조하는 능력과 동시에 지적인 발달이 촉진되는 등 확산적 사고력과 문제해결 능력이 발달되며 언어표현력이 증진되고 정서적인 만족감을 얻게 된다(이기숙, 2011). 이외에도 역할놀이 활동은 상호작용을 통한 대화와 협상, 역할 선택, 대본 구성, 공동계획, 문제해결, 사회·언어적 능력 등 유아의 전인적 발달을 촉진시킨다(Johnson, Christie, & Yawkey, 2001; Lindsey & Mize, 2000).

② 진행방법

- 역할놀이 준비

많은 유아가 역할놀이에 참여하기 원한다면, 일부 흥미영역을 역할놀이영역으로 확장하여 사용할 수 있다. 쌓기놀이영역과 역할놀이영역을 결합시켜 놓으면 다양하고 상호작용이 활발한 역할놀이가 이루어질 뿐 아니라(Kinsman & Berk, 1979), 남아와 여아의 상호작용이 활발히 이루어지는 것으로 나타났다. 이는 통합된 물리적 환경이 유아의 혼성놀이에 긍정적인 영향을 미친다는 것을 의미한다(전영아, 2013). 역할놀이의 소품은 다양한 주제별로 각각 상자에 분류하여 모아 두는 것이 유아의 역할놀이 활동을 촉진하는 데 많은 도움이 된다. 유아사회교육을 위한 다양한 역할놀이 자료상자의 예는 다음 〈표 4-2〉와 같다(이은화·조운주·곽아정·최일선·이두현, 1998).

〈표 4-2〉 다양한 역할놀이 자료상자의 예

〈제과점 놀이〉	〈음식점 놀이〉
계량스푼/설압자/요리 가운/수건/앞치마/스펀지/빈 음식상자/찰흙/제과 및 빵 사진/제과 홍보 포스터/밀 방망이/냄비장갑/그릇/코드가 없는 믹서/계량컵/쿠키 종이/컵케이크 종이컵/빈 케이크통/케이크팬 등	프렌치 파이모형/냅킨과 빨대/앞치마와 머리수건/현금계산기/장난감 돈/플라스틱 음식/스펀지/행주/대걸레·빗자루/음식접시/음식가격표/메뉴판/패스트푸드 음식점 포스터/음식상자 등
〈농장 놀이〉	〈어선/수산시장 놀이〉
작업복/밀짚모자/장화/작업장갑/플라스틱 괭이/돗자리/바구니/빈 상자/플라스틱 수레/경운기 모형/약치는 기계모형(펠트병 이용)/빈 봉지(쌀, 곡식, 비료)/씨앗봉지/씨앗/여러 종류의 곡식/플라스틱 모판/모형 야채, 과일 등	플라스틱 배/종이상자 배/큰 블록/깃발/그물망/여러 종류의 물고기 모형/낚싯줄과 낚싯대/물고기 담을 플라스틱 통/엔진 모형/핸들 모형/노·구명조끼/작업모자/고무장갑/장화/아이스박스/생선 담을 빈 상자 등
〈우체국 놀이〉	〈소방서 놀이〉
계산기/편지봉투/종이/우표/펜/연필/우체부아저씨 옷/도장들(우편물에 찍는 것)/종이돈/고무도장/인주/전화기/전화번호부/빈 신발상자(편지 분류, 우편물을 운반하는 것)/종이우체통 등	화재 안전 포스터/플라스틱 방화용 헬멧/방화복/장화/장갑/손전등/긴 호스/전화기/무전기/119표시/모형 불자동차/구제를 위한 아기 인형 등
〈경찰서 놀이〉	〈꽃가게 놀이〉
경찰관 모자/경찰관 뱃지/검정 밸트/무전기/전화/전화번호부/종이철/펜과 연필/테이블과 의자/티켓 발행용 클립보드/주차표식기/경찰관 포스터나 사진/경찰차 모형/조종 핸들 등	꽃과 정원 잡지/정원 도구/앞치마/정원용 모자/정원용 장갑/꽃 사진이나 포스터/플라스틱 꽃/스티로폼 조각/꽃병/현금계산기/가짜 돈/빈 물병/빈 씨앗봉지 등
〈미장원 놀이〉	〈동물병원 놀이〉
미용사 작업복/플라스틱가운/코드 없는 헤어드라이기/머리 마는 것(snap-on curlers)/수건/무선 고데기/파마롤러/머리핀/브러시 빗/머리집게/거울/손거울/가발/리본/넥타이/밴드/전화기/크립보드/머리 모양의 포스터 등	사무실 표시/작은 붕대/반창고/점안기/빈 약병/솜 /약/면봉/청진기/마스크/봉제 동물인형/애완동물 운반장치/작은 검사 테이블/동물이나 수의사 사진/고무 장갑/동물빗/스펀지/체온계/체중계/주사기/클립보드/병원복 등

- 교사의 역할

교사는 역할놀이에서 갈등이 일어났을 때, 가능한 다른 역할을 제시해 주며, 문제를 해결하도록 돕는다. 또한 놀이가 확대될 때 부가적으로 필요한 소품들을 제공해주는 역할을 한다. 유아의 역할놀이에 교사가 불쑥 끼어드는 것은 바람직하지 않으며, 교사는 유아가 도움을 필요로 하는 적절한 개입 시기를 파악해야 한다. 만약 유아가 역할놀이 경험이 충분하지 않은 경우에는 적극적인 교사의 개입이 필요할 수도 있다. 역할놀이의 구조화의 정도에 따른 교사의 개입연속 모형(TBC: Teacher Behavior Continuum)은 다음 [그림 4-1]과 같다(Wolfgang, Mackender, & Wolfgang, 2001, 이숙재, 2014, 재인용).

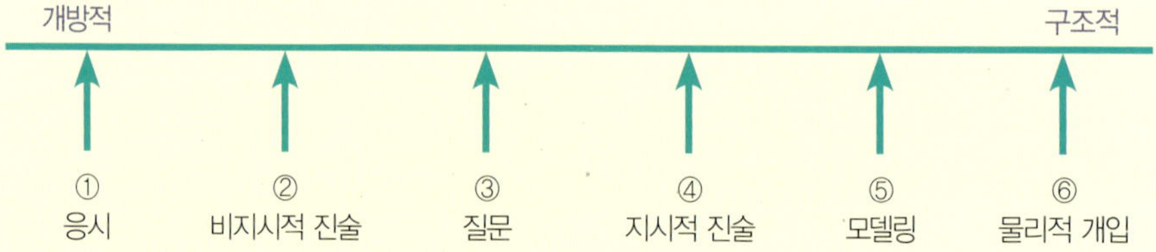

① 응시: 유아의 역할놀이를 방해하지 않고 관찰하는 것으로 놀이에 흥미 보이기
② 비지시적 진술: 유아의 역할놀이 행동을 언어로 설명하기(~를 하고 있구나.)
③ 질문: 역할놀이가 확장되도록 적절한 질문하기(~ 어떻게 할까?)
④ 지시적 진술: 구체적으로 역할놀이 활동을 제안하기(~를 하자.)
⑤ 모델링: 실제 역할을 맡아 유아와 함께 놀이함으로써 행동 모델 보이기(~ 해 볼게.)
⑥ 물리적 개입: 필요한 경우에 직접적 제안을 하거나 특별한 가작화 행동이나 사회적 상호작용에 대해 분명한 시범 보이기

[그림 4-1] 교사의 개입연속모형

(2) 동화책 활용

① 개념 및 가치

동화는 유아를 위하여 동심을 바탕으로 지은 문학의 한 유형이다. 사회교육에서 다루는 많은 기본적인 개념들은 동화를 통하여 학습할 수 있다. 책은 유아에게 사회교육 내용에 관련된 풍부한 정보를 제공하며, 일상생활에서 직접적으로 표현되지 않는 사람들의 내적 정서도 경험할 수 있게 해 준다. 유아사회교육에서 동화책

의 교육적 가치를 구체적으로 살펴보면, 첫째, 자기중심적 사고에서 벗어나 추상적 사고를 하게 하며, 성 역할 학습에 중요한 영향을 준다. 둘째, 다른 사람이 말하고 느끼고 생각한 것을 알려주고, 친사회적 행동의 동기를 내면화하는 데 효과적이다. 셋째, 옳고 그른 것, 즉 도덕적 학습기회를 제공한다. 넷째, 일상생활에서 부딪히는 문제나 갈등에 관련된 것을 책을 통해 해결할 수 있다. 다섯째, 주변 환경이나 세상에 대한 이해를 넓혀주고 새로운 사실을 습득하여 사회교육의 기본 개념, 사회적 기술, 가치 및 태도를 발달시킬 수 있다(이윤미 · 김경숙, 2016; 이현정 · 황선영 · 오재연, 2016).

② 진행방법

동화책을 활용하여 유아사회교육을 진행할 때 고려할 점은 다음과 같다.

- 동화책 선정

  동화책을 선정할 때에는 문학성이 있어야 하며, 유아의 발달에 적합하여야 한다. 아울러 주인공의 감정과 갈등이 명확하고 분명하게 드러나 있어서 감정이입이 잘 되어야 하며, 극화놀이나 토의와 같은 후속 활동도 가능한 내용의 책을 선정하는 것이 바람직하다. 유아사회교육을 위한 동화책 목록은 다음 〈표 4-3〉과 같다.

〈표 4-3〉 유아사회교육을 위한 동화책 목록

영역	동화책 목록
자아개념	• 내 귀는 짝짝이(히도 반 헤네흐텐, 웅진출판) • 소피는 할 수 있어, 진짜진짜 할 수 있어(몰리 뱅, 책읽는곰) • 간다아아(코리 R 테이버, 오늘책) • 윌리엄의 인형(샬로트 졸로토, 다음세대) • 강아지똥(권정생, 길벗어린이) • 너무 부끄러워!(크리스틴 나우만 빌맹, 비룡소) • 꿈꾸는 작은 오리(A. H. 벤자민, 웅진출판) • 대포알 심프(존 버닝햄, 비룡소) • 구룬파 유치원(니시우치 미나미, 한림출판사) • 발레리나 벨린다(에이미 영, 느림보)

영역	동화책 목록
정서	• 소피가 화나면, 정말 정말 화나면(몰리 뱅, 책읽는곰) • 오늘 내마음은…(마달레나 모니스, 열린어린이) • 나 진짜 화났어(폴리 던바, 비룡소) • 안녕, 울적아(안나 워커, 모래알) • 기분이 어때?(제넌 캐인, 북뱅크) • 어떡하지?(앤서니 브라운, 웅진주니어) • 겁쟁이 빌리(앤서니 브라운, 비룡소) • 심심해서 그랬어(윤구병, 보리) • 부루퉁한 스핑키(윌리엄 스타이그, 비룡소)
성인 및 또래 관계	• 너랑 안 놀아!(제네비에브, 코테, 책속물고기) • 나도 존중해 주면 안 돼?(클레어 알렉산더, 국민서관) • 꼬마 어네스트(로라 T. 반즈, 효리원) • 으악, 도깨비다!(손정원, 느림보) • 내 뼈다귀야!(윌 외, 시공주니어) • 으뜸 헤엄이(레오 리오니, 마루벌) • 내 친구 루이(에즈라 잭 키츠, 비룡소) • 아모스와 보리스(윌리엄 스타이그, 시공주니어) • 무지개 물고기(마르쿠스 피스터, 시공주니어) • 유치원에 처음 가는 날(코린 드레퓌스, 키다리) • 마법의 유치원 버스(고정욱, 크레들) • 검피 아저씨의 드라이브(존 버닝햄, 시공주니어) • 보리의 시끌벅적 유치원(김세실, 뜨인돌어린이)
가족 및 지역사회	• 안아 줘!(제즈 앨버로우, 웅진닷컴) • 또, 또, 또 해주세요(베라 B. 윌리엄스, 열린어린이) • 돼지 책(앤서니 브라운, 웅진주니어) • 우리 아빠(앤서니 브라운, 웅진주니어) • 그래도 엄마는 너를 사랑한단다(이언 포크너, 베틀북) • 사이좋게 나눠야지!(앤시아 시몬스, 책단배) • 피터의 의자(에즈라 잭 키츠, 시공주니어) • 터널(앤서니 브라운, 논장) • 따로 따로 행복하게(배빗 콜, 보림) • 오른발 왼발(토미 드파올라, 비룡소) • 동생이 태어날거야(존 버닝햄, 웅진주니어) • 마일즈의 씽씽 자동차(존 버닝햄, 비룡소) • 우리 집 생쥐네 집(존 버닝햄, 웅진주니어)
시민의식	• 색깔을 훔치는 마녀(문영, 비룡소) • 검피 아저씨의 뱃놀이(존 버닝햄, 시공주니어) • 쿠키 한 입의 인생 수업(에이미 크루즈 로젠탈, 책읽는곰) • 야, 우리 기차에서 내려!(존 버닝햄, 비룡소)

영역	동화책 목록
시민의식	• 치과의사 드소토 선생님(윌리엄 스타이그, 비룡소) • 고집은 싫어 싫어 겸손이 더 좋아(장은주, 신인류) • 우당탕탕, 할머니 귀가 커졌어요(엘리자베드 슈티메르트, 비룡소) • 동물원(앤서니 브라운, 논장)
경제	• 다 내거야!(정지혜, 비룡소) • 로빈, 저축이 뭐야?(이현서, 북스케치) • 용이 돈이(박성우, 올리) • 알뜰살뜰 저금하는 토끼이야기(신더스 매클라우드, 웅진주니어) • 달구지를 끌고(도날드 홀, 비룡소) • 똥벼락(김회경, 사계절) • 엄마의 의자(베라 윌리엄스, 시공주니어) • 요셉의 낡고 작은 오버코트가?(심스 태백, 비룡소) • 모자 사세요!(에스퍼 슬로보드키나, 시공주니어) • 빨간 오토바이 사 줘!(미셸 피크말, 국민서관) • 프레드릭(레오 리오니, 시공주니어) • 집을 팝니다(최혜영·유정연, 새세대육영회) • 펠레의 새 옷(엘사 베스코브, 비룡소) • 의좋은 형제(김천정, 국민서관)
지리	• 산에 가자(이상권·한병호, 보림) • 키키의 산책(마리 미르겐, 책빛) • 샘과 데이브가 땅을 팠어요(맥 바넷, 시공주니어) • 가고 싶은 대로(장 이브 카스테르만, 파랑서재) • 작은 집 이야기(버지니아 리 버튼, 시공주니어) • 한이네 동네 이야기(강전희, 진선출판사) • 로지의 산책(팻 허친스, 더큰컴퍼니) • 곰 사냥을 떠나자(마이클 로젠, 시공주니어) • 바다 건너 저쪽(고미 타로, 보림) • 미스 럼피우스(바버러 쿠니, 시공주니어) • 비 오는 날(김바다, 을파소) • 조지 아저씨네 정원(게르다 마리 샤이들, 시공주니어)
역사	• 솔이의 추석 이야기(이억배, 길벗어린이) • 숨 쉬는 항아리(정병락, 보림) • 떡잔치(강인희, 보림) • 반짝반짝 신라 두근두근 경주(국립경주박물관, 위즈덤하우스) • 아씨방 일곱 동무(이영경, 비룡소) • 그림 그리는 아이 김홍도(정하섭, 보림) • 옛날 옛적 돌실이네 이야기(교육과학기술부, 2008) • 해와 달이 된 오누이(홍영우, 보리)

- 동화 실행

동화 실행은 유아들의 놀이와 연관된 동화책을 읽어준 후, 분석하기, 경험 연결하기, 창안하기 및 확장하기 4단계로 진행할 수 있다. 분석하기에서는 읽어준 동화책에 등장하는 인물, 인물의 특성 및 행동 등에 대해서 이야기 나눈다. 경험 연결하기에서는 유아가 동화책의 등장인물과 유사한 경험을 했는지를 연결하여 이야기 나눈다. 창안하기는 동화책의 내용과 관련하여 편지 쓰기, 동극, 뒷 이야기 짓기 등과 같은 창작활동을 한다. 마지막으로 확장하기는 동화책의 내용과 관련하여 다양한 활동(노래, 조형, 율동, 견학 등)을 진행한다. 『무지개 물고기』 동화책을 적용한 예는 [그림 4-2]와 같다.

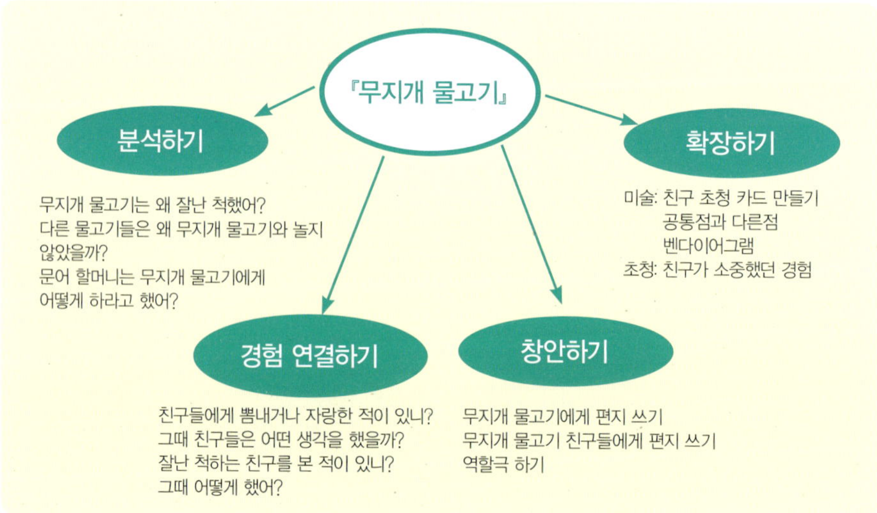

[그림 4-2] 『무지개 물고기』 동화책을 실행한 예

(3) 견학 및 자원 인사의 활용

① 개념 및 가치

견학은 유아교육기관에서 실시하는 교육적인 여행으로, 수업의 효과를 증진할 수 있는 교육 자원이다. 교실 수업에서 직접적으로 경험할 수 없는 교육 내용을 현장에서 직접 경험하게 하여 흥미 있게 이해하도록 하기 위한 학습방법의 한 형태이다. 즉, 견학은 유아에게 교실 안에서 가능하지 않은 경험을 직접적으로 제공함으로써 주변 세계 및 사회적 현상에 대한 지식을 확장시키도록 하는 가치 있는 교육 활동이다. 견학은 관찰하기, 자료 수집하기, 분류 및 조직하기, 해석하기, 결론 내리기 등의 사회 기술을 발달시킬 수 있는 좋은 기회를 제공하며, 동기 유발을 시킬 수 있다(조순옥 · 이경화 · 배인자 · 김정원 · 민혜영 · 이정숙, 2005).

견학의 교육적 가치를 구체적으로 살펴보면, 첫째, 문제 해결을 위한 직접적인 학습 기회를 제공한다. 둘째, 주변의 환경을 탐구하는 과정에서 방향, 지도, 공간 개념 등이 발달한다. 셋째, 유아에게 주변 환경을 관찰하여 정보를 수집하여 추론하고 이를 종합하여 결론으로 이끄는 사회과학적인 탐구 태도를 갖게 한다. 넷째, 다양한 직업 세계에 대한 이해를 넓히며, 직업에서 활동하는 성인 모델과 접하는 기회를 제공한다. 마지막으로 유아의 흥미를 자극하고 질문을 제기하고, 탐색하고 문제를 해결하고, 이를 함께 나누고 토의하는 경험을 제공하기도 한다(류칠선 · 이성희, 1999, 조순옥 외, 2005).

② 진행방법(박찬수 · 서동미 · 엄은나, 2015; Seefeldt, Castle, & Falconer, 2014; Westcoast Child Care Resource Center, 2014)

- 견학 계획

견학 계획 시 고려할 점은 다음과 같다. 첫째, 견학의 필요성이 분명하여야 한다. 즉, 견학을 통해서 유아들의 놀이와 사회교육내용을 지원 및 확장할 수 있어야 한다. 둘째, 견학 장소의 선택이나 견학을 계획한 장소까지 갈 수 있는 방법 및 교통편, 거리, 소요시간 등의 준비를 철저히 한다. 셋째, 견학할 장소를 사전 방문하여 목적을 달성하기에 적합한 곳인지, 안전한 장소인지, 화장실 사용 등을 검토한다. 이외에도 부모에게 동의서를 통해 부모동의를 받고 견학 계획을 알리고 준비물이나 기타 주의사항을 부탁한다. 특히 유아와 함께하는 견학은 유아가 걸어서 갈 수 있는 거리인 근거리 견학과 교통수단이 필요한 원거리 견학을 모두 포함한다. 유아사회교육 내용을 고려한 견학 장소, 견학 안내 및 견학 동의서의 예는 다음과 같다.

〈표 4-4〉 견학 장소

사회교육내용	견학지명
자아개념	산부인과(신생아실)
가족 및 지역사회	지역 공공기관(보건소, 다문화가족지원센터, 공원 등)
시민의식	경찰서, 시청, 주민자치센터
경제	은행, 시장, 백화점, 화폐박물관, 제과점, 미장원, 경찰관, 소방서
지리	우체국, 지도박물관
역사	박물관, 동물박물관, 교통박물관, 시계박물관

유아반(만 4세) 소방서 견학 안내

안녕하세요! 어느새 여름이 성큼 우리 곁으로 다가와 1학기 생활도 중반을 넘어섰습니다. 유아반 만 4세 견학에 대해 알려드립니다. 유아반에서는 '우리 동네' 생활주제를 진행하면서 '소방서'를 방문하여 직접 보고, 체험하는 경험을 제공하고자 견학을 마련하였습니다. 아래의 견학 일정과 내용을 참고하여 견학 참여를 희망하는 부모님은 견학 동의서를 5월 2일(금)까지 담임교사에게 반드시 제출하여 주십시오.

〈아 래〉

- 대 상 : 유아반 4세(진달래반, 개나리반, 채송화반)
- 일 시 : 5월 11일(목) 오전 9:00 ~ 오전 11:00
- 장 소 : ㅇㅇ소방서
- 준비물 : 활동하기 편한 복장, 모자, 물(어깨에 걸 수 있는 작은 물병에 준비해 주십시오)
- 유의사항
  - 도보로 유치원에서 출발하고 유치원으로 도착합니다.
  - 유아는 오전 9시까지 각 교실로 등원시켜 주시기 바랍니다.
  - 우천 시에는 견학이 취소되며, 오전·오후반 정상수업을 하게 되니 평상시와 같이 등·하원 시켜 주십시오.
  - 차량 혼잡이 예상되오니 부모님은 유아를 등원시킨 후 기다리지 마시고 돌아가셨다가 귀가 시간에 유치원으로 유아를 데리러 오시기 바랍니다.
  - 유아가 멀미를 할 경우나 아픈 경우는 담당교사와 사전에 상의해 주시기 바랍니다.

견학 동의서

( )반 ( )의 소방서 견학을 동의합니다.

년 월 일

부모 성명: ㊞

OOO 유치원장

- 사전 활동

견학 가기 전 유아에게 견학에 대한 안내를 제공한다. 관련된 놀이 소품 제공(역할 영역), 인터넷으로 관련 내용(위치, 가는 방법 등)을 검색할 수 있다. 유아에게 견학 시 안전규칙에 대해 이야기한다. 견학 후, 사후 활동에 대한 계획을 미리 알려주어 준비하도록 한다. 이때 사전 답사에서 찍은 사진이나 동영상을 보여주면서 견학에 대한 흥미를 유발시킨다. 또한 유아들과 함께 견학에 편안한 복장 및 견학 태도, 필요한 규칙 등에 대해서 이야기를 나눈다.

- 견학 실행

실제 견학 활동 동안에는 무엇을 볼지를 다시 말해 주고, 유아가 스스로 관찰하고 탐색할 시간을 충분히 제공하도록 한다. 교사나 안내자는 지나치게 설명을 많이 하지 않도록 유의한다. 또한 안전 사고나 미아 사고에 주의하도록 한다. 사후 활동을 위해서 기록 및 녹화를 하거나 사진, 그림 등 견학 관련 자료를 수집한다. 견학을 실시할 때는 주변 이웃을 걸어 다니는 도보견학(walking trips)도 효과적인데, 학급 유아수가 많은 경우에는 소집단으로 나누어 소그룹 견학(split-group trips)을 할 수 있다. 이외에 같은 장소를 여러 번 견학하여 변화된 모습을 관찰하는 반복견학(repeated trips)은 더 의미 있을 수 있다. 경우에 따라서는 부모와 함께 가족이 참여하는 가족견학을 실시할 수 있다(Seefeldt, 2001).

- 사후 활동

견학을 마치고 원에 돌아와서는 유아들과 함께 견학에 대해 회상하는 시간을 가진다. 견학이 재미있었는지, 무엇을 보았는지, 무엇을 알게 되었으며 느꼈는지, 견학 시의 태도가 적절했는지, 미리 정했던 규칙들이 잘 지켜졌는지 등에 대해서 평가한다. 또한 견학과 관련된 사후 활동을 통해서 견학에서의 경험을 재구성하도록 도와준다. 사후 활동으로는 견학할 때 찍은 사진을 보거나 녹음 자료를 들으면서 이에 대한 이야기 나누기를 할 수 있다. 극화놀이영역에는 견학 활동과 관련되는 소품을 준비하여 견학에서 얻은 경험을 극화놀이를 통해서 자유롭게 재구성해 볼 수 있는 기회를 갖도록 한다. 그 외에 사후 활동으로 견학 장소에서 보았던 내용을 사용하여 수수께끼 내기, 견학을 통해서 보고 느낀 것을 그려 보기, 율동으로 해 보기, 동시 짓기 등을 진행할 수 있다. 또한 블록을 사용하여 견학 장소에 대한 지도를 만들어 볼 수 있다. 견학 경험과 관련하여 추가적으로 더 알고 싶은 내용은 책, 영화, 슬라이드 등을 보거나 교사의 부연설명 및 인사를 초빙하여 이야기 나누기 등을 통해서 탐색할 수 있다. 사후 활동에서 견학 시 도움을 받은 사람들에게 감사 편지나 카드를 보내도록 지도하는 것도 필요하다.

(4) 토의

① 개념 및 가치

토의란 협력적 배움의 한 형태로서, 유아 상호 간의 의사소통을 통하여 사회화를 도모하는 민주적인 학습방법이다(김영훈, 1996). 토의는 교사와 유아 간, 유아와 유아 간의 의사소통을 통한 토론을 바탕으로 달성하고자 하는 학습성과를 유아 자신이 발견하게 하는 교수법이다(김현진, 1994). 갈과 갈(Gall & Gall, 1976)은 수업에서의 토의란 공동의 목표를 달성하기 위하여 말하기, 듣기 및 비언어 방법을 사용하면서 소규모 집단에서 의사를 교환할 수 있도록 모여서 이야기하는 과정이기 때문에 소규모 집단에서 이루어져야 함을 강조하였다.

유아는 토의를 통하여 공통된 관심거리와 갈등이나 문제점을 해결할 수 있으며, 자신의 느낌이나 생각을 이해하고 언어로 표현할 수 있다. 즉, 유아가 집단 속에서 함께 생활하다 보면 해결하여야 할 여러 가지 갈등 상황이나 문제들이 발생하게 되는데, 이러한 상황에서 교사는 토의를 통하여 갈등이나 문제 해결을 도울 수 있다. 아울러 토의는 유아가 자신의 느낌이나 생각을 이해하고 말로 표현하도록 도우며, 다른 사람의 생각이나 느낌을 듣고 자신과의 유사점과 차이점을 인식하도록 돕는다.

② 진행방법

토의 진행 시 유아가 다른 사람의 말을 주의 깊게 듣도록 지도하며, 상반된 생각이나 가치를 가진 친구를 비난하거나 평가하기보다 객관적이고 수용적인 태도를 가지게 한다. 유아의 사고는 자기중심적이기 때문에 유아들이 직면한 직접적이고 구체적인 상황을 중심으로 토의를 실행한다. 토의를 진행할 때에는 다음과 같은 사항을 고려한다.

- 토의 주제

  토의 주제는 유아들의 공통된 관심을 끌 수 있는 것이어야 하며, 유아들이 일상생활에서 직면하는 문제 상황이나 갈등 상황을 토의 주제로 선정할 수 있다. 또는 유아들이 알아야 할 개념이나 도덕적 가치관 등이 포함될 수 있다. 이외에도 환경오염, 재활용, 기아 문제, 집단 따돌림 등과 같은 사회적 문제들도 유아의 생활 경험과 관련된 구체적인 상황을 중심으로 유아의 이해 범위 안에서 다룰 수 있다.

- 토의 집단 크기

5~6명 내외가 소집단이 상호작용하기에 효과적이며 남녀 혼합집단이 바람직하다. 이상적인 연령별 참여 유아 수는 만 3~4세는 5~6명, 만 5세는 8~12명이 이상적이다.

- 토의 시 자리배치

원이나 반원으로 유아들이 앉아 서로 얼굴을 마주 보는 것이 좋다. 월쉬(Walsh, 1980)는 요술의 원(magic circle) 형태로 앉아서 소집단으로 토의하는 것이 효과적이라고 하였다. 요술의 원은 '특징적이고 효력 있는 인간 상호 간의 의사소통 방법이며, 교사와 유아가 서로 얼굴을 볼 수 있도록 둥글게 앉아서 시행하는 활동이기 때문에 언어 소통뿐만 아니라 비언어 소통도 가능하다(이경우 · 서영숙, 1987).

- 토의 시간

연령에 따라 다소 차이는 있지만 약 10~20분 이내로 하는 것이 좋다.

- 토의 절차

토의 절차는 일반적으로 문제원인의 분석, 갈등 상황의 해결방안 논의, 구성원 각자의 할 일 논의, 규칙에 대한 합의, 규칙 작성의 순서로 진행된다.

- 토의 시 교사의 역할

적절한 주제에 대해 토의 발문을 하거나 토의가 주제에서 벗어날 때 주제로 관심을 모으거나 유아에게 명료화해 주는 역할 및 토의를 촉진하는 촉진자의 역할을 한다. 교사는 유아가 자신의 의사를 자유롭게 표현할 수 있도록 토의를 이끌고, 특정한 입장에 서서 판단하는 것을 피하고 중간적 입장에서 유아들이 제시한 여러 가지 제안들과 결정 사항을 요약하여 정리해 주는 중재자 역할을 하여야 한다.

규칙 수립을 위한 토의하기에서의 교사역할

① 처음에는 규칙이란 단어를 사용하지 않는다.
② 규칙 만들기 토의는 특정한 요구나 문제에 대해서 진행한다.
③ 규칙의 필요성을 설명한다.
④ 유아들의 아이디어와 제안을 수용한다.
⑤ 유아들이 실천할 수 있는 규칙을 정하도록 안내한다.
⑥ 유아들에게 규칙을 지시하지 않는다.
⑦ 규칙은 변할 수 있다는 것을 알게 한다.
⑧ 유아들이 수용할 수 없는 규칙을 제안할 때는 설득하고 설명한다.
⑨ 모든 사람이 규칙에 동의할 수 있는 과정을 포함한다.
⑩ 교사도 규칙을 지켜야만 한다는 것을 강조한다.

출처: DeVries, R., & Zan, B. (1997). 유아를 위한 사회 도덕성 교육. 이은화·이경우·곽향림 역 (원저는 1995년에 출판). 서울: 창지사.

(5) 협력적 배움

① 개념 및 가치

협력적 배움(cooperative learning)은 공통의 목적을 성취하기 위해서 유아들이 소집단으로 함께 배우는 것을 의미한다. 즉, 협력적 배움은 '공동목표에 도달하기 위하여 둘 이상의 유아들이 소집단 및 대집단으로 함께하는 활동'이다(교육인적자원부, 2006).

협력적 배움을 통해서 유아와 교사는 함께 학습할 내용이나 놀이 및 활동, 하루 일과를 계획할 수 있다. 교수 계획에 유아의 생각을 반영하게 되면 유아는 자신이 신뢰받고 있다는 느낌을 가지게 되고 학습에 대한 동기 유발이 생길 수 있다. 또한 유아가 자신의 감정과 의사를 표현하고 다른 사람의 관점을 이해하는 데 도움이 되며, 집단 구성원으로서의 소속감을 가질 수 있게 된다. 교사는 유아와 함께 계획하는 과정에서 유아의 흥미, 관심, 이해 정도를 알 수 있다.

유아교육은 모든 영역이 통합적으로 이루어지므로 협력적 배움은 다양한 내용과 방법으로 현장에 적용될 수 있다. 등원에서부터 실내 · 외 자유놀이, 대 · 소집단활동, 귀가에 이르기까지 일과활동 구석구석에서 형식적 · 비형식적 형태로 접근할수 있다(교육인적자원부, 2006).

② 진행방법

유아교육기관에서 협력적 배움을 적용할 경우, 유아의 발달 특성을 고려하여 적합한 수준의 발전단계를 적용하는 것이 효과적이다. 교육인적자원부(2006)에서 개발한 유아의 사회성 발달을 돕는 협력적 배움 프로그램에서는 5단계를 제시하였다. 이러한 단계에 근거하여 협력적 배움의 예는 다음 〈표 4-5〉와 같다.

〈표 4-5〉 협력적 배움의 발전 단계

단계	특성	진행의 예
1) 모으고 합하기	• 틀 없음 유아들 각각의 것을 모아서 하나로 구성 • 교사 주도 유아 각자의 표현을 교사가 하나로 구성 • 유아 간 협의 없음 개별과정으로 진행	• 조형: 각자 그린 그림을 모아서 하나로 만들기(예: 자기 얼굴 그리기, 모두 모아서 우리반 친구들로 구성하기) • 동시: 각자 표현한 것을 모아서 이야기로 만들기(예: 언제 슬픈지를 표현하게 한다. 모아서 동시로 만들기) • 동작: 각자 몸으로 표현한 것을 하나로 모아서 표현하기(예: 슬플 때 어떻게 표현하는지 표현하게 하고 이것을 이어서 표현하기)
2) 제시된 구조물 내용 완성하기	• 틀 있음 구조물(틀)을 제시하고 유아들이 내용 완성 • 교사 주도 교사가 유아 각자의 역할 제공, 하나로 구성 • 유아 간 협의 없음 개별과정으로 진행	• 조형: 모아서 공동 조형구성(교사가 커다란 사과나무 모양을 주고 각 유아가 사과 그려서 사과나무 완성하기/교사가 모빌틀을 주고 그려 온 것을 붙여서 모빌 만들기) • 음률: 모아서 동작 만들기(교사가 노래를 주고, 각 유아의 표현을 모아서 동작 완성하기) • 토의: 모아서 흥미영역 규칙 만들기(교사 주도하에 각 유아가 생각한 규칙을 모아서 하나의 규칙으로 만들기)
3) 결과물 정하고 분담 작업하기	• 틀 있음 구조물(틀)을 제시하고 유아들이 협의하여 내용 완성 • 교사-유아 주도 – 교사 틀 제공 – 각 유아의 역할 제공 및 개별 작업 • 유아 간의 협의 있음 역할 분담 협의	• 조형: 공동 조형(교사가 커다란 그림틀을 주고 유아들이 협의하여 구성하게 하기) • 동극: 동극 배역 정하기(동극 내용을 알려주고, 유아들이 등장인물을 정하기) • 음률: 동작 만들기(교사가 노래 제공하고, 유아들이 한 마디씩 동작 만들기) • 탐색: 관찰보고서 만들기(교사가 주제, 대상 결정해주면, 한 가지씩 관찰하여 보고서 만들기)
4) 주어진 공간에 의논하여 표현하기	• 주제나 활동 유형만 제공 내용, 재료, 장소 모두 유아들이 결정 • 교사 주도 < 유아 주도 – 교사 주제 제공 – 유아는 역할 분담 및 공동 작업 • 유아 간 협의 있음 역할 분담 협의	• 조형: 공동조형(주제, 재료를 주면, 유아들이 의논하여 표현방법, 역할 분담 의논 및 실행하기) • 동극: 동극 구성하기(주어진 동화 내용에 맞는 역할, 방법, 공간 꾸미기 등 의논 및 실행하기) • 음률: 동작 만들기(노래를 제공하면 노래에 필요한 동작을 유아들이 협의하여 만들기) • 토의: 흥미영역 규칙을 만들기(유아들이 협의하여 특정 흥미영역의 규칙을 의논하여 작성하기) • 탐색: 관찰보고서 만들기(주제, 대상 결정해주면, 관찰보고서 같이 만들기)

단계	특성	진행의 예
5) 주제와 공간 선택, 표상하기	• 유아들이 주제, 내용, 재료, 장소를 결정 • 모든 것을 유아들이 결정	• 어떤 활동을 할지부터 역할 방법, 재료 모두 유아가 결정하기

협력적 배움의 진행절차는 사전활동, 집단구성, 본활동, 사후활동, 반성 및 평가, 확장활동의 순서로 이루어진다. 협력적 배움을 실시할 때, 교사는 모든 유아가 참여할 수 있도록 지도한다. 대집단뿐만 아니라 소집단 또는 개별적으로 실시함으로써 수줍음이 많은 유아, 집단 토의 시간에 이야기할 기회가 없었던 유아도 자신의 생각을 구성해 볼 수 있도록 한다.

3) 유아사회교육을 위한 환경구성 및 교사 역할

유아교육기관의 교실환경은 유아가 사회교육의 많은 개념과 아이디어를 탐색하고 함께 나눌 수 있도록 의미 있게 구성하는 것이 중요하다. 아울러 교사는 유아의 바람직한 사회 · 정서발달을 도모하고 사회과학에 대한 올바른 이해와 지식을 형성할 수 있도록 지원해주어야 한다.

(1) 환경구성(박찬옥 · 서동미 · 엄은나, 2015; Seefeldt, 2005)

① 흥미영역(interest center)

다양한 흥미영역에서 유아사회교육이 이루어질 수 있는데, 교사는 유아의 흥미를 고려하여 특정 흥미영역을 확장시키거나 없애는 등 융통성 있게 운영할 수 있다. 각 흥미영역에서 이루어질 수 있는 유아사회교육을 구체적으로 살펴보면 다음과 같다(박찬옥 · 서동미 · 엄은나, 2015; Seefeldt, 2005).

• 쌓기놀이영역

쌓기놀이영역에서 유아는 또래와 놀이를 하면서 협동심과 타인조망능력을 발달시킨다. 아울러 블록을 사용하여 집, 유치원, 길, 동네 등을 구성할 수 있으며, 이러한 구성물은 유아의 표상 능력을 반영하며 동시에 위치, 공간, 방향, 사람과 장소, 지역사회 관계 등의 지리 개념을 학습할 수 있다. 예를 들어, 유아는 우리 동네를 견학한 후에 블록으로 우리 동네 지도를 구성해 볼 수 있다. 지도를 구성하면서 사물 간의 공간적 관계(멀리 떨어져 있는 것, 가까이 있는 것, 옆 · 뒤 · 앞에 있는 것, 같은 방향에 있는 것 등)를 이해하게 된다.

• 역할놀이영역

역할놀이는 유아가 다른 사람의 역할을 맡아서 놀이하는 것으로, 이를 통해 유아는 다양한 역할과 직업에 대한 이해를 높일 수 있을 뿐 아니라 타인의 생각이나 감정을 이해할 수 있다. 교사는 주제에 따라 다양한 소품을 제공하여 유아의 사고와 표현의 확장을 도와주어야 한다.

• 언어영역

언어영역에서 유아는 교사, 성인, 또래와 언어적 상호작용을 하면서 다른 사람의 의견을 존중할 줄 알게 되고 원만한 대인관계를 경험할 수 있다. 교사는 유아의 수준에 적합한 다양한 형태의 책을 제공해야 한다. 유아가 읽기 쉬운 책과 사전, 다양한 주제의 책 등은 사회학습에 유용한 자원이 될 수 있다. 또한 소집단 토의활동, 도서를 활용한 소책자 만들기, 지도 만들기, 편지 쓰기 등의 다양한 언어활동을 제공하여 사회교육의 경험을 제공할 수 있다.

• 수학영역

수학영역에서 유아는 방향과 위치, 길 따라가기, 길이 · 넓이 등을 측정하기, 사건의 순서 알기, 분류, 그래프 등의 활동을 통하여 사회과학의 경제, 지리, 역사 등의 기본 개념을 형성할 수 있다.

- 과학영역

과학영역에서 동 · 식물 기르기 활동은 유아가 책임감을 가지고 동 · 식물을 돌보게 함으로써 자신이 맡은 일을 자율적으로 하는 태도를 기를 수 있다. 또한 유아는 생명의 소중함을 배우게 됨으로써 자연을 사랑하고 보호하는 태도와 사람과 환경의 상호의존적인 관계를 배우게 된다.

- 조형영역

조형영역에서 유아는 그리기나 점토놀이, 다양한 재료로 구성하기 등 다양한 활동을 통해 서로의 의견을 교환하고 함께 협동할 기회를 가지면서 사회적 기술을 학습하고 연습하게 된다. 다른 유아와 함께 작업하는 기회를 통해 자기의 역할을 인식하며 소속감을 가지게 된다. 또한 조형활동을 통해 친구의 생각이나 의견을 들으면서 나와 타인의 생각이나 감정 상태를 이해하게 된다. 시장놀이에 필요한 소품을 만들거나 지도 그리기 활동 등을 통해 경제나 지리 등의 사회과학 개념을 학습할 수 있으며 다양한 미술 작품들을 감상하면서 문화적인 차이나 역사를 이해할 수 있다.

- 음률영역

유아는 음률영역에서 다양한 음악을 듣거나 악기를 연주하면서 정서적으로 안정이 된다. 또한 여러 유아가 함께 참여하는 율동을 통해 타인과의 상호협조, 조화성, 질서감 등 사회성 발달을 돕는다. 이러한 과정에서 자신의 생각만을 표현해서는 안 되며, 다른 사람과 조화롭게 활동해야만 아름다움을 창조해 낼 수 있음을 인식하게 된다. 이외에도 유아는 세계 여러 나라의 음악을 들으면서 다양한 문화를 공유할 수 있는 기회를 가지게 되어 다문화에 대한 이해를 높일 수 있다.

② 사회학습영역(social learning center)

흥미영역과 별도로 사회학습영역을 구성할 수도 있다. 사회학습영역은 사회학습 내용에 대한 탐색을 제공하기 위해 교실 내 또는 실내의 적절한 공간에 구성할 수 있다. 이 영역은 유아의 능력과 관심에 따라 개별적으로 개념을 이해하고 능동적인 참여를 격려할 수 있도록 다양한 자료를 제공한다. 사회학습영역은 하나의 다양한 영역 안에 세부 영역으로 운영할 수 있다. 구체적인 사회학습영역(Melendez, Beck, & Fletcher, 2000)의 예는 다음 〈표 4-6〉과 같다.

〈표 4-6〉 사회학습영역의 예

영역	제공 자료	교육적 가치
정보 영역 (reference center)	다양한 정보를 주는 책, 지도, 브로슈어나 잡지 같은 자료, 인터넷, 컴퓨터 프로그램 등 제공	여러 종류의 정보를 접하게 하여 지적 성향과 탐구 능력을 길러 줌
여행 영역 (travel center)	여러 지역을 소개하는 그림이나 포스터, 특산품, 그림, 엽서 등을 제시	다른 지역 사람들의 생활 모습과 특성에 대해 이해하도록 함
새 소식 영역 (what's new? center)	최근의 지역사회·국가·세계적인 새로운 사건에 대해 소개한 신문, 그림, 잡지, 뉴스에 나온 사람들에 대한 사진 등 전시	새로운 사건에 대해 관심을 갖게 하여 주변 세상에 대한 이해를 도모함
지역사회 영역 (neighborhood/ community place center)	은행, 레스토랑, 식품점, 병원, 우체국 등의 그림이나 그곳의 사람들이 하는 일을 소개한 그림이나 포스터, 영수증, 기다리는 순서표, 메뉴판 등을 제시	유아에게 주변 환경에 대해 관심을 갖도록 하고 우리 생활에 어떤 도움을 주는지를 이해하게 함
역사 영역 (before and now center)	부모, 교통수단, 학교, 집 등의 과거 사진, 또는 옷, 신발, 생활용품 등의 오래된 물건들 제시	현재의 모습과 과거의 모습을 관심을 가지고 비교하게 하며, 시간의 흐름에 대해서도 생각하게 함
지리 영역 (geography center)	지도, 지구본, 박물관 등의 장소 그림, 유명한 장소의 모형 등 제시	유아 주변의 장소뿐만 아니라 유아가 살고 있는 지구의 여러 곳에 대해 관심을 가지게 함
세계의 여러 나라 영역 (around the world center)	세계지도, 지구본, 다르게 표현되는 언어, 다른 나라에 관한 책, 여러 인종의 인형, 다른 나라의 음악 카세트테이프, 우표, 유아용 도서 등 제시	유아들에게 세계 여러 나라 사람들의 생활 특성과 각기 다른 문화에 관심을 가지게 함
계절 영역 (seasonal center)	계절의 특성을 나타내는 그림, 나무들의 모습, 꽃 피는 그림, 동물들의 계절에 대처하는 모습의 사진, 계절에 따라 필요한 사람들의 생활용품, 계절에 따라 생산되는 과일 등의 사진 제시	유아들에게 계절에 따른 자연의 변화, 사람들의 생활 모습, 동물과 식물의 변화되는 모습 등에 관심을 가지게 함(시간 개념 이해)

(2) 교사 역할

① 모델 제공

교사의 행동과 태도는 항상 유아의 모델이 된다. 유아는 주변에서 중요한 성인의 행동을 따르는 경향이 있다. 그러므로 교사는 유아가 학습하기를 바라는 행동에 대해 자신이 먼저 행동으로 모범을 보여주도록 한다. 언어적 훈계나 지시보다 교사 스스로가 이러한 행동을 함으로써 유아가 이를 관찰하고 모방할 수 있도록 한다. 교사는 친사회적 행동 및 감정이입의 모델을 유아에게 제시하고, 말과 행동을 일치시키는 것이 필요하다.

② 학급운영

유아는 놀이, 일상생활, 활동 등을 통해서 다양한 사회적 경험을 한다. 따라서 유아가 하루 일과 중 바깥 놀이를 포함하여 충분히 놀이할 수 있도록 운영한다. 일상생활은 등원, 손 씻기, 화장실 다녀오기, 간식, 점심, 낮잠, 휴식 등 유아의 신체적 리듬을 반영하여 운영한다. 그리고 유아의 놀이를 지원하기 위해 교사는 활동을 계획하여 운영할 수 있다. 하루일과는 정해진 순서에 따라 계획한 활동으로 운영하기보다 유아가 주도하는 놀이의 흐름에 따라 융통성 있게 운영하는 것이 효과적이다(교육부 · 보건복지부, 2019).

이와 같이 유아가 자율적으로 놀이를 수행함으로써 자신의 존재 가치에 대한 인식이 증가되고 자신의 능력에 대한 확신을 가지게 된다. 놀이과정에서 다른 사람을 이해하고 갈등을 해결하는 능력도 기르게 된다. 또한 다양한 사회적인 역할을 놀이 속에서 경험하고 가족, 지역사회, 공간, 시간, 경제 등에 대한 개념을 이해할 수 있게 된다. 놀이뿐 아니라 일상생활에서 유아들이 간식 준비, 꽃에 물 주기, 애완동물 먹이 주기, 자료 나누기 등과 같은 일을 스스로 담당하면서 책임감과 학급의 구성원으로서 소속감을 발달시킬 수 있다. 그리고 교사가 유아사회교육을 위한 다양한 활동을 실행할 수 있는데, 이는 유아의 놀이를 지원 및 확장할 수 있고 사회적 지식, 기술, 태도를 증진시킬 수 있다.

③ 규칙 제공

학급에 필요한 규칙을 유아들이 스스로 정하도록 하는 것은 민주시민 교육의 일환이 된다. 집단생활을 편리하게 하기 위해서는 규칙이 필요하다는 것을 알게 하고, 우리 교실에서는 어떠한 규칙이 필요한지에 대해서 이야기를 나누고, 유아와 함께 규칙을 결정하도록 한다. 함께 결정한 규칙은 유아가 자율적으로 규칙을 지키도록 동기 유발을 시킨다.

교사는 언어적 상호작용의 기회를 충분히 제공함으로써 유아의 의사소통기술의 발달을 촉진시킬 수 있다. 교사나 다른 유아와의 언어적 상호작용을 통해서 유아는 점차적으로 다른 사람의 의견을 듣고 정확하게 이해할 수 있으며 자신의 의사 표현을 명확히 하는 기술을 학습해 간다. 소집단 활동과 협력 학습은 유아 간의 적극적인 언어적 상호작용을 격려할 수 있다.

CHAPTER

05

유아사회교육과정의 운영

SOCIAL STUDIES FOR YOUNG CHILDREN

1. 유아사회교육과정의 운영원리

유아를 위한 사회교육과정이 효과적으로 운영되기 위해서 시펠트(Seefeldt, 2001)는 4가지의 운영 방안을 제안하였다. 구체적으로 살펴보면 다음과 같다.

첫째, 유아사회교육과정은 통합적이어야 한다. 유아를 위한 사회교육은 유아가 기억한 정보 및 지식과 통합되어야 하고, 유아의 가족, 학교, 이웃, 맥락 안에서 구체화되는 등 문화적 배경에 깊게 뿌리를 두고 있어야 한다. 그리고 한 분야가 다른 분야와 분리되지 않아야 하며, 기술 및 태도 · 가치도 분리되지 않아야 한다. 즉, 유아사회교육은 통합교과로 총체적인 교육과정으로 운영되어야 한다.

둘째, 유아사회교육과정은 의미 있어야 한다. 유아사회교육이 의미 있기 위해서 교육 내용이 유아의 인지적 발달 수준, 성숙 및 유아가 살고 있는 맥락과 맞아야 한다. 또한 복잡하고 의미 있는 학습은 몇 주, 몇 달, 몇 해 이상 걸리므로 학교교육과 인생을 통해서 지속적으로 이루어져야 한다.

셋째, 유아사회교육과정은 흥미로워야 한다. 흥미는 의미 있는 학습을 이끌고, 장기간 동안 지식을 저장하게 하며, 더 많은 학습 동기를 제공한다(Hidi, 1990,

Seefeldt, 2001, 재인용). 직접적인 학습, 자신의 선택, 사회적 상호작용은 흥미를 유발시키는 요인이므로 모든 유아사회교육은 유아의 직접적인 경험, 놀이, 자발적인 활동에 근거해야 한다.

넷째, 유아사회교육과정은 민주시민에게 필요한 기술, 태도, 지식을 소개해야 한다. 유아가 미래의 책임 있는 민주시민으로 성장하기 위해서 민주적인 태도와 가치를 발달시켜야 한다. 아울러, 역사, 지리, 경제, 이슈, 지구의 상호 관계성 등, 자신이 살고 있는 세계에 대한 지식과 이해가 필요하다. 유치원에서 유아는 개인을 존중하는 태도와 가치, 말할 자유, 협력하고 공유하는 기술, 규칙을 만들고 따르기, 선택하기, 학급 민주주의에 참여하기 등을 배운다. 이를 통해 유아는 집단에서 자신의 책임을 예측하기 시작하는 등 민주주의 사회의 구성원으로서 갖추어야 할 사회적 기술을 발달시킨다.

멜렌데즈 등(Melendez, Beck, & Fletcher, 2000)은 효과적인 사회교육과정은 의미 있고, 통합적이고, 도전적이며, 지식 · 기술 · 태도를 촉진하고, 활동적이어야 한다고 제안하였다. 구체적으로 살펴보면 다음과 같다.

첫째, 효과적이고 적합한 사회교육과정은 유아에게 의미 있어야 한다. 의미 있는 교육과정은 유아에게 흥미 있는 주제들을 다룸으로써 달성될 수 있다. 유아에게 흥미 있는 주제는 가정, 이웃, 지역사회, 놀이(게임, 장난감), 유치원과 학급 등이다.

둘째, 효과적이고 적합한 사회교육과정은 통합적인 교육과정이어야 한다. 유아사회교육은 통합적인 방법으로 경험을 통해서 주제에 대한 다양한 견해를 제공하는 것이 적절하다. 즉, 경험을 통해서 여러 각도로 볼 수 있는 기회를 제공하기 위해서 유아사회교육과정은 유아에게 의미 있는 실제 경험과 통합되어야 한다.

셋째, 효과적이고 적합한 사회교육과정은 도전적이어야 한다. 잘 조직된 활동은 유아의 즐거움, 탐색 욕구, 자신과 다른 사람에 대한 학습을 촉진시킨다. 따라서 사회교육과정의 목표는 유아가 사고하고 질문하는 기술, 다른 사람과 대화하는 능력을 촉진하는 것에 초점을 두어야 한다.

넷째, 사회교육과정은 지식, 기술, 태도 및 가치를 기르는 것에 초점을 두어야 한다. 유아는 사회교육과정을 통해서 사회 현실에 대한 개념을 발달시키고, 유능한 시민에게 필요한 기술을 습득해야 한다. 또한 유아사회교육과정은 사회 집단의 고유한 가치와 태도, 민주적인 태도와 가치를 발달시키는 것을 목표로 해야 한다.

다섯째, 효율적인 교육과정은 활동적이어야 한다. 유아를 위한 사회교육은 활동성 없이 완성될 수 없다. 따라서 유아에게 활동적이고 직접적인 참여를 많이 제공해야 한다.

이상의 내용에 근거할 때 유아를 위한 사회교육과정은 유아에게 의미 있고, 통합적으로 구성되어야 하며, 지식, 기술, 태도 및 가치를 기르는 것에 초점을 두고 흥미로운 활동을 통해서 진행하는 것이 바람직하다.

2. 유아 · 놀이 중심 유아사회교육과정의 운영

교사는 유아의 발달, 관심과 흥미를 고려하여 사회 · 정서발달 및 사회과학의 기본 개념을 다루는 경험을 제공할 수 있다. 유아교육기관에서 유아들의 놀이에서 일반적으로 나타나는 사회교육 관련 주제들은 나, 가족과 집, 동물, 이웃(상점, 슈퍼마켓, 주유소 등), 지역사회(지역사회 기관과 일하는 사람들), 교통기관, 전통놀이 등이다. 이러한 유아들의 놀이 주제를 중심으로 유아사회교육과정을 운영할 수 있고, 이러한 놀이 주제 이외에 놀이규칙, 갈등 등 매일 일어나는 문제 상황을 중심으로 유아사회교육과정을 운영할 수 있다. 유아의 놀이와 문제 상황을 중심으로 유아사회교육 표준 및 2019 개정 누리과정을 통합한 사회교육과정은 짧게는 며칠에서 길게는 몇 주 동안 운영될 수 있다.

미국 사회과교육협회(NCSS, 2010)는 유아부터 고등학교(pre-K through 12)를 위한 사회교육과정을 효과적으로 운영하기 위한 10가지 주제(문화, 시간 · 계속성 · 변화, 사람 · 장소 · 환경, 개인적 발달과 정체성, 개인 · 집단 · 기관, 힘 · 권력 · 정부, 생산 · 분배 · 소비, 과학 · 기술 · 사회, 지구 연계성, 시민의식과 실천)와 교육과정 운영을 위한 표준을 제공하였다. 각 주제별 교육과정 운영을 위한 표준을 구체적으로 살펴보면 다음과 같다.

미국 사회과교육협회(NCSS, 2010)는 유아부터 고등학교(pre-K through 12)를 위한 사회교육과정을 효과적으로 운영하기 위한 10가지 주제(문화, 시간 · 계속성 · 변화, 사람 · 장소 · 환경, 개인적 발달과 정체성, 개인 · 집단 · 기관, 힘 · 권력 · 정부, 생산 · 분배 · 소비, 과학 · 기술 · 사회, 지구 연계성, 시민의식과 실천)와 교육과정운영을 위한 표준을 제공하였다. 각 주제별 교육과정 운영을 위한 표준을 구체적으로 살펴보면 다음과 같다.

- 주제 1: 문화
  - 인간은 문화를 창조하고, 배우고, 공유하며, 문화에 적응한다.
  - 문화는 역동적이고 시간에 따라 변한다.
  - 경험, 관찰, 반성을 통해서 문화 요소와 시 · 공간을 초월한 문화적 유사점과 차이점을 인식한다.
  - 이 주제는 지리, 역사, 사회, 인류, 다문화 등 전 교육과정을 통해서 다룬다.

- 주제 2: 시간 · 계속성 · 변화
  - 과거는 인간 역사를 이해하게 한다.
  - 과거에 대한 지식과 이해는 사건과 발전의 원인 · 결과를 분석하게 하고, 특정 시기의 제도, 가치, 신념 등을 이해하게 한다.
  - 과거에 대해서 읽고, 재구성하고, 해석하는 방법을 알게 되므로 질문에 답할 수 있다.
  - 유아는 시간과 공간에서 자신을 찾는 것을 학습한다.

- 주제 3: 사람 · 장소 · 환경
  - 사람 · 장소 · 환경에 대한 경험은 인간과 세상의 관계를 이해하게 한다.
  - 유아는 공간을 이해하고, 사람 · 장소 · 환경의 관계의 변화를 조사한다.
  - 오늘날의 사회, 문화, 경제, 시민 문제는 지식, 기술, 이해를 적용하게 한다.
  - 이 주제는 지리, 지역, 세계 문화를 통해서 다룬다.

- 주제 4: 개인적 발달과 정체성
  - 개인의 정체성은 문화, 집단, 기관, 사람들과 공유한 경험에 의해서 형성된다.
  - 정체성 발달은 심리학, 사회학, 인류학에서 중요하고, 우리가 누구인지를 이해하는 핵심이다.
  - 유아는 가족, 또래, 사회, 지역사회 맥락에서 개인적 정체성을 발달시킨다.
- 주제 5: 개인 · 집단 · 제도
  - 제도는 일상을 실천 · 조직 · 운영하게 돕는 공식 · 비공식적 정치, 경제, 사회조직이다.
  - 제도가 어떻게 만들어지는지, 자신 및 개인과 문화를 통제하고 영향을 미치는지, 유지 · 변화되는지를 아는 것은 중요하다.
  - 이 주제는 사회, 인류, 심리, 정치학, 역사 교과에서 다룬다.
- 주제 6: 힘 · 권력 · 정부
  - 시민은 정치적 사고의 기초, 권력 및 정부의 다양한 발달을 이해하는 역량이 필요하다.
  - 개인의 권리와 책임 사이의 역동적인 관계, 사회 집단의 요구, 정의 사회에 대해서 학습하므로, 더욱 유능한 문제해결자, 의사결정자가 된다.
  - 이 주제는 정부, 정치, 정치학, 시민, 역사, 법, 다른 사회과학 단원이나 교과에서 다룬다.
- 주제 7: 생산 · 분배 · 소비
  - 사람들은 제한된 자원보다 더 많은 것을 원한다.
  - 유아는 자료를 모으고 분석하며, 자원 부족의 해결방법을 결정하기 위해서 비판적 사고기술을 사용한다.
  - 이 주제는 경제 교육 관련 개념, 원리, 이슈에 대한 단원이나 교과에서 다룬다.

- 주제 8: 과학 · 기술 · 사회
  - 과학과 테크놀로지는 사회 · 문화적 변화와 사람들이 세상과 상호작용하는 방법에 중요한 영향을 미친다.
  - 이 주제는 역사, 지리, 경제, 시민과 정치에 대한 단원과 교과에서 다룬다.
  - 유아는 과학과 테크놀로지가 가치, 지식, 생활에 어떠한 영향을 미치는지를 배운다.

- 주제 9: 국제 관계
  - 국제 관계는 지역, 국가, 전 세계의 변화를 가속화시킨다.
  - 증가된 국제 관계의 비용 및 이익에 대한 분석, 국가 이익과 국제적 우선순위 사이의 긴장에 대한 평가는 가능한 해결책을 개발하게 한다.
  - 이 주제는 지리, 문화, 경제, 역사, 정치학, 정부, 테크놀로지에 대한 단원이나 교과에서 다룬다. 또는 자연과학과 물리, 인류학, 문학, 예술, 언어에서 다루어진다.

- 주제 10: 시민의식과 실천
  - 시민의식과 실천을 이해하는 것은 사회에 참여하기 위해서 중요하고, 시민의식을 위한 교육의 핵심이다.
  - 시민 행동을 배우는 것은 민주사회 공동의 자유 실천을 추구하기 위해서 중요하다.
  - 이 주제는 시민의식, 역사, 정치학, 문화 인류학, 세계 연구, 법과 관련된 교육, 그 외에 인문학 단원이나 교과에서 다룬다.

우리나라의 경우, 2019 개정 누리과정의 사회관계 영역에서 3~5세 유아들에게 필요한 사회교육 내용을 제공하고 있다. 사회관계의 내용은 '나를 알고 존중하기', '더불어 생활하기', '사회에 관심 가지기' 3개의 내용범주와 12개 내용으로 구성되어 있다(교육부 · 보건복지부, 2019). 표준 및 2019 개정 누리과정 사회관계 내용에 기초한 만 3~5세 연령별 사회교육과정 운영의 예를 제시하면 다음과 같다.

〈표 5-1〉 표준 및 2019 개정 누리과정 내용에 기초한 만 3세 사회교육과정 운영

표준		누리과정 내용		놀이 및 대소집단 활동
		내용 범주	내용	
자아 개념	1.1 자기 자신을 이해한다.	나를 알고 존중하기	나를 알고, 소중히 여긴다.	• 동화: 내 귀는 짝짝이 • 자기 소개하기: 나의 모습, 이름, 성별, 연령, 자기 물건, 좋아하는 것, 잘하는 것 • 미술: 내 모습 표현하기(나 콜라주, 초상화 등)
	1.2 자기 자신을 존중한다.		내가 할 수 있는 것을 스스로 한다.	• 동화: 강아지 똥 • 자유놀이 선택 및 참여: 하고 싶은 놀이
정서	2.1 자신 및 다른 사람의 정서를 이해한다.	더불어 생활하기	서로 다른 감정, 생각, 행동을 존중한다.	• 동화: 소피가 화나면, 정말 정말 화나면/어떡하지? • 동작: 친구 감정 따라 하기
	2.2 자신의 정서를 적절히 표현한다.	나를 알고 존중하기	나의 감정을 알고 상황에 맞게 표현한다.	• 미술: 감정 표현(핑거 페인팅, 종이 찢기) • 게임: 그대로 멈춰라 • 동극: 소피가화 나면 정말 정말 화나면
	2.3 자신의 정서 및 행동을 조절한다.			
성인 및 또래 관계	3.1 성인과 긍정적인 관계를 형성한다.	더불어 생활하기	친구와 어른께 예의바르게 행동한다.	• 동화: 유치원에 처음 가는 날
	3.2 또래와 긍정적인 관계를 형성한다.		친구와 서로 도우며 사이좋게 지낸다.	• 동화: 꼬마 어네스트
	3.3 친사회적 행동(나누기, 협동, 돕기, 존중, 배려, 위로 등)을 실천한다.		친구와 서로 도우며 사이좋게 지낸다.	• 미술: 동극 가면 만들기 • 공동조형: 우리반 친구들 액자 만들기
	3.4 사회적 문제해결 방법을 이해하고 실천한다.		친구와의 갈등을 긍정적인 방법으로 해결한다.	• 동화: 너랑 안 놀아! • 동극: 너랑 안 놀아!

표준		누리과정 내용		놀이 및 대소집단 활동
		내용 범주	내용	
가족 및 지역 사회	4.1 가족 구성원과 가족문화를 이해한다.	더불어 생활하기	가족의 의미를 알고 화목하게 지낸다. 다양한 문화에 관심을 가진다.	• 동화: 안아줘!/또, 또, 또 해주세요./돼지 책 • 발표: 가족 소개하기 • 미술: 가족사진 콜라주
	4.2 지역 사회의 특성과 지역문화를 이해한다.	사회에 관심 가지기	내가 살고 있는 곳에 대해 궁금한 것을 알아본다.	• 동화: 로지의 산책 • 견학: 동네 견학 • 쌓기놀이: 우리 동네 구성하기
시민 의식	5.1 규칙을 이해하고 실천한다.	더불어 생활하기	약속과 규칙의 필요성을 알고 지킨다.	• 동화: 검피 아저씨의 뱃놀이 • 토의: 놀이규칙 만들기
	5.2 권리와 책임을 이해하고 실천한다.			• 동화: 색깔을 훔치는 마녀
경제	6.1 상품의 생산과 소비를 이해한다.	사회에 관심 가지기	내가 살고 있는 곳에 대해 궁금한 것을 알아본다	• 동화: 모자 사세요 • 견학: 마트(시장)견학
	6.2 공평한 분배를 이해한다.			• 동화: 다 내 거야!
	6.3 절약을 이해하고 실천한다.			• 미술: 저금통 만들기
	6.4 화폐의 가치와 사용을 이해한다.			• 역할놀이: 마트(시장)놀이
지리	7.1 위치, 방향과 지도를 이해한다.	사회에 관심 가지기	내가 살고 있는 곳에 대해 궁금한 것을 알아본다.	• 동화: 로지의 산책 • 견학: 동네 견학 • 쌓기놀이: 산책길 꾸미기
	7.2 지역의 물리적 특성을 이해한다.			• 견학: 동네 견학
	7.3 사람과 환경의 관계를 이해한다.			• 동화: 비 오는 날

표준		누리과정 내용		놀이 및 대소집단 활동
		내용 범주	내용	
역사	8.1 과거·현재·미래의 시간 개념을 이해한다.	사회에 관심 가지기	우리나라에 대해 자부심을 가진다.	• 동화: 해와 달이 된 오누이 • 견학: 박물관 • 게임: 신나는 강강술래
	8.2 시간의 흐름에 따른 변화를 이해한다.			• 미술: 내가 어렸을 때

〈표 5-2〉 표준 및 2019 개정 누리과정 내용에 기초한 만 4세 사회교육과정 운영

표준		누리과정 내용		놀이 및 대소집단 활동
		내용 범주	내용	
자아 개념	1.1 자기 자신을 이해한다.	나를 알고 존중하기	나를 알고, 소중히 여긴다.	• 동화: 윌리엄의 인형 • 미술: 자기소개 카드 만들기
	1.2 자기 자신을 존중한다.		내가 할 수 있는 것을 스스로 한다.	• 동화: 꿈꾸는 작은 오리 • 게임: 내가 할 수 있는 일 빙고
정서	2.1 자신 및 다른 사람의 정서를 이해한다.	더불어 생활하기	서로 다른 감정, 생각, 행동을 존중한다.	• 동화: 겁쟁이 빌리/심심해서 그랬어. • 게임: 표정 맞추기
	2.2 자신의 정서를 적절히 표현한다.	나를 알고 존중하기	나의 감정을 알고 상황에 맞게 표현한다.	• 미술: 감정 막대 만들기 • 게임: 정지·출발 게임 • 동극: 겁쟁이 빌리
	2.3 자신의 정서 및 행동을 조절한다.			
성인 및 또래	3.1 성인과 긍정적인 관계를 형성한다.	더불어 생활하기	친구와 어른께 예의바르게 행동한다.	• 동화: 보리의 시끌벅적 유치원
	3.2 또래와 긍정적인 관계를 형성한다.		친구와 서로 도우며 사이좋게 지낸다.	• 동화: 내 뼈다귀야/내 친구 루이

표준		누리과정 내용		놀이 및 대소집단 활동
		내용 범주	내용	
성인 및 또래	3.3 친사회적 행동(나누기, 협동, 돕기, 존중, 배려, 위로 등)을 실천한다.	더불어 생활하기	친구와 서로 도우며 사이좋게 지낸다.	• 동화: 으뜸 헤엄이 • 동극: 으뜸 헤엄이 • 공동조형: 동극 가면, 배경 꾸미기
	3.4 사회적 문제해결 방법을 이해하고 실천한다.		친구와의 갈등을 긍정적인 방법으로 해결한다.	• 동화: 내 뼈다귀야 • 동극: 내 뼈다귀야
가족 및 지역 사회	4.1 가족 구성원과 가족 문화를 이해한다.	더불어 생활하기	가족의의미를 알고 화목하게 지낸다.	• 동화: 그래도 엄마는 너를 사랑한다/사이좋게 나눠야지/피터의 의자 • 미술: 가족 액자 만들기 • 인사초청: 다문화 가정 부모
			다양한 문화에 관심을 가진다.	
	4.2 지역 사회의 특성과 지역문화를 이해한다.	사회에 관심 가지기	내가 살고 있는 곳에 대해 궁금한 것을 알아본다.	• 동화: 심심해서 그랬어 • 견학: 동네 견학 • 인사 초청
시민 의식	5.1 규칙을 이해하고 실천한다.	더불어 생활하기	약속과 규칙의 필요성을 알고 지킨다.	• 동화: 쿠키 한 입의 인생 • 토의: 놀이규칙 만들기 • 공동조형: 놀이 규칙판 만들기
	5.2 권리와 책임을 이해하고 실천한다.			• 동화: 야! 우리 기차에서 내려
경제	6.1 상품의 생산과 소비를 이해한다.	사회에 관심 가지기	내가 살고 있는 곳에 대해 궁금한 것을 알아본다	• 동화: 달구지를 끌고 • 견학: 마트(시장)견학
	6.2 공평한 분배를 이해한다.			• 동화: 의좋은 형제
	6.3 절약을 이해하고 실천한다.			• 동화: 요셉의 낡고 작은 오버코트가 • 미술: 저금통 만들기
	6.4 화폐의 가치와 사용을 이해한다.			• 역할놀이: 마트(시장)놀이

<table>
<tr><th colspan="2" rowspan="2">표준</th><th colspan="2">누리과정 내용</th><th rowspan="2">놀이 및 대소집단 활동</th></tr>
<tr><th>내용 범주</th><th>내용</th></tr>
<tr><td rowspan="3">지리</td><td>7.1
위치, 방향과 지도를 이해한다.</td><td rowspan="3">사회에 관심 가지기</td><td rowspan="3">내가 살고 있는 곳에 대해 궁금한 것을 알아본다.</td><td>• 동화: 곰 사냥을 떠나자
• 견학: 동네 견학
• 공동조형: 우리 동네 지도 그리기</td></tr>
<tr><td>7.2
지역의 물리적 특성을 이해한다.</td><td>• 견학: 동네 견학</td></tr>
<tr><td>7.3
사람과 환경의 관계를 이해한다.</td><td>• 동화: 갯벌이 좋아요</td></tr>
<tr><td rowspan="3">역사</td><td>8.1
과거·현재·미래의 시간 개념을 이해한다.</td><td rowspan="3">사회에 관심 가지기</td><td rowspan="3">우리나라에 대해 자부심을 가진다.</td><td>• 동화: 그림 그리는 아이 김홍도
• 견학: 박물관
• 미술: 팽이 만들기
• 게임: 팽이 돌리기</td></tr>
<tr><td>8.2
시간의 흐름에 따른 변화를 이해한다.</td><td>• 동화: 달구지를 끌고
• 미술: 계절 책 만들기</td></tr>
<tr><td>8.3 과거·현재·미래의 계속성을 이해한다.</td><td>• 동화: 솔이의 추석 이야기
• 요리: 떡 만들기</td></tr>
</table>

〈표 5-3〉 표준 및 2019 개정 누리과정 내용에 기초한 만 5세 사회교육과정 운영

<table>
<tr><th colspan="2" rowspan="2">표준</th><th colspan="2">누리과정 내용</th><th rowspan="2">놀이 및 대소집단 활동</th></tr>
<tr><th>내용 범주</th><th>내용</th></tr>
<tr><td rowspan="2">자아 개념</td><td>1.1
자기 자신을 이해한다.</td><td rowspan="2">나를 알고 존중하기</td><td>나를 알고, 소중히 여긴다.</td><td>• 동화: 내 짝궁 최영대/반쪽이
• 미술: 자기소개 책 만들기
• 게임: 이름 부르기 게임</td></tr>
<tr><td>1.2
자기 자신을 존중한다.</td><td>내가 할 수 있는 것을 스스로 한다.</td><td>• 동화: 대포알 심프/구룬파 유치원/발레리나 벨린다
• 게임: 정리하기 게임</td></tr>
<tr><td rowspan="3">정서</td><td>2.1
자신 및 다른 사람의 정서를 이해한다.</td><td>더불어 생활하기</td><td>서로 다른 감정, 생각, 행동을 존중한다.</td><td>• 동화: 부루퉁한 스핑키
• 미술: 친구 위로 편지쓰기</td></tr>
<tr><td>2.2
자신의 정서를 적절히 표현한다.</td><td rowspan="2">나를 알고 존중하기</td><td rowspan="2">나의 감정을 알고 상황에 맞게 표현한다.</td><td rowspan="2">• 미술: 감정 그래프 그리기
• 게임: 무궁화 꽃이 피었습니다.
• 동극: 부루퉁한 스핑키</td></tr>
<tr><td>2.3
자신의 정서 및 행동을 조절한다.</td></tr>
<tr><td rowspan="4">성인 및 또래 관계</td><td>3.1
성인과 긍정적인 관계를 형성한다.</td><td rowspan="4">더불어 생활하기</td><td>친구와 어른께 예의바르게 행동한다.</td><td>• 동화: 마법의 유치원 버스</td></tr>
<tr><td>3.2
또래와 긍정적인 관계를 형성한다.</td><td>친구와 서로 도우며 사이좋게 지낸다.</td><td>• 동화: 아모스와 보리스</td></tr>
<tr><td>3.3
친사회적 행동(나누기, 협동, 돕기, 존중, 배려, 위로 등)을 실천한다.</td><td>친구와 서로 도우며 사이좋게 지낸다.</td><td>• 동화: 으악, 도깨비다!
• 동극: 으악, 도깨비다!
• 공동조형: 동극 가면, 배경 꾸미기</td></tr>
<tr><td>3.4
사회적 문제해결 방법을 이해하고 실천한다.</td><td>친구와의 갈등을 긍정적인 방법으로 해결한다.</td><td>• 동화: 무지개 물고기
• 동극: 무지개 물고기
• 토의: 갈등 해결</td></tr>
</table>

표준		누리과정 내용		놀이 및 대소집단 활동
		내용 범주	내용	
가족 및 지역 사회	4.1 가족 구성원과 가족 문화를 이해한다.	더불어 생활하기	가족의 의미를 알고 화목하게 지낸다. 다양한 문화에 관심을 가진다.	• 동화: 터널/이슬이의 첫 심부름/따로따로 행복하게/오른발 왼발 • 미술: 가족 돕기 쿠폰 만들기/우리가족 요리책 만들기 • 요리: 다른 가족 음식
	4.2 지역 사회의 특성과 지역문화를 이해한다.	사회에 관심 가지기	내가 살고 있는 곳에 대해 궁금한 것을 알아본다.	• 동화: 작은집 이야기 • 견학: 동네 견학 • 공동조형: 우리 동네 구성하기/우리 동네 소개책 만들기
시민 의식	5.1 규칙을 이해하고 실천한다.	더불어 생활하기	약속과 규칙의 필요성을 알고 지킨다.	• 동화: 우당, 탕탕 할머니 귀가 커졌어요. • 토의: 공공규칙 만들기 • 공동조형: 재활용 수거함 만들기 • 미술: 공공규칙 스티커 만들기
	5.2 권리와 책임을 이해하고 실천한다.			• 동화: 치과의사 드소토 선생님/임금님 귀는 당나귀 귀/동물원
경제	6.1 상품의 생산과 소비를 이해한다.	사회에 관심 가지기	내가 살고 있는 곳에 대해 궁금한 것을 알아본다.	• 동화: 똥벼락 • 견학: 마트(시장)견학
	6.2 공평한 분배를 이해한다.			• 동화: 똥벼락
	6.3 절약을 이해하고 실천한다.			• 동화: 엄마의 의자 • 미술: 통장 만들기 • 역할놀이: 은행놀이
	6.4 화폐의 가치와 사용을 이해한다.			• 동화: 돈이 돌고 돌아요. • 미술: 놀이 돈 만들기 • 역할놀이: 마트(시장)놀이/은행놀이

<table>
<tr><th colspan="2" rowspan="2">표준</th><th colspan="2">누리과정 내용</th><th rowspan="2">놀이 및 대소집단 활동</th></tr>
<tr><th>내용 범주</th><th>내용</th></tr>
<tr><td rowspan="3">지리</td><td>7.1
위치, 방향과
지도를 이해한다.</td><td rowspan="3">사회에
관심
가지기</td><td rowspan="3">내가 살고 있는
곳에 대해
궁금한 것을
알아본다.</td><td>• 견학: 동네 견학
• 공동조형: 동네지도 만들기/유치원 안내지도 만들기</td></tr>
<tr><td>7.2
지역의 물리적
특성을 이해한다.</td><td>• 동화: 한이네 동네 이야기
• 견학: 동네 견학
• 공동조형: 동네책 만들기/여행 책자 만들기</td></tr>
<tr><td>7.3
사람과 환경의
관계를 이해한다.</td><td>• 동화: 작은집 이야기/조지 아저씨네 정원</td></tr>
<tr><td rowspan="3">역사</td><td>8.1
과거·현재·미래의
시간 개념을
이해한다.</td><td rowspan="3">사회에
관심
가지기</td><td rowspan="3">우리나라에
대해 자부심을
가진다.</td><td>• 견학: 박물관
• 동화: 옛날 옛적 돌실이네 이야기 /숨 쉬는 항아리/아씨 방 일곱 친구
• 미술: 딱지 만들기
• 게임: 딱지치기/투호 던지기</td></tr>
<tr><td>8.2
시간의 흐름에
따른 변화를
이해한다.</td><td>• 동화: 작은집 이야기
• 미술: 나의 역사책 만들기/우리반 역사책 만들기</td></tr>
<tr><td>8.3
과거·현재·미래의
계속성을 이해한다.</td><td>• 동화: 떡 잔치
• 요리: 떡 만들기
• 공동조형: 우리나라 소개 책 만들기
• 인사(할아버지, 할머니)초청</td></tr>
</table>

CHAPTER

06

유아사회교육의 평가

1. 유아사회교육 평가의 개념 및 필요성

유아평가에서 평가라는 용어는 사정(assessment)과 평가(evaluation)의 개념이 함께 사용되고 있다. 사정이란 유아의 행동과 발달 정도에 대해서 수집하는 일련의 과정으로, 관찰(observing), 기록(recording), 서술(documenting)의 과정을 의미한다. 평가는 수집한 자료를 해석하고 자료에 근거하여 판단하는 교육적인 의사결정의 과정이다(최일선 · 조운주, 2014). 유아평가의 개념에 근거할 때 유아사회교육 평가는 유아의 사회 · 정서발달 및 사회과학 지식의 정도를 관찰, 기록 서술하여 유아의 발달 정도를 판단하고 앞으로의 교육을 위한 근거로 사용하는 것을 의미한다.

유아사회교육의 평가가 필요한 이유는, 첫째, 각 유아의 사회 · 정서발달 수준 및 사회과학 지식의 수준을 분석하여 성장 발달을 지원하기 위한 기초를 제공하기 위한 것이다. 둘째, 유아사회교육 목표 달성 여부를 확인하기 위해서 평가가 필요하다. 셋째, 교수학습 방법을 개선하기 위해서 유아사회교육 평가가 필요하다. 넷째, 부모상담을 위한 자료로 활용하기 위해서도 유아사회교육 평가가 필요하다.

2. 유아사회교육 평가의 내용 및 준거

유아사회교육의 평가내용은 2019 개정 누리과정의 사회관계 내용을 유아가 경험하였는지를 파악하는 것이 필요하므로 누리과정의 내용에 근거한다. 평가준거는 사회관계영역의 내용에 근거하여 개발한 것을 사용할 수 있다.

유아사회교육 평가준거는 2019 개정 누리과정 내용에 기초하여 개발된 「KICCE 유아관찰척도」(강은진 외, 2019)을 사용할 수 있다. 「KICCE 유아관찰척도」의 사회관계영역 관찰문항은 총 12문항으로 구성되었으며 관찰척도 세부 내용은 〈표 6-1〉과 같다.

〈표 6-1〉 KICCE 유아관찰척도 사회관계 영역

2019 개정 누리과정 사회관계 영역		2019 개정 누리과정에 따른 유아관찰척도 사회관계 영역		
내용범주	내용	관찰 요소	관찰 문항	관찰수준
나를 알고 존중하기	1. 나를 알고 소중히 여긴다.	자아인식, 자아 존중감	1. 자신의 특성을 알고 소중히 여긴다	1. 자신의 특성을 모른다.
				2. 도움이 있으면 자신의 특성을 안다.
				3. 나와 다른 사람의 차이를 통해 자신의 특성을 안다.
				4. 자신의 특성을 알고 소중히 여긴다.
	2. 나의 감정을 알고 상황에 맞게 표현한다.	감정 인식, 감정 표현	2. 자신의 감정을 알고 상황에 맞게 표현한다.	1. 자신의 감정을 알지 못한다.
				2. 도움이 있으면 자신의 감정을 표현한다.
				3. 자신의 감정을 알고 표현한다.
				4. 자신의 감정을 알고 상황에 맞게 표현한다.
	3 내가 할 수 있는 것을 스스로 한다.	자율성, 자조 능력	3. 혼자서 할 수 있는 일을 스스로 한다.	1. 혼자서 할 수 있는 일을 하지 못한다.
				2. 도움이 있으면, 혼자서 할 수 있는 일을 한다.
				3. 혼자서 할 수 있는 일을 하지만 끝내지는 못한다.
				4. 혼자서 할 수 있는 일을 스스로 한다.

내용범주	내용	관찰 요소	관찰 문항	관찰수준
더불어 생활하기	4. 가족의 의미를 알고 화목하게 지낸다.	가족의 역할, 화목	4. 가족을 소중히 여기는 마음을 나타낸다.	1. 가족의 일상과 아끼는 마음이 놀이에서 나타나지 않는다.
				2. 도움이 있으면, 가족의 일상과 아끼는 마음을 놀이에서 나타낸다.
				3. 가족의 일상과 아끼는 마음을 놀이에서 나타낸다.
				4. 스스로 가족의 일상과 아끼는 마음을 놀이에서 나타낸다.
	5. 친구와 서로 도우며 사이 좋게 지낸다.	우정, 협력	5. 친구를 도우며 사이좋게 지낸다.	1. 친구를 도와주지 않는다.
				2. 도움이 있으면 친구를 도와준다.
				3. 친구를 도와준다.
				4. 친구를 도우며 사이좋게 지낸다.
	6. 친구와의 갈등을 긍정적인 방법으로 해결한다.	갈등해결, 문제해결	6. 친구와의 갈등을 긍정적인 방법으로 해결한다	1. 친구와의 갈등을 긍정적인 방법으로 해결하지 못한다.
				2. 도움이 있으면 친구와의 갈등을 긍정적인 방법으로 해결한다.
				3. 친구와의 갈등을 긍정적인 방법으로 해결하려고 시도한다.
				4. 스스로 친구와의 갈등을 긍정적으로 해결한다.
	7. 서로 다른 감정, 생각, 행동을 존중한다.	감정인식, 공감	7. 다른 사람의 감정, 생각, 행동에 알고 존중한다. (감정인식, 공감)	1. 다른 사람의 감정이나 생각, 행동을 알지 못한다.
				2. 도움이 있으면, 서로 다른 감정, 생각, 행동을 안다.
				3. 서로 다른 감정, 생각, 행동을 안다.
				4. 서로 다른 감정, 생각, 행동을 알고 존중한다.
	8. 친구와 어른께 예의를 지켜 행동한다	예절, 공경	8. 친구와 어른께 예의 바른 행동을 한다	1. 친구와 어른에 대한 예의바른 행동을 하지 않는다.
				2. 도움이 있으면 친구와 어른께 예의 바른 행동을 한다.
				3. 친구와 어른께 예의 바른 행동을 시도한다.
				4. 스스로 친구와 어른께 예의바른 행동을 한다.
	9. 약속과 규칙을 지킨다.	사회적 가치	9. 약속과 규칙을 지킨다.	1. 약속과 규칙을 지키지 않는다.
				2. 도움이 있으면 약속과 규칙을 지킨다.
				3. 약속과 규칙을 지키려고 시도한다.
				4. 스스로 약속과 규칙을 지킨다.

사회관계 영역	내용	관찰 요소	관찰 문항	관찰수준
사회에 관심 가지기	10. 내가 살고 있는 곳에 대해 궁금한 것을 알아본다.	지리, 경제, 직업	10. 내가 살고 있는 곳에 대해 궁금한 것을 알아본다.	1. 자기가 살고 있는 곳에 대해 궁금해 하지 않는다.
				2. 도움이 있으면 자기가 살고 있는 곳에 대해 궁금한 것을 알아본다.
				3. 자기가 살고 있는 곳에 대해 궁금해 한다.
				4. 스스로 자기가 살고 있는 곳에 대해 궁금한 것을 알아본다.
	11. 우리나라에 대해 자부심을 갖는다.	애국심, 정체성	11. 우리나라에 대해 자랑스럽게 여긴다.	1. 우리나라의 옛날과 현대를 나타내는 것(놀이, 음식, 물건 등)에 대해 관심을 가지지 않는다.
				2. 도움이 있으면, 우리나라의 옛날과 현대를 나타내는 것(놀이, 음식, 물건 등)에 대해 관심을 가진다.
				3. 우리나라의 옛날과 현대를 나타내는 것(놀이, 음식, 물건 등)에 대해 알아본다.
				4. 우리나라의 옛날과 현대를 나타내는 것(놀이, 음식, 물건 등)에 대해 알고, 자랑스럽게 여긴다.
	12. 다양한 문화에 관심을 가진다.	다문화 민감성, 문화 수용성	12 다양한 문화에 관심을 가진다	1. 다양한 문화에 관심이 없다.
				2. 도움이 있으면, 다양한 문화에 관심을 가진다.
				3. 다양한 문화에 관심을 가진다.
				4. 다양한 문화에 관심을 갖고 스스로 알아본다.

출처: 강은진 외(2019). KICCE 유아관찰척도 개발 연구보고. 서울: 육아정책연구소.

3. 유아사회교육 평가의 방법

유아사회교육 평가 방법에는 표준화 검사를 활용하는 형식적인 평가와 관찰법, 면접법, 수행평가, 포트폴리오 등을 통해서 이루어지는 비형식적인 평가가 있다. 유아교육기관에서 가장 많이 사용하는 수행평가와 포트폴리오를 중심으로 유아사회교육 평가 방법을 제시하면 다음과 같다.

1) 수행평가

수행평가는 유아가 학습과제를 수행하는 과정이나 결과를 보고, 그 유아의 지식이나 기능 및 태도 등에 대해서 교사가 전문적으로 판단하는 평가방식이다. 즉, 유아 스스로 자신의 지식이나 기능을 나타내는 결과물을 만들거나, 행동으로 나타내거나, 답을 서술 혹은 구성하도록 요구하는 평가이다. 여기에서 '행동'이란 단순히 신체를 움직이는 것만을 의미하는 것이 아니라 자신의 지식이나 기능, 태도 등을 드러내기 위해 말하거나, 듣거나, 읽거나, 쓰거나, 그리거나, 만들거나, 더 나아가서 그것을 계획하고 준비하는 과정까지도 포함하는 인간의 모든 활동을 의미한다. 따라서 수행평가란 단순히 하나의 평가 방법이 아니라, 정보화 · 세계화 시대를 맞이하여 종래의 교육평가체제를 재구조화하기 위해서 교육평가가 나아갈 방향을 제시하는 하나의 새로운 관점이라 할 수 있다(한국교육평가학회, 2004).

수행평가의 특성을 살펴보면, 첫째, 유아 스스로 정답을 구성하거나 행동으로 나타내는 평가 방식이다. 둘째, 가능한 한 실제 상황에서 교육목표를 달성하였는지 파악한다. 셋째, 교육의 결과뿐만 아니라 교육의 과정도 평가한다. 넷째, 유아 개개인의 발달적 변화과정을 종합적으로 평가하기 위해 지속적으로 평가한다. 다섯째, 개개인 또는 집단을 단위로 평가한다. 여섯째, 유아의 학습과정을 진단하고 개별학습을 촉진한다. 일곱째, 유아의 인지, 정신 · 운동적 영역 등에 대한 종합적 · 총체적인 평가를 한다(박도순, 1997). 수행평가의 진행과정을 구체적으로 살펴보면 다음과 같다.

(1) 계획

① 평가내용 및 평가준거 결정

평가내용 및 평가준거의 결정이란 무엇을 평가할 것인지와 무엇으로 평가할 것인지를 결정하는 것이다. 우리나라 유아사회교육은 누리과정에 근거하여 진행되므로 2019 개정누리과정 사회관계 내용이 평가내용이 된다. 그리고 2019 개정 누리과정 사회관계 내용에 근거하여 구성된 평가준거를 활용할 수 있다.

② 수집자료, 수집시기 결정

유아의 사회적 지식이나 기능, 태도 등에 대해서 전문적으로 판단하기 위해서는 유아의 수행이 잘 드러나는 자료를 수집해야 하고, 언제 수집할지를 계획하는 것이 필요하다. 유아의 사회관계 영역 수행평가를 위한 수집자료의 예는 다음 〈표 6-2〉와 같다.

〈표 6-2〉 사회관계 영역 수행평가 수집자료의 예

2019 개정 누리과정 사회관계 영역		수집자료
내용범주	내용	
나를 알고 존중하기	나를 알고 소중히 여긴다.	일화기록 미술결과물
	나의 감정을 알고 상황에 맞게 표현한다.	
	내가 할 수 있는 것을 스스로 한다.	
더불어 생활하기	가족의 의미를 알고 화목하게 지낸다.	일화기록 미술결과물
	친구와 서로 도우며 사이좋게 지낸다.	
	친구와의 갈등을 긍정적인 방법으로 해결한다.	
	서로 다른 감정, 생각, 행동을 존중한다.	
	친구와 어른께 예의바르게 행동한다.	
	약속과 규칙의 필요성을 알고 지킨다.	
사회에 관심 가지기	내가 살고 있는 곳에 대해 궁금한 것을 알아본다.	일화기록 활동결과물 사진
	우리나라에 대해 자부심을 가진다.	
	다양한 문화에 관심을 가진다.	

(2) 자료 수집 및 교사 논평

교사는 수행평가 계획에 근거하여 사회관계 영역 평가 자료를 수집한다. 수집한 자료에 대해서 그때그때 논평을 쓴다.

(3) 구성 및 종합 평가

수집한 자료를 모두 모아서 정리하고 구성한 다음 사회관계 영역에 대한 종합적인 평가를 작성한다.

(4) 활용 및 보고

수행평가 결과는 부모 면담에 활용하고, 다음 학기나 다음 해의 유아의 사회교육 계획에 반영한다.

(5) 유아 수행평가의 예

• 관찰유아: 준영, 혜진, 민수(만 5세) • 관찰일시: 2019년 5월 23일 • 관찰장면: '우리 동네 지도 그리기' 공동조형 활동 • 수집자료: 일화기록	
관찰내용 (10:20~10:50)	우리동네 지도 만들기 공동조형 활동을 할 때, 준영이는 "나는 여기에 그릴게."라고 말하고 그림을 그리기 시작한다. 준영이가 옆에서 그림을 그리던 혜진이의 손을 모르고 쳐서 그림이 잘못되자 혜진이가 "야! 네가 쳐서 이렇게 됐잖아?"라고 말한다. 준영은 "미안해."라고 한 후 자기 그림을 계속 그린다. 민수는 준영의 그림을 보고 있다가 "나 여기에다 버스 좀 그려 줘."라고 말한다. 준영이는 대답 없이 그림을 그려준다.
평가내용	• 나를 알고 존중하기–내가 할 수 있는 것을 스스로 한다. • 더불어 생활하기–친구와 서로 도우며 사이좋게 지낸다. – 친구와의 갈등을 긍정적인 방법으로 해결한다. – 서로 다른 사람 감정, 생각, 행동을 존중한다.

요약 및 해석	• 준영이는 친구들과 함께 공동작업을 수행하면서 친구를 돕고, 친구와의 갈등을 긍정적인 방법으로 해결하고, 친구의 감정을 존중한다. 그러나 적극적인 상호작용은 부족한 편이다. • 혜진이는 친구들과 함께 공동작업을 수행하면서 친구의 행동에 대한 존중이 부족하다. • 민수는 친구와 사이좋게 지내는데, 자신이 할 수 있는 것을 스스로 하는 것이 부족하다.
지도계획	협동 활동에서의 역할과 즐거움을 경험할 수 있도록 쌓기 영역에서 공동으로 우리 동네 구성하기, 우리 동네에 대한 집단 게임 및 동극과 같은 다양한 협동 활동 기회를 제공한다.

출처: 최일선·조운주(2014). 유아교육 평가의 의론과 실제. 서울: 창지사. 재구성.

2) 포트폴리오

수행평가의 기법 중 유아 포트폴리오는 단편적이거나 일회적으로 유아를 평가하는 것이 아니고 종합적이고 지속적으로 평가하는 방법이다. 포트폴리오의 특성을 살펴보면 포트폴리오는, 첫째, 단편적 평가가 아니라 종합적인 평가이다. 둘째, 일회적 평가가 아니라 지속적으로 이루어지는 평가이다. 셋째, 수집된 작품, 기록물에 의한 평가이다. 넷째, 유아의 노력, 진보, 성취를 설명하는 평가이다(최일선 · 조운주, 2014). 포트폴리오의 진행과정을 구체적으로 살펴보면 다음과 같다.

(1) 계획

① 평가내용 및 평가준거 결정

수행평가에서와 마찬가지로 포트폴리오에서도 무엇을 평가할 것인지의 평가내용과 무엇으로 평가할 것인지의 평가준거를 계획해야 한다. 유아사회교육은 2019 개정 누리과정에 근거하여 진행되므로 누리과정 사회관계 내용이 평가내용이 된다. 평가준거는 누리과정 사회관계 내용에 근거하여 구성된 평가준거를 활용할 수 있다.

② 수집자료, 시기, 수량결정

포트폴리오를 위해서 수집하는 자료는 핵심자료와 개별화 자료로 나누어 볼 수 있다. 핵심자료는 모든 유아에게 수집하는 자료 유형(item)이다. 핵심자료는 모든 유아를 대상으로 1년에 2~3회에 수집하는 것이 적절하다. 그러나 각 기관의 상황에 따라서 융통성 있게 결정한다. 핵심자료는 평가내용에 적절하고 일과 활동을 통해서 수집하기 용이한 것으로 선정하는 것이 효과적이다. 개별화 자료는 연간계획과 관계없이 유아의 발달특성이 나타나고 유아가 원할 때 수집하는 자료로, 수시로 유아와 협의하여 모을 수 있다. 예를 들어, 자유놀이 시간에 특정 유아의 행동특성이 나타나는 자료(예: 그림 그리기, 사진 등)를 모아서 포트폴리오에 포함시킬 수 있다. 유아 포트폴리오 수집자료의 예는 〈표 6-3〉과 같다.

〈표 6-3〉 유아 포트폴리오 수집자료의 예

구분	수집자료의 예
유아 작품 결과물	공동조형 결과물
사진	또래와의 활동사진, 일상생활 사진
관찰기록	또래 상호작용 및 활동 관련 일화기록, 표본식 기술, 사회성 관련 평정척도, 체크리스트, 서술식 보고서
면담	유아면담, 부모면담
기타	가정환경조사서, 기질 조사서, 발달 상태 기록

유아사회교육 평가를 위한 핵심자료는 2019 개정 누리과정 사회관계 영역의 내용범주 및 내용을 평가하기에 가장 적절한 것으로 선정한다. 수집시기와 수집횟수는 각 핵심자료별로 1학기, 2학기 각 1회(1년에 총 2회) 이상 수집한다. 유아에 따라서 개별화 자료는 추가로 수집할 수 있다. 사회관계영역 유아 포트폴리오 핵심자료 수집 계획의 예는 〈표 6-4〉와 같다.

〈표 6-4〉 사회관계 영역 유아 포트폴리오 수집자료 계획의 예

누리과정		수집시기 및 수집자료	
내용범주	내용	1회(1학기 중)	2차(2학기 중)
나를 알고 존중하기	나를 알고 소중히 여긴다.	일화기록	일화기록
	나의 감정을 알고 상황에 맞게 표현한다.		
	내가 할 수 있는 것을 스스로 한다.		
더불어 생활하기	친구와 서로 도우며 사이좋게 지낸다.	사진 및 일화기록	사진 및 일화기록
	친구와의 갈등을 긍정적인 방법으로 해결한다.		
	서로 다른 감정, 생각, 행동을 존중한다.		
	친구와 어른께 예의바르게 행동한다.		
	약속과 규칙의 필요성을 알고 지킨다.		

(2) 자료 수집 및 교사 논평

사회관계 영역 포트폴리오를 위해서 계획에 따라 주기적으로 자료를 수집한다. 수집한 자료에 날짜, 활동내용, 상황 및 유아 반응을 기록하고, 교사 논평을 쓴다. 평가준거를 근거로 수집된 자료를 평가한다.

(3) 구성 및 평가

포트폴리오를 위한 자료수집이 끝나면 최종적으로 자료를 정리한다. 표지에 유아 사진과 함께 제작 연도, 유치원명, 반명, 유아 이름과 생년월일을 기록한다. 포트폴리오에 근거하여 최종 보고서를 작성한다. 보고서 작성 시 유아의 성장 경향, 성취도, 특성, 도움이 필요한 부분에 대해서 분석 · 평가하여 기술한다.

(4) 활용 및 보고

제작된 포트폴리오는 부모 면담에 활용하고, 다음 학기나 다음 해의 유아의 사회교육의 계획에 반영한다.

(5) 유아 포트폴리오의 예

<table>
<tr><th colspan="3">사회관계 영역 –1회</th></tr>
<tr><td colspan="3">• 관찰유아: 준영, 수연(만 5세)
• 관찰일시: 2019년 3월 18일
• 관찰장면: 쌓기놀이
• 수집자료: 사진 및 관찰기록</td></tr>
<tr><td>관찰내용</td><td>준영이가 친구들이 레고놀이 하고 있는 곳으로 가서 친구들의 놀이를 지켜본다. 그리고 아무 말 없이 앉아 있다.
수연이가 "너도 할래?" 하고 묻자.
"어 나도 해도 돼?" 하고 물은 다음 레고를 집었다</td><td></td></tr>
<tr><td>평가내용</td><td colspan="2">• 나를 알고 존중하기–나의 감정을 알고 상황에 맞게 표현한다.
–내가 할 수 있는 것을 스스로 한다.
• 더불어 생활하기–친구와 서로 도우며 사이좋게 지낸다.
–서로 다른 감정, 생각, 행동을 존중한다.</td></tr>
<tr><td>요약 및 해석</td><td colspan="2">• 준영이는 친구들의 놀이에 참여하고 싶으나 말을 못하고 쳐다보고 참는 등 자신의 감정을 상황에 맞게 표현하는 데 다소 미숙하지만, 레고를 스스로 맞추는 등 할 수 있는 일을 스스로 하고, 친구와 서로 도우며 사이좋게 지낸다.
• 수연이는 친구의 감정을 존중하고 친구와 서로 도우며 사이좋게 지낼 수 있다.</td></tr>
<tr><td>지도계획</td><td colspan="2">자신의 감정을 상황에 맞게 표현할 수 있는 기회를 제공하고, 어떻게 자신의 감정을 표현해야 하는지 표현 방법을 알려준다.</td></tr>
</table>

<table>
<tr><th colspan="2">사회관계 영역-2회</th></tr>
<tr><td colspan="2">• 관찰유아: 준영, 한샘(만 5세)
• 관찰일시: 2019년 11월 21일
• 관찰장면: 쌓기놀이
• 핵심항목: 사진 및 관찰기록</td></tr>
<tr><td>준영이가 자유놀이 시간에 조작영역에서 케이넥스로 무엇인가를 만들기 시작한다. 처음에는 말없이 묵묵히 혼자서 만드는 데 열중한다. 조금 후에 한샘이가 다가와 "뭐 만들어?"라고 물어보자 "우주정거장"이라고 대답한다. 한샘이가 같이 만들자고 말하자 준영이가 고개를 끄덕인다. 혼자서 만들 때와는 달리 한샘이와 언어적 상호작용을 한다. 이가 "야, 근데 이게 자꾸 움직인다. 고정시켜야겠어."라고 말하자 한샘이가 블록을 손으로 끼워서 고정을 시키려고 하나 고정되지 않는다. 두 번 더 시도해서 고정시킨다.</td><td></td></tr>
<tr><td>평가내용</td><td>• 나를 알고 존중하기-나의 감정을 알고 상황에 맞게 표현한다.
-내가 할 수 있는 것을 스스로 한다.
• 더불어 생활하기-친구와 서로 도우며 사이좋게 지낸다.
-서로 다른 감정, 생각, 행동을 존중한다.</td></tr>
<tr><td>요약 및 해석</td><td>• 준영이는 학기 초보다는 자신의 감정표현이 증가하여 상황에 맞게 표현하고, 자신이 할 수 있는 것을 스스로 한다. 그리고 함께 조립하는 등 친구와 서로 도우며 사이좋게 지내고, 친구의 감정, 생각, 행동을 존중한다.
• 한샘이는 자신의 감정을 알고 상황에 맞게 표현하고, 자신이 할 수 있는 일을 스스로 한다. 친구와 서로 도우며 사이좋게 지낸다.</td></tr>
<tr><td>지도계획</td><td>다양한 우주 정거장을 협동해서 만들 수 있는 기회를 제공하여 친구들의 감정, 생각, 행동을 존중하고 서로 도울 수 있는 기회를 제공한다.</td></tr>
</table>

PART 02

사회 · 정서발달

CHAPTER

07

자아개념

SOCIAL STUDIES FOR YOUNG CHILDREN

1. 자아개념의 정의 및 중요성

자아개념(self concept)은 개인이 자기 자신의 신체, 정신, 도덕, 인성, 가치관, 행동, 능력, 사회적 기능 등에 대해서 주관적으로 느끼고, 인식하고, 평가하는 등의 인지적이고 경험적인 현상을 의미한다(Gecas, 1982; Ling, Luo, & Zhang, 2013). 즉, 자아개념이란 학문적 성취, 신체적 특징, 개인적 능력, 특성, 가치관, 역할, 흥미, 인종 정체성, 사회적 지위 등을 포함한 자신에 대한 총체적인 지각과 판단이다(Shavelson, Hubner, & Stanton, 1976).

자아개념의 구조를 살펴보면, 자아개념은 조직적이고, 다차원적이고, 위계적인 특성을 갖는다. 자아개념은 학문적 자아와 비학문적 자아로 구성되는데, 비학문적 자아는 신체적 자아, 정서적 자아, 사회적 자아로 구성된다. 신체적 자아는 신체적 능력과 외모에 대한 개인의 판단을 의미하고, 정서적 자아는 정서적 상태를 의미한다. 사회적 자아는 다른 사람과의 어떻게 관련되는지에 대한 인식을 의미한다. 이러한 자아개념은 경험에 의해서 조직되고 구조화된다(Shavelson, Hubner, & Stanton, 1976). 자아개념의 구조를 그림으로 살펴보면 다음 [그림 7-1]과 같다.

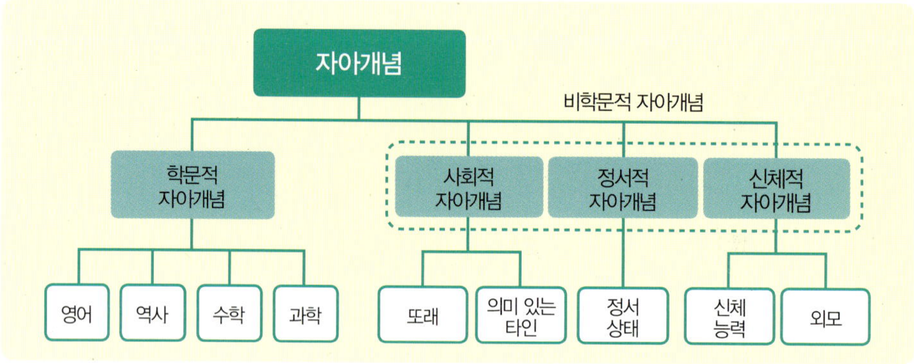

[그림 7-1] 자아개념의 구조

출처: Shavelson, R. J., Hubner, J. J., & Stanton, G. C. (1976). Self-concept: Validation of construct interpretations. *Review of Educational Research, 6*(3), 407-441.

이처럼 자아개념은 자기 자신을 알고 정의하는 방법인데, 인성을 구성하며 사회 · 정서발달의 초석이 된다(Kagen, Moore, & Bredekamp, 1995, Erdmann, 2006, 재인용). 자신을 좋아하는 유아는 일반적으로 다른 사람도 좋아하고, 자신을 싫어하는 유아는 다른 사람에게 비판적인 경향이 있다. 긍정적인 자아개념을 가진 유아는 친구나 또래를 쉽게 사귀고 교사와 쉽게 친해지나, 부정적인 자아개념을 가진 유아는 친구를 사귀기 어렵다. 긍정적인 자아개념은 가족에도 영향을 미쳐서 다른 가족을 비판하기보다 지원하고, 친밀감을 느끼고, 좋은 의사소통을 하게 하여 가정생활에 만족하게 한다(Myers-Walls, Hinkley, & Reid, 2015). 이처럼 긍정적 · 부정적 자아개념은 유아의 사회 · 정서발달과 성취 등에 영향을 주고, 이후에 지속적인 영향을 미치게 되므로 매우 중요하다(Ravid & Sullivan-Temple, 1992). 총체적 자아를 구성하기 위해서는 자아인식과 자아존중감, 그리고 자아정체성 형성의 바탕이 되는 성역할(윤경빈 · 유태순, 2006; 이현림 · 황영창, 2002)의 발달이 필요하다. 자아인식, 자아존중감, 성역할의 정의 및 중요성을 살펴보면 다음과 같다.

1) 자아인식의 정의 및 중요성

자아인식(self-awareness)은 자신의 행동을 정확하게 파악하고, 사회적 상황에 따라 적절하게 반응할 수 있는 자기능력에 대해서 판단하는 사고기술이다. 기본적 수준에서의 자아인식은 주변의 인간이나 물체, 환경으로부터 자신의 존재를 구별하고 이해할 수 있는 능력을 뜻한다(Learning Works for Kids, 2016). 즉, 자아인식은 자신의 감정, 행동, 특징을 인식할 수 있는 능력으로 인지적 · 신체적 · 정서적 자아에 대한 이해를 포함한다. '나는 누구인가? 나는 무엇을 원하는가? 나는 무엇을 생각하는가? 나는 어떻게 느끼는가?'와 같은 질문에 대한 대답에서 자아인식이 나타난다(Collins, 2016).

즉, 자신의 존재에 대한 깨달음은 자아개념을 형성하는 기초가 된다. 유아기의 '자아인식'은 이후 아동의 사회적 발달과 유능감 등에 영향을 미친다(한국심리학회, 2014). 자아인식은 자신의 감정 및 행동을 조절하고, 다른 사람과 조율하는 것에도 영향을 주기 때문에 인간발달에 있어서 중요하다(Learning Works for Kids, 2016).

2) 자아존중감의 정의 및 중요성

자아존중감(self-esteem)은 자신의 가치나 특성에 대한 전반적인 감정을 의미한다. 자아존중감은 자신의 외모, 신념, 정서, 행동 등의 가치나 특성을 긍정 · 부정적으로 평가하는 주관적인 판단의 정도이다(Cherry, 2015; Maxwell & Chmielewski, 2008). 자아존중감은 할 수 있다는 느낌과 사랑받고 있다는 느낌을 포함한다. 자신의 성취로 행복하지만, 사랑받지 못한 유아는 낮은 자아존중감을 경험할 것이고, 사랑받는다고 느끼지만 자기 능력에 대해서 자신 없는 유아도 낮은 자아존중감을 가진다(New, 2012). 따라서 건강한 자아존중감을 위해서는 성취와 사랑의 균형이 잘 유지되어야 한다.

자아존중감이 높은 유아는 새로운 일을 시도하는 데 열성적이고 높은 목표를 설정하고, 더욱 수용적이고, 문제상황이 발생했을 때에도 해결책을 찾으려고 한다.

또한 좌절을 잘 견디고 낙관적이며, 자신이나 다른 사람을 비하하지 않는다. 반면, 낮은 자아존중감을 가진 유아는 새로운 일을 시도하려고 하지 않고, 자신에 대해서 부정적으로 말한다. 그리고 실패에 대해서 인내심이 부족하여 쉽게 포기하며 과도하게 비판적인 경향이 있고, 자신에게 쉽게 실망한다. 이외에도 일시적인 문제를 참을 수 없는 상황으로 판단하고 비관적으로 생각한다. 결과적으로 낮은 자아존중감을 가진 유아는 문제나 도전을 해결하는 데 어려움을 겪고, 스트레스를 받거나 정신적인 문제 상황에 놓일 수 있다(Maxwell & Chmielewski, 2008; New, 2012).

3) 성역할의 정의 및 중요성

성역할이란 성별에 따라서 사회적으로 적절하다고 생각되는 행동 규범을 의미한다. 즉, 남성은 남성에게 적합한 행동, 가치, 태도 등의 특성을 가지고, 여성은 여성에게 적합한 행동, 가치, 태도 등의 특성을 가지기를 기대하는 것이다.

유아기는 성역할을 배우는 시기로, 이 시기에 형성된 성역할 개념은 이후의 전 생애에 걸쳐서 성역할에 영향을 미칠 수 있으므로 매우 중요하다(정미라, 2010). 따라서 각 개인이 성장 과정을 통해서 적절한 남성적 역할 및 여성적 역할을 수용하고, 바른 성역할을 획득하여 성역할 정체감을 확립하며, 건강한 사회 구성원으로 살아갈 수 있도록 적절한 성역할 교육이 필요하다(조운주 · 최일선, 2016).

2. 자아개념의 발달

유아의 자아인식, 자아존중감, 성역할은 연령이 증가함에 따라 발달하게 된다. 자아인식, 자아존중감, 성역할의 발달을 구체적으로 살펴보면 다음과 같다.

1) 자아인식의 발달

영아는 자신의 사고와 감정을 인식할 수 있는 능력을 가지고 태어나지는 않는다. 출생 후 몇 개월 동안 영아는 자신을 일차 양육자의 부분으로 인식한다. 5개월경, 영아는 자신이 분리된 존재라는 것을 깨닫고, 그 이후 몇 달 동안 자아인식을 발달시킨다. 더 발달한 영아는 자신의 이름에 반응하고, 18개월쯤 되면 거울 속이나 사진 속의 자신을 인식할 수 있다. 이 시기의 영아는 '나', '내 것'과 같은 단어를 사용하기 시작하면서 자신에 대한 인식을 나타낸다(University of Illinois at Urbana-Champaign College of Education, 2016).

영아가 자기 모습의 변화를 인식하는지를 실험하기 위해서 영아의 코에 색칠을 한 후, 거울을 보여주는 실험을 하였다. 실험에서 영아의 반응은 개월에 따라 다르게 나타났는데, 15개월 미만의 영아는 거울에 비친 자기 모습에 관심이 없었다. 15~17개월 영아들 중 일부 영아는 거울에서 자기 코가 변한 것을 알았다. 18~24개월 영아들 중 75%는 자신의 코를 만지며 자기 코가 변한 것을 알았다(Rochat, 2003). 영유아의 거울을 통한 자기인식의 발달 수준을 구체적으로 제시하면 다음과 같다(Rochat, 2003, 조운주 · 최일선, 2016, 재인용).

- 0수준(출생 직후): 혼동(confusion)
  거울에 비친 자신을 인식하지 못하고, 환경과 혼동한다.

- 1수준(~2개월): 구별(differentiation)
  거울에 보이는 자신과 환경이 다른 것임을 안다.

- 2수준(~18개월): 상황(situation)
  거울에서 자신이 만든 움직임의 독특함을 인식한다. 자신의 동작이 거울에 비춰진 것이라는 관계성을 안다.

- 3수준(~만 3세): 동일시(identification)

  거울에 비춰진 모습이 자신이라는 것을 분명히 인식한다. 거울을 보면서 자신에 대해서 말한다.

- 4수준(~만 4~5세): 영속성(permanence)

  현재의 자신을 인식할 뿐 아니라, 다른 장소, 더 어린 시절, 다른 옷을 입었던 과거의 사진이나 동영상에서 자신을 찾아낸다.

- 5수준(~만 4~5세): 초자아 인식(meta self-awareness)

  자신뿐 아니라 다른 사람을 통해서 자신을 인식한다. 자신이 누구인지, 그리고 다른 사람이 자신을 어떻게 생각하는지를 안다.

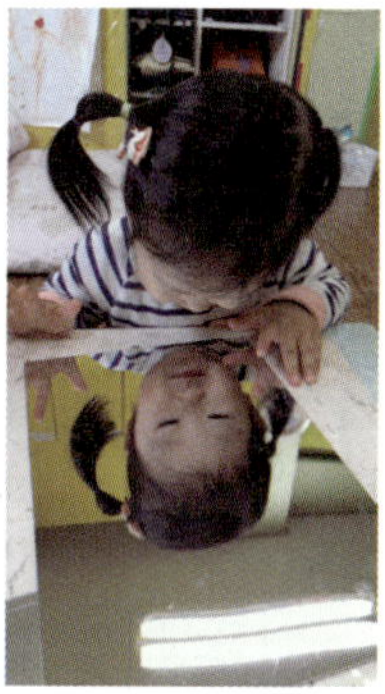

만 2세가 되면 범주적인 자아인식이 나타난다. 예를 들어, 이 시기에는 자신이 어른인지, 아이인지 혹은 남자인지, 여자인지를 구분할 수 있다. 이 시기 유아에게 유아의 사진을 보여주면 자신과 같은 성인지 아닌지 대답할 수 있다(한국심리학회, 2014; Harter, 1998). 유아기가 되면서 자아개념의 발달로 자신의 특징을 인식하고, 자신의 감정과 자신이 좋아하는 것을 인식하기 시작한다(University of Illinois at Urbana-Champaign College of Education, 2016).

자아인식이 발달한 유아들의 특성을 살펴보면, 첫째, 자신보다 어린 유아의 욕구를 인식한다(예: 길을 걷는 동안 어린 유아의 손을 잡아준다). 둘째, 자신의 행동이 다른 사람에게 어떠한 영향을 미치는지를 이해한다. 셋째, 자신의 감정을 이해하고 정확하게 설명할 수 있는 능력을 보인다. 넷째, 자기 지시("처음에는 이것을 하고 다음에 저것을 할 거야.")를 사용한다. 다섯째, 성공적으로 과업을 수행하기 위해서 자신이 무엇을 배워야 하는지를 인식한다. 여섯째, 자신의 장점과 단점을 이해한다(Learning Works for Kids, 2016).

2) 자아존중감의 발달

영유아는 다른 사람과 의사소통을 하면서 타인이 자신한테 보이는 언어나 행동을 통해서 자신을 지각하고 자신의 가치를 평가한다(Harter, 2003, 한국심리학회, 2014, 재인용). 유아의 연령별 자아존중감의 발달을 살펴보면 다음과 같다(Landy, 2012).

- 0~3개월
  - 자신과 다른 사람을 구별하기 시작한다.
  - 자신을 무엇인가 할 수 있는 존재라고 인식한다.
  - 신체 및 감각 운동이 발달한다.
- 4~8개월
  - 존재감이 발달한다.
  - 원인과 결과를 이해하기 시작한다.
  - 거울에 흥미를 갖고 미소 짓는다.
  - 거울 속 엄마의 이미지에 흥미를 갖고 인식한다.
- 9~18개월
  - 거울 속에서 자신과 다른 사람의 반응을 구별한다.
  - 다른 사람의 생각과 감정을 이해할 수 있는 능력이 발달한다.

- 자신의 성취로 자신을 평가하기 시작한다.

- 19~24개월
  - 무엇인가를 원할 때, "나", "나를", "내 거야."라는 어휘를 사용한다.
  - 자신감이 나타나고, 거울 속의 자신을 칭찬한다.
  - 사진에서 자신을 찾아내고 이름을 말한다.
  - 다른 사람에게 동정심을 보이기 시작한다.

- 2~3세
  - 자신의 이미지와 맞지 않는 것을 볼 때 당황해 한다.
  - 자신감, 부끄러움, 죄의식과 같은 정서를 느끼고 표현할 수 있으며, 남의 시선을 의식한다.
  - 자신의 행동에 대해서 말한다.
  - 할 수 없는 일에 대해서 부끄러워한다.

- 3~5세
  - 다른 사람과 행동을 비교할 수 있다.
  - 자신의 수행을 평가한다("탑을 높게 쌓았어.").
  - 잘한 것에 대해서 자부심을 보인다.

이처럼 자아존중감은 매우 어린 영아 시기부터 발달하는데, 자아존중감의 발달은 유전적 요인과 인지 구조의 발달뿐 아니라 사회적 환경에서 지원이나 거절 등의 경험을 통해서 형성된다. 양육자, 가족 구성원, 친구, 교사로부터 비판적이고 부정적인 평가를 지속적으로 받은 유아는 낮은 자아존중감을 가지며 문제를 경험한다. 즉, 유아기 동안에 다른 사람과의 사회적 상호작용 및 피드백 등 의미 있는 관계는 자아존중감 형성에서 매우 중요한 역할을 한다(Azria-Evans, 2004; Cherry, 2015). 따라서 성인이 유아에게 격려와 기쁨을 많이 표현하므로 유아의 자아존중감을 증진시킬 수 있다. 유아기에 형성된 자아존중감은 인식과 경험의 영향을 받아서 성인이 될 때까지 매일 또는 매년 계속해서 변화한다. 그러나 성인이 된 이후에는 바꾸기 어렵다(Ajilchi, Kargar, & Ghoreishi, 2013; New, 2012).

3) 성역할의 발달

성역할에 대한 이해는 어린 유아 시기에 나타난다. 어린 유아시기부터 성에 의해서 사람을 범주화할 수 있으며, 유아기와 학령기를 거치면서 계속 발달한다. 많은 어린 유아는 확고한 성 동일성을 가지고 있으나 일부 유아는 성 동일성에서 혼란을 경험한다(한국심리학회, 2014; Daitsman, 2011). 유아 중에는 남아인데 누나나 엄마처럼 옷을 입거나 아기를 낳기를 원하고, 여아인데 항상 바지를 입기를 원하는 등 양성을 모두 원하기도 한다. 이는 자신의 성을 싫어하는 것이 아니라 정체성을 탐색하는 것이므로 크게 걱정할 필요는 없다(Minnesota Association for Children's Mental Health, 2016).

인지발달 이론가인 콜버그(Kohlberg, 1976)는 성 항상성 발달에 대해 다음과 같이 설명하였다. 성 항상성은 타고난 생물학적 성적 특성이 머리 길이, 의상, 놀이 선택과 같은 외적인 것에 의해서 결정되지 않음을 아는 것이라고 하였다. 콜버그는 유아의 성 항상성(gender constancy)의 발달을 성 동일성(gender identity), 성 안정성(gender stability), 성 일관성(gender consistency)의 3수준으로 제안하였다(Bussey & Bandura, 1999, 재인용). 성 동일시는 자신이 남자인지 여자인지에 대한 감각으로 사회적으로 범주화하는 것이다. 성 동일시가 발달된 유아는 자신과 다른 사람이 소녀인지 소년인지, 여자인지 남자인지를 정확하게 인식한다. 성 안정성은 자신의 성은 시간이 지나도 변하지 않는다는 것을 이해하는 것으로, 여아는 어른이 되면 여성이 되고 남아는 어른이 되면 남성이 된다는 것을 아는 것이다. 성 일관성은 행동, 옷의 변화와 상관없이 여자는 여자이고 남자는 남자라는 것을 아는 것이다. 예를 들어, 소년이 치마를 입어도 남자라는 것을 아는 것을 의미한다(Slaby & Frey,

1975, Halim & Ruble, 2010, 재인용). 성 항상성의 연령별 발달단계를 제시하면 다음과 같다(Bussey & Bandura, 1999).

- 만 2~3세: 성 동일성(gender identity)
  - 성별을 구별해서 말한다.
  - 자신이 여자인지 남자인지 알지만, 성이 변하지 않음은 알지 못한다.

- 만 4~5세: 성 안정성(gender stability)
  - 시간이 지나도 성이 변하지 않는다는 것을 안다. 여아는 여자로, 남아는 남자로 성장한다는 것을 안다.

- 만 6~7세: 성 일관성(gender consistency)
  - 행동이나 외모 등 외적으로 변화해도 성은 변하지 않는다는 것을 안다.

성역할 발달에 영향을 미치는 원인은 크게 생물학적 요인, 인지발달, 환경적 영향으로 나눌 수 있다. 생물학자들은 성 역할은 생물학적 성의 차이의 결과라고 생각한다. 남자와 여자는 뇌가 다르게 작용하기 때문에 사고, 느낌, 행동에서 차이가 나타난다고 생각한다. 이러한 뇌의 차이는 염색체(XY, XX)와 호르몬 때문이라고 본다(Sammons, 2009). 인지발달 이론가들은 성역할의 발달을 유아의 인지발달의 결과물로 생각한다. 사회학습 이론가들은 성역할은 사회적 영향에 의해서 촉진된다고 생각한다. 환경적으로 유아는 가정, 유아교육기관, 부모, 미디어 등을 통해서 지속적으로 성 고정적인 행동 모델에 노출되고 이를 관찰하므로 성역할을 습득한다고 생각한다. 또한 성인은 유아의 성고정적인 행동에 대해서 강화 및 수용을 제공하고, 또래 및 형제와의 관계를 통해서 적절한 성역할 행동을 배운다고 생각한다(한국심리학회, 2014; Blackstone, 2003; Bussey & Bandura, 1984; Encyclopedia of Children's Health, 2016). 따라서 성역할은 개인과 환경과의 상호작용에 의해서 형성된다고 볼 수 있다.

3. 자아개념 교육

출생 후 몇 년 동안은 자아에 대한 감각과 정체성, 존중감을 발달시키는 등 자아개념 발달의 결정적인 시기이므로 적절한 교육과 지원이 필요하다(KidsMatter Australian Early Childhood Mental Health Initiative, 2014). 유아의 자아개념은 경험과 환경을 통해서 형성되고, 특히 의미 있는 사람의 강화와 평가, 자신의 행동에 대한 분석에 영향을 받는다(Shavelson & Bolue, 1982). 이처럼 유아는 성인 및 또래 등 다른 사람의 반응과 다른 사람과의 관계 형성을 통해서 자아개념을 형성하므로 긍정적인 자아개념을 형성하기 위해서는 유아 자신을 중요한 존재로 인식하도록 부모와 교사의 수용적이고 긍정적인 반응이 중요하다(Louisiana Department of Education, 2014). 유아의 자아개념을 교육하기 위한 표준 및 누리과정, 유아행동, 교육과정 운영, 환경구성 및 교사지원 등을 제시하면 다음과 같다.

1) 표준 및 누리과정에 기초한 유아행동 이해

유아가 긍정적인 자아개념을 형성하도록 지원하기 위해서는 표준 및 2019 개정 누리과정과 유아의 행동특성을 이해하는 것이 필요하다. 유아의 자아개념 형성을 위한 표준 및 2019 개정 누리과정 내용, 유아의 자기이해 및 존중에 대한 행동특성을 제시하면 다음 〈표 7-1〉과 같다(교육부 · 보건복지부, 2019; 조운주, 2015; Illinois State Board of Education, 2013; Nevada State Board of Education, 2010; Office of Child Development and Early Learning, 2014b).

〈표 7-1〉 자아개념 표준 및 누리과정, 유아행동

표준 및 지표			누리과정		유아행동
표준	연령별 지표		내용범주	내용	
1.1 자기 자신을 이해한다	3세	자신의 다양한 특성(모습, 이름, 성별, 연령, 자신의 물건, 좋아하는 것, 잘하는 것 등)을 앎	나를 알고 존중하기	나를 알고, 소중히 여긴다.	• 자신의 이름, 나이, 소유물을 말한다("내 이름은 ○○○야. 나는 ○살이야. 이건 내 거야."). • 신체적 특징을 설명하는 것에 흥미를 보인다("내 눈 커."). • 자유선택활동에서 특정 흥미영역이나 놀잇감을 자주 가지고 논다. • 자신이 선호하는 것을 말한다("나는 연두색 컵을 갖고 싶어."). • 소유개념을 이해하기 시작한다("이건 네 거야.").
	4세	자신의 다양한 특성(모습, 이름, 성별, 연령, 자신의 물건, 좋아하는 것, 잘하는 것 등)을 알고, 집단 구성원으로의 자신의 역할을 알고 실천함			• 자신의 특징을 말한다("내 머리는 진짜 길어."). • 자신의 소속을 말한다("나는 ○○유치원에 다녀."). • 자신의 역할을 이해한다("내가 블록 정리할게."). • 특정 유아와 주로 놀이한다. • 자신의 선호를 말한다("나는 ○○을 좋아해", "나는 ○○와 놀기 싫어.").
	5세				• 자신의 역할을 구체적으로 이해한다("나는 동생하고 놀아주어야 해."). • 여러 가지 행동이나 신체 특징을 사용하여 자신을 설명한다("나는 힘이 세서 무거운 것도 들 수 있어.").
1.2 자기 자신을 존중한다	3세	자신감을 표현하고, 스스로 놀이에 참여함	나를 알고 존중하기	내가 할 수 있는 것을 스스로 한다.	• 화장실 가기, 손 씻기, 옷 입기 등을 스스로 한다. • 활동에 스스로 참여한다. • 완성했을 때 성인이나 또래에게 보여준다("이거 봐.").
	4세	자신감을 표현하고, 스스로 놀이를 계획하고 실행하며 즐김			• 화장실 가기, 손 씻기, 옷 입기, 우유 따르기 등을 스스로 한다. • 활동을 독립적으로 선택하고 아이디어를 표현한다. • 행동이나 성취에 대해서 말하거나 표현한다. • 실패한 후에 다시 활동을 시작한다.
	5세				• 스스로 자기를 돌본다. • 활동시간에 놀이를 독립적으로 선택하고 참여한다. • 성공적인 프로젝트(예: 블록으로 마을 구성 완성)를 다른 사람에게 이야기한다.

2) 교육과정 운영

유아가 자신의 외모, 성별, 물건에 대한 관심이 증가하고, 자신을 자랑스럽게 또는 부끄럽게 생각하고, 스스로 무엇인가를 하려고 할 때, 표준 및 2019 개정 누리과정 내용에 기초하여 자아개념에 대한 교육을 실시한다. 자아개념을 증진시키기 위한 연령별 교육과정 운영은 다음 〈표 7-2〉와 같다.

〈표 7-2〉 자아개념 교육을 위한 교육과정 운영

표준	누리과정 내용		연령	놀이 및 대소집단 활동
	내용 범주	내용		
1.1 자기 자신을 이해한다.	나를 알고 존중하기	나를 알고, 소중히 여긴다.	3세	• 동화: 내 귀는 짝짝이 • 자기 소개하기: 나의 모습, 이름, 성별, 연령, 자기 물건, 좋아하는 것, 잘하는 것 • 미술: 내 모습 표현하기(나 콜라주, 초상화 등)
			4세	• 동화: 민수야 힘내/윌리엄의 인형 • 미술: 자기소개 카드 만들기
			5세	• 동화: 내 짝궁 최영대/반쪽이 • 미술: 자기소개 책 만들기 • 방송국 역할놀이: 자기 소개하기
1.2 자기 자신을 존중한다.		내가 할 수 있는 것을 스스로 한다.	3세	• 동화: 강아지 똥 • 자유놀이 선택 및 참여: 하고 싶은 놀이
			4세	• 동화: 꿈꾸는 작은 오리/휘파람을 불어요/종이봉지 공주 • 게임: 내가 할 수 있는 일 빙고
			5세	• 동화: 대포알 심프/구룬파 유치원/발레리나 벨린다 • 게임: 정리하기 게임

유아의 자아개념을 증진시키기 위해서는 놀이를 관찰하고 2019 개정 누리과정에 기초하여 놀이를 분석한 다음, 놀이를 지원하고 확장해주는 것이 효과적이다. 유아의 자아개념 증진을 위한 놀이관찰 및 놀이분석, 놀이지원의 예를 제시하면 다음과 같다.

<table>
<tr><th colspan="2">유아의 자아개념 교육을 위한 놀이지원</th></tr>
<tr><td>유아
놀이
관찰</td><td>• 관찰유아: 은서, 윤아, 지희(만 4세)
• 관찰날짜: 2019. 6. 3.(월)
• 관찰장면: 자유놀이(역할놀이)

은서와 윤아, 지희가 역할놀이 영역에서 놀이를 한다. 윤아가 장난감 카메라를 가지고 은서와 지희에게 보여 주며 "이거 봐 봐, 내가 찍은 거다~" 하며 자랑을 한다. 은서와 지희는 "잘 찍었다!" 하고 칭찬을 한다. 은서가 윤아가 찍은 사진들을 보고는 "윤아야, 이거 간호사 선생님 찍은 거야?"라고 물어본다. 윤아는 "응, 나 아까 간호사 선생님 찍었어."라고 한다. 은서는 "나도 사진 찍고 싶다. 근데 나는 잘 못 찍어."라고 말한다. 윤아는 장난감 사진기로 장난감들과 지희의 모습을 찍는다. 은서는 옆에 있던 지희에게 "지희야, 우리 뭐 하고 놀까?</td></tr>
<tr><td rowspan="2">유아
놀이
분석</td><td>• 누리과정 내용: 나를 알고 존중하기 – 나를 알고, 소중히 여긴다.
내가 할 수 있는 것을 스스로 한다.</td></tr>
<tr><td>• 윤아는 자신을 소중히 여기고, 자신의 감정을 알고 상황에 맞게 표현한다.
• 은서는 자신이 부족하고 생각하고, 스스로 하기보다는 친구에게 의존하나, 자신의 감정을 알고 상황에 맞게 표현한다.
• 지희는 자신의 감정을 알고 상황에 맞게 표현하고, 할 수 있는 것을 스스로 한다.
• 교사는 사진 찍기에 관심을 보이거나 사진찍기에 자신감이 부족한 유아에게 사진찍기 놀이, 사진관 놀이, 다양한 직업 놀이로 확장시켜서 자신에 대한 긍정적인 존중감을 갖도록 지원한다.</td></tr>
<tr><td>놀이
주제</td><td>사진찍기 및 사진관</td></tr>
<tr><td>유아
놀이
지원</td><td>• 상호작용
– 사진 찍은 것을 칭찬한다.
– 사진을 어떻게 찍는지 모르는 유아에게 사진 찍는 방법을 알려준다.
– 사진관에 가 본 경험을 물어본다.
– 사진사와 손님의 역할을 소개하여 사진관 놀이를 활성화시킨다.</td></tr>
</table>

<table>
<tr><th colspan="2">유아의 자아개념 교육을 위한 놀이지원</th></tr>
<tr><td>유아 놀이 지원</td><td>• 공간 및 놀이자료 지원
– 역할놀이 영역에 사진을 찍을 수 있는 기기(유아용 디지털카메라, 폴라로이드 카메라 등), 찍은 사진을 출력할 수 있는 기기(프린터, 포토 프린터) 등을 제공한다.
– 사진관을 꾸미는 데 필요한 놀이자료(삼각대, 빗, 거울, 배경판, 간판, 가격표 등)를 제공한다.
– 사진을 찍을 때, 사용할 놀이소품(의상, 가발, 머리띠, 모자 등)을 제공한다.
– 사진관 관련 사진을 제공한다.
– 찍은 사진을 전시할 공간을 제공한다.

• 활동: 『자기소개 카드 만들기』
– 유아가 어른이 되어서 하고 싶은 일을 생각해 보게 한다.
– 사진관에서 찍은 사진을 활용하여 자기소개 카드를 만든다.
– QR코드를 활용하여 디지털 명함을 만들어 볼 수 있다.

• 확장 및 유의점
– 자기소개 카드의 다양한 직업을 역할놀이로 확장할 수 있다.
– 연계 활동으로 관련 동화 『내가 잘하는 건 뭘까?』(유진, 2021), 『발레리나 벨린다』(에이미 영, 느림보) 등을 들려줄 수 있다.</td></tr>
</table>

3) 환경구성 및 교사지원

유아의 정확한 자아인식 형성, 자아존중감 발달, 성역할 습득을 위해서는 성인의 지원이 필요하다. 3~5세 유아의 자아개념을 교육하기 위한 환경구성 및 교사지원은 다음과 같다(DeBord, 2001; New, 2012).

(1) 환경구성

- 전신 거울 제공하기
- 외모, 능력, 역할에 대한 동화 제공하기
- 유아의 눈높이에 작품 전시하기

- 좋아하는 장난감과 새로운 놀잇감 제공하기
- 유아 스스로 할 수 있는 자료 제공하기

(2) 교사지원

- 유아 이름 불러주고, 개인적 특성 묻기
  "여자야 남자야?", "몇 살이야?", "어떤 놀이를 좋아해?", "어떤 친구가 좋아?" 등과 같이 유아의 개인적인 특성에 대해서 질문한다.

- 긍정적인 모델 제공하기
  교사 자신이 지나치게 엄격하지 않고, 긍정적이며, 성에 대한 편견을 갖지 않는 모델을 제공한다.

- 유아 이야기 들어주기
  유아가 자신의 생각이나 의견을 이야기할 때 주의를 집중하여 들어주고 반응해준다.

- 인정 · 칭찬하기
  "열심히 그림을 그렸구나.", "정말 ○○처럼 잘 그렸다."와 같이 유아의 노력과 성취를 솔직하게 인정해준다.

- 건설적인 경험에 참여시키기
  친숙하거나 새로운 경험이 결합된 놀이를 제공하고, 새로운 놀이 시도를 격려하고, 협력을 증진시키는 기회를 제공한다.

- 유아 존중 및 자기주도적 기회 제공하기
  유아의 의견을 묻고, 유아 스스로 의사결정을 할 수 있는 기회(놀이 선택, 놀이 계획, 규칙 만들기(5세) 등)를 제공한다.

- 현실적인 기준으로 유아 평가하기
  유아가 자신에 대해 불합리한 믿음을 갖는 경우, 객관적인 방법으로 유아를 격려한다.

- 마음에서 우러난 애정 보이기
  교사의 사랑은 유아의 자아존중감을 증진시키는 데 도움이 되므로 유아가 노력하는 모습을 보였을 때, 안아주고 자랑스럽다고 말한다.

- 긍정적이고 정확한 피드백 제공하기
  피드백은 옳은 선택을 하고 문제를 해결하도록 도우므로 긍정적이고 정확한 피드백을 제공한다.

- 안전하고 사랑스러운 환경 만들기
  스트레스를 받는 시간에 함께 있고 안정감을 느끼게 한다.

- 다양한 놀잇감과 활동 제공하기
  남아와 여아 모두가 선호할 수 있는 다양한 놀잇감을 제공하고, 남아와 여아가 함께 다양한 경험을 할 수 있는 기회를 제공한다.

CHAPTER

08

정 서

SOCIAL STUDIES FOR YOUNG CHILDREN

1. 정서의 정의 및 중요성

정서는 사람의 마음에 생기는 분노, 부끄러움, 좌절 등과 같은 다양한 감정 또는 이러한 감정을 생기게 하는 기분 또는 분위기 등의 정서 상태를 의미한다(국립국어원, 2015; Kowalczyk, 2015). 정서는 중요한 일과 관련하여 발생하는 행동 · 경험 · 심리적 반응이 결합된 경향성이다(Gross, 2012). 정서발달은 정서가 어떻게, 왜 나타나는지를 이해하고, 정서가 무엇인지를 배우고, 자신과 다른 사람의 정서를 이해하고, 정서를 조절하는 효과적인 방법을 발달시키는 것 등을 포함한다. 즉, 정서발달은 정서표현, 정서이해, 정서조절의 3가지 측면을 포함하는 정서역량(emotional competence)의 발달 과정이다.

정서발달은 영아기에 시작하여 성인기까지 지속되는 중요한 과업이다(Australian Primary School Mental Health Initiative, 2012). 유아도 성인과 마찬가지로 화가 나고, 슬프고, 좌절하고, 예민하고, 행복하고, 당황해 한다. 이 중에서 긍정적 정서는 다중 지능, 대인관계, 생리적 유익함과 관련이 있으며, 효과적인 의사결정을 촉진하는 방법으로 인지적 융통성을 증진시킨다(Diamond & Aspinwall, 2003).

또한 이처럼 중요한 정서표현, 정서이해, 정서조절과 같은 정서역량을 더 많이 가지고 있는 유아는 유아교육기관에서뿐 아니라 성인이 되었을 때 사회생활에 더 잘 적응할 수 있다(Moor, Cooper, Domitrovich, Morgan, Cleveland, Shah, Jacobson, & Greenberg, 2015). 정서표현, 정서이해, 정서조절의 정의 및 중요성을 구체적으로 살펴보면 다음과 같다.

1) 정서표현의 정의 및 중요성

정서표현은 경험한 정서를 표출하는 것으로, 언어, 얼굴 표정, 행동 등 다양한 방식으로 표출할 수 있다(한국교육심리학회, 2000). 이러한 정서표현은 운동행동, 심리, 인지의 변화를 유도하는 짧은 지속성을 갖는 의도적인 상태이다(Hess & Thibault, 2009).

유아는 연령이 증가하면서 사회적 상황에서 자신의 다양한 정서를 비언어적인 메시지(포옹하다, 샐쭉하다)로 표현한다. 정서적 표현이 풍부한 유아는 과업을 지속적으로 수행하고, 감정이입과 친사회적 행동에 참여하며, 다양한 맥락에서 적절하게 정서를 표현한다(Lewis, 2011). 자신이 경험한 정서를 언어적 · 비언어적 방식으로 표현하는 정서표현은 타인과의 의사소통에서 중요한 기능을 한다(Darwin, 1872, 1965, Hess & Thibault, 2009, 재인용). 또한 유아의 긍정적인 정서표현은 정신적 위험 요소를 감소시키고, 유아교육기관에서의 적응과 성공, 또래 및 성인과의 관계형성에 긍정적인 영향을 미치기 때문에 중요하다(Herndon, Bailey, Shewark, Denham, & Bassett, 2013).

2) 정서이해의 정의 및 중요성

정서이해는 정서의 원인과 결과를 이해할 수 있는 능력이고, 자신과 다른 사람의 정서적 경험에 적절히 반응하기 위해서 정보를 사용하는 능력을 의미한다(Shipman

& Zeman, 1999). 즉, 정서이해는 자신과 다른 사람의 정서 상태를 파악하고, 정서를 언어로 적절하게 표현할 수 있는 능력이다. 정서이해는 정서인지라고도 하는데, 다른 사람의 얼굴 표정이나 일반적인 상황에서 정서를 이해할 수 있는 능력이다(Bosacki & Moore, 2004).

인지가 발달하면서 자신과 다른 사람의 정서와 정서가 생긴 상황을 인식하는데, 이러한 정서적 이해는 힘든 상황을 극복하기 위해서 자신의 정서를 모니터하고 수정하게 한다(Lewis, 2011). 정서이해는 정서역량의 중요한 요소로 유아가 친구의 표정이나 정서를 이해하고 친구의 정서에 친사회적으로 반응할 수 있게 한다(Denham, Blair, DeMulder, Levitas, Sawyer, Auerbach-Major, & Queenan, 2003). 즉, 정서이해는 자신과 다른 사람의 감정을 이해하게 하고, 사회적 상호작용을 유도하여 긍정적 관계를 형성하며, 죄의식과 긍정적 정서표현과 같은 친사회적 행동을 제공하기 때문에 중요하다. 따라서 유아는 또래, 교사 및 부모와의 상호작용을 통해서 자신과 다른 사람의 감정에 대해서 인식하고, 자신을 효율적으로 표현하는 능력을 발달시키고, 자신의 감정과 다른 사람의 감정에 대해 배우는 것이 중요하다(Arizona Department of Education, 2013; Louisiana Department of Education, 2014).

3) 정서조절의 정의 및 중요성

정서조절은 환경의 자극에 대해서 조절된 정서로 반응할 수 있는 개인의 능력을 의미한다. 정서조절은 주어진 상황에서 정서적으로 적절하게 반응할 수 있는 수준 및 범위를 말한다(Mills & McCarroll, 2012). 정서조절은 정서적 행동을 모니터링하고, 평가하고, 수정하기 위한 내·외적 과정으로, 정서, 인지, 행동과 상호관계가 있다(Volling, McElwain, & Miller, 2002). 정서조절은 정서에 대한 의식적·무의식적 조절을 포함하는데, 의식적 조절은 자신의 정서를 조절하기 위한 적극적인 사고과정 또는 행동의 실천이고, 무의식적 조절은 기질과 같이 자신이 통제하지 않은 사고와 행동을 말한다(Kowalczyk, 2015).

정서조절은 유아의 자기조절 기술, 탄력성, 자아개념, 정신적인 건강과 안녕을 위해서 중요하다(KidsMatter Australian Early Childhood Mental Health Initiative, 2012). 또한 유아의 정서조절은 사회적 능력에 영향을 미치며, 학교 적응과도 관련성이 있다(임은정 · 김수영, 2011; Herndon et al., 2013). 즉, 정서조절은 또래의 선호도와 사회적 역량을 판단하는 기준이 된다(California Department of Education, 2016). 이처럼 유아의 정서적 행복 및 사회적 역량을 위해서 정서조절 기술을 발달시키는 것이 중요하므로 유아가 정서와 행동을 적절히 조절하는 것을 배우도록 성인의 체계적인 지도와 지원이 필요하다.

2. 정서의 발달

정서발달은 사회 · 인지발달과의 복잡한 상호작용에 의해서 나타난다(Wilson & Wilson, 2015). 또한 유아가 사회화되는 방식, 안락함을 주는 물건의 유무 등 상호작용 맥락에 따라서 다르게 발달한다. 즉, 정서발달은 유아의 사회 · 인지적 발달과 유아가 성장하는 환경과 문화의 영향을 받는다고 볼 수 있다(Lewis, 2011). 정서표현, 정서이해, 정서조절의 발달을 구체적으로 살펴보면 다음과 같다.

1) 정서표현의 발달

정서는 모두 동시에 나타나지는 않는다. 일차적인 정서(두려움, 분노, 슬픔, 흥미, 기쁨)는 만 1세 동안에 나타난다. 영아도 편안한, 경계하는, 주의를 집중하는, 인상을 쓰는, 자신을 조절하는 등의 정서적 표정을 짓는다. 즐거움의 표현인 미소와 웃음은 대부분 학습된 정서로 친사회적 행동의 기초가 된다. 사회적 미소는 12~14주에 최고조에 달한다. 즐거움의 표현은 16주에 급격히 증가한다. 웃기와 즐거움은 일반적으로 5개월에 나타난다. 숙달에 의한 즐거움은 5개월 이후 나타난다. 고통스러운 자극은 부정적인 정서를 유발하는데, 고통에 의한 표현은 연령에 따라서 많이 변화하지는 않으나 나이가 들수록 복잡하게 반응한다. 혐오에 대한 반응은 태내에서 학습된 반응이다. 분노와 슬픔, 울기의 정서도 영아에게서 일반적으로 나타난다. 그러나 놀라움이나 두려움의 정서는 어린 영아에게서 자주 나타나지는 않는다(Sullivan & Lewis, 2013).

이차적인 정서(쑥스러움, 죄의식, 부끄러움)는 대부분 만 2세 말경에 나타난다. 2세경에 획득되는 자신에 대한 정신적 표상은 부끄러움과 같이 다른 사람의 시선을 의식하는 정서의 기초를 형성하다(Lewis, 2011). 즉, 영아에게 나타나는 첫 번째 정서는 즐거움, 분노, 슬픔, 두려움 등인데, 자아개념이 발달하면서 부끄러움, 놀라움, 기뻐함, 당황함, 창피함, 죄의식, 자신감, 공감과 같은 더욱 복잡한 정서가 발달하기 시작한다(Australian Primary School Mental Health Initiative, 2012). 만 3~5세 유아는 '슬퍼.', '기뻐.', '미치겠어.', '좋아.'와 같이 각기 다른 광범위한 정서를 적절히 표현할 수 있다(Seefeldt & Wasik, 2006).

2) 정서이해의 발달

영아는 주로 신체적인 반응과 행동으로 정서를 표현하지만, 유아가 되면 정서를 인식할 수 있는 능력이 발달한다. 유아는 자신의 정서를 인식하면서 다른 사람의 정서를 보다 더 잘 이해할 수 있다(Australian Primary School Mental Health Initiative, 2012). 만 2~4세가 되면 유아의 정서는 복잡해지고, 정서를 정확하게 명명하고, 자신의 욕구를 충족시키기 위해서 언어로 정서를 표현할 수 있다. 대화에서 정서와 관련된 단어를 이해할 뿐 아니라 정서와 관련된 상황을 이해하기 시작한다(Bosacki & Moore, 2004). 만 3~4세가 되면 유아는 상황에 따른 자신과 다른 사람의 감정을 분명하게 설명할 수 있다. 유아기 동안 정서이해는 놀라운 발달이 이루어져서 정서적 언어를 습득하고, 상징놀이에서 정서를 사용하며, 다른 사람의 정서를 바르게 평가한다(Laible & Thompson, 1998). 만 3~5세가 되면 유아는 인지가 발달함에 따라 기본적인 정서를 표현하고 이해하는 등 정서에 대한 이해와 지식이 증가한다(이승은, 2010). 만 3~5세 유아의 정서이해의 발달을 구체적으로 살펴보면 다음과 같다(Lane, Wellman, Olson, LaBounty, & Kerr, 2010).

- 3세
  - 다른 사람의 표정을 보고 기본적인 정서(예: 행복, 슬픔, 화남, 무서움)를 인식한다.
  - 다른 사람의 정서가 발생하는 상황(예: 생일 파티는 행복하게 만든다)을 이해한다.
  - 사람들은 다른 욕구를 가진다는 것을 이해한다.
  - 나와 다른 사람은 같은 상황에서 다른 정서를 경험할 수 있다는 복잡한 정서이해가 나타난다.
  - 사람마다 다른 신념을 가진다는 것을 이해한다.

- 4세
  - 사람들은 잘못된 신념을 가질 수 있다는 것을 이해한다.

- 5세
  - 외현적 정서와 내현적 정서를 구분하여 밖으로 표출되는 정서와 실제 내적 정서는 다를 수 있음을 이해한다.

3) 정서조절의 발달

정서조절은 자아인식을 기초로 발달한다. 자기 자신의 충동을 억제하고 사회적으로 승인된 행동을 할 수 있는 능력을 가진 존재로 인식하기 시작하면서 정서조절이 발달한다(Tanyel, 2009). 정서조절은 만족, 좌절과도 관련이 있어서 만족과 기쁨을 지연시키고, 좌절을 견디는 유아의 능력이 증진되면서 발달한다(Wilson & Wilson, 2015). 또한 정서조절은 자신의 정서와 다른 사람의 정서를 명명하고 표현하는 언어능력이 향상됨에 따라 발달한다(Lipsett, 2011).

영아기의 정서조절은 엄마–영아의 관계에서 시작한다. 영아는 엄마와의 상호작용을 통해서 긍정적 정서나 부정적 정서를 어떻게 조절하는지를 배운다. 부모가 영아의 부적절한 정서를 무시할 때, 영아는 정서조절을 배우고 점차 성장하면서 정서조절 능력을 내면화하게 된다. 이처럼 영아의 정서조절은 부모, 교사 등 성인과의 상호작용에 영향을 받는다(Bradley, Atkinson, Tomasino, & Rees, 2009; Diamond & Aspinwall, 2003). 만 3~4세 유아는 다른 사람의 정서를 이해하기 시작하나, 아직 정서를 적절히 조절하고 설명하는 데에는 어려움이 있고, 정서와 행동을 분리시키지 못한다. 만 5세가 되면서 점차 정서의 내면화와 조절이 증가한다. 인지와 언어가 발달하면서 유아는 자기 정서를 자제하고, 자신과 다른 사람의 정서를 언어로 표현할 수 있다. 그러나 유아는 만족을 지연시키고 충동을 조절하는 것이 어렵기 때문에 갈등을 해결하기 위해서 말로 협상하기보다는 여전히 신체적인 수단을 사용하는 경우가 많다. 또한 유아기 정서는 상황에 따라 쉽게 변한다(Seefeldt & Wasik, 2006). 영유아의 정서조절의 발달(Saarni, 2011; Seefeldt & Wasik, 2006)을 구체적으로 제시하면 다음과 같다.

- 영아(0~12개월)
  - 생리적 반응에 의해서 정서조절이 나타난다.
  - 좋거나 나쁜 자극에 대해서 선호 또는 회피 반응을 보인다.

- 분노나 슬픈 정서에 대해 자신을 달래고 조절하는 것을 배운다(3개월 영아는 손을 빠는 등으로 자신을 달랜다).
- 스트레스에 대한 정서 반응을 보이고, 성인의 지원에 의존한다.
- 1세 영아는 정서 자극에 융통성 있게 반응하지만, 두려움을 조절하는 데 어려움이 있어 성인의 위로와 관심을 원한다.

- 걸음마기(12개월~만 2세)
  - 자신의 정서 반응을 인식하기 시작한다.
  - 자율성 및 탐색 욕구가 제한되면 짜증을 보인다.
  - 12개월~걸음마기 영아는 부정적인 자극을 감소시키기 위해서 자기 몸을 흔들거나, 물건을 씹거나, 물건을 치우는 등의 전략을 사용하기 시작한다.
  - 걸음마기 영아는 양육자로부터 정서 및 행동조절 방법(예: 불쾌한 사건에서 주의 돌리기, 놀라운 사건 이해하기)을 배운다.
  - 2세 영아는 뇌, 운동기술의 발달로 정서 반응과 흥분에 대한 효과적인 조절 전략을 사용한다.

- 만 3세
  - 화나고 짜증 나고 기쁠 때의 정서를 몸으로 과격하게 자주 표현한다.
  - 여러 가지 공포심을 갖기 시작한다(예: 깜깜한 것에 대한 공포).
  - 양육자와의 격리불안이 나타나고 스트레스 원인이 될 수 있다.

- 만 4세
  - 과격한 정서표현이 주위 사람에게 영향을 줄 수 있음을 이해하기 시작한다.
  - 다른 사람의 감정을 이해하기 시작한다.
  - 유머감각이 발달하여 농담을 이해하기 시작하고, 다른 사람을 즐겁게 하려고 웃는다.
  - 격리불안이 오래 지속되지 않는다.

- 만 5세
  - 정서를 조절하기 시작하고, 수용되는 방법(예: 말)으로 표현한다.
  - 자신의 감정과 행동을 분리시킨다.
  - 자신의 욕구를 지연시키기 시작하고, 차례를 지키고, 다른 사람이 말할 때 듣는다.
  - 수용되는 행동을 내면화하고, 해서는 안 되는 일은 수용한다.
  - 실망, 분노, 호기심 등을 자제하는 것을 배운다.
  - 행동으로 하는 정서표현은 감소하고 언어로 정서표현을 한다.
  - 울음을 참을 수 있어서 덜 자주 운다.
  - 자신의 내면 정서를 다른 정서로 바꾸어 표현하는 표현규범 능력이 발달한다(예: 자신이 받은 선물이 마음에 들지 않지만, 상대방 기분을 좋게 하기 위해서 기쁘다고 말한다).

3. 정서 교육

유아가 자신의 정서를 이해하고 적절히 표현하고 조절하기 위해서는 성인의 교육과 지원이 필요하다. 따라서 부모와 교사는 유아가 정서를 이해하고, 정서 및 행동 조절 기술을 발달시키는 데 중요한 역할을 해야 한다. 유아의 정서표현과 이해, 조절을 교육하기 위한 표준 및 누리과정, 유아행동, 교육과정 운영, 환경구성 및 교사 지원 등을 제시하면 다음과 같다.

1) 표준 및 누리과정에 기초한 유아행동 이해

유아의 긍정적인 정서표현, 정서이해, 정서조절을 지원하기 위해서는 표준 및 2019 개정 누리과정과 유아들의 정서적 행동 특성을 이해하는 것이 필요하다. 유아의 정서 교육을 위한 표준 및 2019 개정 누리과정, 유아행동 특성을 제시하면 다음 〈표 8-1〉과 같다(교육부 · 보건복지부, 2019; 조운주, 2015; Illinois State Board of Education, 2013; Office of Child Development and Early Learning, 2014b; Pennsylvania Department of Education, 2014).

〈표 8-1〉 정서 표준 및 누리과정, 유아행동

<table>
<tr><th colspan="3">표준 및 지표</th><th colspan="2">누리과정</th><th rowspan="2">유아행동</th></tr>
<tr><th>표준</th><th colspan="2">연령별 지표</th><th>내용범주</th><th>내용</th></tr>
<tr><td rowspan="3">2.1
자신 및 다른 사람의 정서를 이해한다.</td><td>3세</td><td>자신과 다른 사람의 기본적 정서(기쁨, 슬픔, 화남 등)를 알고 반응함</td><td rowspan="3">더불어 생활하기</td><td rowspan="3">서로다른 감정, 생각 행동을 존중한다.</td><td>• 자신의 정서 상태를 말한다("나 슬퍼요.").
• 언어를 사용하여 자신과 다른 사람의 정서(기쁨, 좌절, 화, 분노 등)를 말한다("선생님 망가져서 화나요.", "ㅇㅇ가 울어요.").</td></tr>
<tr><td>4세</td><td rowspan="2">자신과 다른 사람의 다양한 정서(기쁨, 슬픔, 화남, 좌절, 분노 등)를 알고 적절히 반응함</td><td>• 자신의 정서를 언어로 표현한다("친구가 때려서 화나요.").
• 활동 후 기분을 물어보면 말한다("재미있어요.").
• 다른 친구의 기쁨, 슬픔, 분노 등의 정서를 말한다("선생님 ㅇㅇ가 싸워서 울어요.").</td></tr>
<tr><td>5세</td><td>• 자신과 친구의 복잡한 정서를 이해는 말과 행동을 한다("내가 만든 비행기가 ㅇㅇ 것과 부딪혀서 망가졌어요. 이거 힘들게 만들었는데, ㅇㅇ도 속상할 거예요.").</td></tr>
</table>

<table>
<tr><th colspan="3">표준 및 지표</th><th colspan="2">누리과정</th><th rowspan="2">유아행동</th></tr>
<tr><th>표준</th><th colspan="2">연령별 지표</th><th>내용범주</th><th>내용</th></tr>
<tr><td rowspan="3">2.2 자신의 정서를 적절히 표현한다.</td><td>3세</td><td>기본적인 정서(기쁨, 슬픔, 화남 등)를 행동과 말로 표현함</td><td rowspan="6">나를 알고 존중하기</td><td rowspan="6">나의감정을 알고 상황에 맞게 표현한다.</td><td>• 화가 나는 경우 울거나 말로 표현한다("너 때문에 무너졌어."라고 말한다).</td></tr>
<tr><td>4세</td><td rowspan="2">다양한 정서(기쁨, 슬픔, 화남, 좌절, 분노 등)를 수용되는 행동과 말로 표현함</td><td>• "재미있겠다, 무서워, 화났어, 깜짝 놀랐어." 와 같은 표현을 한다.
• 친구와 교사에게 애정을 표현한다.</td></tr>
<tr><td>5세</td><td>• 기분이 좋고, 나쁘고, 슬프고, 화가 나는 경우에 적절한 표현을 한다(좋아하는 친구에게 그림 편지에 하트그림을 표현한다).</td></tr>
<tr><td rowspan="3">2.3 자신의 정서 및 행동을 조절한다.</td><td>3세</td><td>성인이 설정한 한계를 수용하고, 정서와 행동을 조절함</td><td>• 친구가 자신의 것을 가져갔을 때, 교사에게 "선생님 ㅇㅇ가 ㅇㅇㅇ 가져갔어요."라고 말한다.</td></tr>
<tr><td>4세</td><td rowspan="2">정서와 행동을 스스로 조절하고, 적절히 반응함</td><td>• 발표나 다른 장소로 이동할 때, 교사가 자기 이름을 부르지 않아도 기다린다.
• 좌절 시 울거나 분노를 표현하지 않고 감정을 말한다.</td></tr>
<tr><td>5세</td><td>• 발표나 다른 장소로 이동할 때, 교사가 자기 이름을 부르지 않아도 침착하게 기다린다.
• 좌절 시 울거나 분노를 표현하지 않고, 자기 감정과 상황을 말한다.</td></tr>
</table>

2) 교육과정 운영

정서 교육은 유아들이 자신의 정서를 말이나 행동으로 표현하고, 다른 사람의 정서에 반응하는 등의 행동이 나타날 때, 표준 및 2019 개정 누리과정 내용에 기초하여 실시한다. 유아의 정서 교육을 위한 연령별 교육과정 운영은 다음 〈표 8-2〉와 같다.

〈표 8-2〉 정서 교육을 위한 교육과정 운영

표준	누리과정 내용		연령	놀이 및 대소집단 활동
	내용 범주	내용		
2.1 자신 및 다른 사람의 정서를 이해한다.	더불어 생활 하기	서로 다른 감정, 생각, 행동을 존중한다.	3세	• 동화: 소피가 화나면, 정말 정말 화나면/어떡하지? • 동작: 친구 감정 따라 하기
			4세	• 동화: 겁쟁이 빌리/심심해서 그랬어 • 게임: 표정 맞추기
			5세	• 동화: 부루퉁한 스핑키 • 미술: 친구 위로 편지쓰기
2.2 자신의 정서를 적절히 표현한다.	나를 알고 존중 하기	나의 감정을 알고 상황에 맞게 표현한다.	3세	• 미술: 감정 표현(핑거 페인팅, 종이 찢기) • 게임: 그대로 멈춰라 • 동극: 소피가화 나면 정말 정말 화나면
			4세	• 미술: 감정 막대 만들기 • 게임: 정지·출발 게임 • 동극: 겁쟁이 빌리
2.3 자신의 정서 및 행동을 조절한다.			5세	• 미술: 감정 그래프 그리기 • 게임: 무궁화 꽃이 피었습니다. • 동극: 부루퉁한 스핑키

정서 교육을 위해서는 유아의 행동 및 놀이를 관찰하고 2019 개정 누리과정에 기초하여 분석한 다음, 행동 및 놀이를 지원하고 확장시켜주는 것이 효과적이다. 유아의 정서 교육을 위한 놀이관찰 및 놀이분석, 놀이지원의 예를 제시하면 다음과 같다.

<table>
<tr><th colspan="2">유아의 정서 교육을 위한 놀이지원</th></tr>
<tr><td>유아
놀이
관찰</td><td>• 관찰유아: 지범, 윤후(만 3세)
• 관찰날짜: 2021년 5월 11일(화)
• 관찰상황: 자유놀이(수조작)

지범이는 수·조작 영역에서 주사위를 굴려 말을 이동하는 보드게임 놀이를 하고 있다. 보드 위에 말은 총 두 개, 주사위는 한 개를 이용하여 놀이를 한다. 지범이는 주사위를 굴렸고, 숫자 2가 나오자, 말 두 개를 동시에 들어 두 칸 앞으로 이동시킨다. 지범이의 놀이를 지켜보고 있던 윤후는 “그렇게 하는 거 아니야.”라고 말하며 말을 움직이려고 한다. 지범이는 친구에게 “아니!”라고 말하며 친구가 들고 있는 말을 뺏는다. 지범이는 또다시 주사위를 굴렸고 아까처럼 나온 숫자만큼 말 두 개를 동시에 이동시킨다. 그러자 계속해서 지켜보던 윤후가 말을 보드 밖으로 밀어버린다. 지범이는 친구에게 “야~~”라고 크게 소리 지른다.</td></tr>
<tr><td rowspan="2">유아
놀이
분석</td><td>• 누리과정 내용: 나를 알고 존중하기–나의 감정을 알고 상황에 맞게 표현한다.
더불어 생활하기–서로 다른 감정, 생각, 행동을 존중한다.</td></tr>
<tr><td>• 지범이와 윤후는 서로 다른 감정, 생각, 행동을 존중하지 못하고, 감정을 상황에 맞게 표현하는 것이 부족하다.
• 교사는 정서조절이 어려운 유아들에게 게임을 소개하고, 정서 관련 동화 및 활동 등을 소개하여 자신과 다른 사람의 정서를 이해하고 바람직한 방법으로 정서를 표현하도록 지원한다.</td></tr>
<tr><td>놀이
주제</td><td>게임</td></tr>
<tr><td>유아
놀이
지원</td><td>• 상호작용
– 유아들에게 왜 화가 났는지 물어본다.
– 어떻게 하면 화를 내지 않고 재미있게 게임을 할 수 있을지를 물어본다.
– 게임 규칙을 유아들과 만들어 본다.

• 공간 및 놀이자료 지원
– 간단한 규칙의 게임 자료를 제공한다.
– 교실의 여유 공간이나 복도 등을 활용하여 사람이 말이 되어 움직이는 게임도 제공한다. 이때 유아들과 함께 게임 환경을 구성한다.</td></tr>
</table>

<table>
<tr><th colspan="2">유아의 정서 교육을 위한 놀이지원</th></tr>
<tr><td>유아
놀이
지원</td><td>
• 활동: 『몸 이동하기』 게임
– 교실 바닥에 몸을 이동하는 게임판을 제공한다.
– 주사위를 던져서 나온 수만큼 유아 자신을 이동하는 게임을 실시한다.
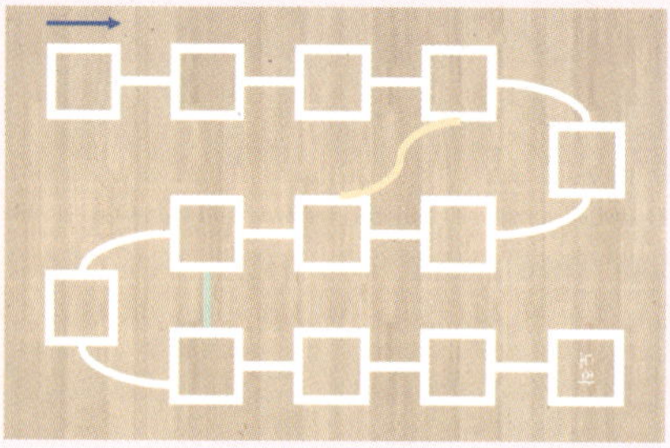

• 유의점 및 확장
– 게임 활동 시, 유아의 연령을 고려하고 다양한 종류의 게임(원, 자유대형 등)을 소개한다.
– 관련 동화 『소피가 화나면, 정말 정말 화나면』(몰리 뱅, 책읽는곰)을 들려줄 수 있다.

'소피가 화나면, 정말 정말 화나면' 줄거리

소피가 놀고 있는데, 언니가 고릴라 인형을 가지고 놀 차례라고 하고, 엄마도 언니 편을 든다. 언니가 인형을 확 잡아채는 바람에 소피는 장난감 트럭 위로 엎어진다. 화가 난 소피는 발을 구르고 주먹을 마구 휘두르고 소리를 지른다. 그러고 집 밖으로 달려 나가, 달리고 달려 집 근처 숲에 도착한다. 소피는 조금 울고 나무 위로 올라가서 바다를 본다. 넓은 세상이 위로를 해 준다. 소피는 집으로 돌아오고 가족들은 기뻐한다.

– 유아의 정서를 표현하는 미술 활동(핑거페인팅, 종이 찢기), 동작 활동(친구 감정 따라 하기) 등을 할 수 있다.
</td></tr>
</table>

3) 환경구성 및 교사지원

유아의 정서표현, 정서이해, 정서조절을 발달시키기 위해서는 성인의 지원이 필요하다. 유아의 정서 교육을 위한 환경구성 및 교사지원은 다음과 같다(Australian Primary School Mental Health Initiative, 2012; KidsMatter Australian Early Childhood Mental Health Initiative, 2012; California Department of Education, 2016; Tanyel, 2009).

(1) 환경구성

- 정서 관련 동화책 제공하기
- 다양한 정서표현 사진 제공하기
- 정서를 창의적으로 표현하도록 극놀이, 물놀이, 블록, 미술 자료 제공하기
- 안락한 공간(safety zone) 제공하기
- 정서를 표현하도록 인형, 봉제 동물과 소품 제공하기
- 유아가 놀이를 시작하고 끝낼 수 있도록 알람 제공하기

(2) 교사지원

- 정서표현 알려주기

  유아들이 쉽게 이해할 수 있는 정서표현 언어(용감한, 쾌활한, 깜짝 놀란, 자랑스러운, 실망한, 불편한, 흥분한, 걱정스러운, 친절한, 고집스러운, 수줍은, 만족스러운, 참을성 있는, 질투 나는, 사랑스러운, 외로운 등)를 알려주어서 언어로 정서를 표현하게 한다. 언어 이외에도 감정, 갈등, 문제에 반응하는 다양한 긍정적인 정서표현 방법을 유아에게 가르친다. 정서를 말로 표현하거나 적절한 방법으로 표현했을 때 칭찬한다.

- 신뢰로운 관계와 애착 형성하기

  유아에게 따뜻하고 신뢰로운 반응을 하는 것은 유아가 적절한 정서 반응을 하고, 자신과 다른 사람에 대한 긍정적인 정서를 내면화하게 한다. 따라서 교사의 따뜻한 지원을 받은 유아는 스스로 정서조절 하는 방법을 점차 배운다.

- 정서표현 및 조절 모델 제공하기

  유아와 상호작용할 때 교사는 자신의 정서상태를 표현("나는 느꼈어." 또는 "너는 분명 느꼈어.")하여 적절한 모델을 제공한다. 또한 정서조절에 대한 긍정적인 모델을 제공하여 유아의 정서조절을 돕는다.

- 유아의 정서표현에 관심 가지기

  유아의 요구에 즉각적으로 반응하고, 유아의 정서에 관심을 가지고 정서를 인정한다("네가 슬프구나."). 유아가 스트레스나 혼란에 노출되는 것을 최소화하고, 유아의 감정을 고려하여 언어 · 비언어적으로 상호작용을 한다.

- 다른 사람의 정서이해 기회 제공하기

  이야기를 나누거나 동화를 들려주는 등 다른 사람의 정서를 이해할 수 있는 기회를 제공한다.

CHAPTER

09

성인 및 또래 관계

SOCIAL STUDIES FOR YOUNG CHILDREN

1. 성인 및 또래 관계의 정의 및 중요성

인간관계는 짧은 시간 동안 또는 오랜 기간에 걸쳐 둘 또는 그 이상의 사람이 강하고, 깊고, 친밀한 유대와 친분을 가지는 것을 의미한다(Center for the Use of Research and Evidence in Education, 2012). 인간관계는 처음에 부모-자녀 관계로 시작하여 형제 관계, 친구 관계, 교사와의 관계, 선 · 후배 관계, 직장동료 관계, 부부관계 등 점차 다양하고 복잡해진다(윤병섭, 2004).

유아는 가정에서는 부모와 관계를 형성하고 유아교육기관에서는 교사 및 또래와 관계를 형성한다. 이와 같은 관계는 유아의 인지, 사회, 정서, 신체, 행동 및 도덕성 등 전인적 발달에 영향을 미친다. 유아기 인간관계의 질과 안정성은 자기 신뢰와 건전한 정신 건강, 학습 동기 및 학교와 미래 생활에서의 성취, 충동조절 능력 및 비폭력적인 갈등해결, 우정 및 관계 형성 · 유지, 성공적인 부모가 되는 것 등 이후 모든 발달의 기초를 형성한다(National Scientific Council on the Developing Child, 2009).

유아교육기관에서 교사와 유아가 상호작용하는 모든 순간은 긍정적인 관계 형성을 발달시키는 기회로, 유아의 사회 · 정서발달에서 중요한 역할을 한다. 교사와 안정된 관계를 형성한 유아는 초등학교에서 또래 및 교사와 긍정적인 관계를 갖지만, 교사와 불안정한 관계를 형성한 유아는 또래와의 상호작용에 어려움이 있고, 교사와 갈등이 더 많다(Clinton, 2013).

유아기가 되면서 또래 관계의 비중은 점차 증가한다. 유아기의 성공적인 또래 관계 및 상호작용은 사회 · 정서발달뿐 아니라 유아의 인생에서 매우 결정적인 역할을 한다(Hay, Payne, & Chadwick, 2004). 유아는 또래와의 관계에 참여하므로 협동을 배우고, 지원을 얻고, 상호작용 기술 등 사회적 기술을 발달시킨다. 이처럼 또래와 긍정적인 사회 기술을 사용하는 유아는 긍정적인 사회관계, 또래 수용, 우정의 발달이 가능하다. 유아기에 또래와 성공적으로 상호작용할 수 있는 유아는 인기가 있고, 강한 우정을 유지하고, 학급활동에 더 잘 참여한다. 그러나 또래와 지내는 것에 어려움이 있는 유아는 이후에 다른 사람과의 관계에서 어려움이 있을 수 있다(Parker, Rubin, Erath, Wojslawowicz, & Buskirk, 2006). 따라서 유아기에 또래와 원만한 사회적 관계를 형성하기 위해서 친구의 관심을 유도하고, 물건을 공유하고, 친구에게 놀이 아이디어를 제공하고, 바른 언어를 사용하는 등 상호작용 기술을 발달시키는 것이 필요하다.

유아의 성인 및 또래 관계에서 중요한 애착, 역할수용, 친사회적 행동 및 우정의 정의 및 중요성을 살펴보면 다음과 같다.

1) 애착의 정의 및 중요성

애착(attachment)은 영아가 한 사람 이상의 부모(양육자)와 특별하고 지속적인 관계를 형성하는 것으로, 영아가 어른과 함께 있을 때, 안전하고 편안하게 느끼는 것을 의미한다(Wittmer, 2011). 애착은 영아가 부모 및 양육자와 시 · 공간을 초월해서 지속적으로 연결된 정서적인 유대관계로, 애착 대상자와 가까이 있으려고 하는 행동이다(Ainsworth, 1973, McLeod, 2009, 재인용; Bowlby, 1969).

애착이 형성된 영아는 부모 또는 양육자를 영아 자신을 위한 편안한 안식처로 생각하여 새로운 환경을 탐색할 때 생기는 두려움과 불안함을 해소하고 안전함과 자신감을 가진다(KidsMatter Australian Early Childhood Mental Health Initiative, 2014). 유아교육기관에 다니는 영유아는 부모뿐 아니라 교사와도 애착을 형성할 수 있다. 영유아가 교사와 안전한 애착을 형성할 때, 학습에 더 집중할 수 있고, 성인이나 또래에게 감정이입을 더 잘할 수 있다(Wittmer, 2011).

2) 역할수용의 정의 및 중요성

역할수용(role-taking/social perspective taking)은 사회적 맥락을 포함한 다른 사람의 내·외적 상태를 이해할 수 있는 능력이나 경향성을 의미한다(Fabes, Carlo, Kupanoff, & Laible, 1999). 역할수용은 나와 다른 사람의 견해 사이의 관련성을 이해하는 것이다(Selman, 1973). 이러한 역할수용 능력은 다른 사람의 인지적·정서적 측면(기분, 정서, 태도 등)에 대한 이해를 포함하는 것으로, 다른 사람의 정서, 견해가 자신과 다르다는 것을 이해할 수 있는 사회·인지적 발달의 결과로 나타난다. 즉, 역할수용은 인지적 역할수용과 정서적 역할수용으로 구분되는데, 인지적 역할수용은 다른 사람이 생각하는 것을 생각할 수 있는 능력이고, 정서적 역할수용은 다른 사람의 내적·주관적 정서 상태를 이해할 수 있는 능력이다(Enright & Lapsley, 1980).

성공적인 사회화를 위해서는 다른 사람의 정서, 견해, 의견, 동기, 목표, 흥미를 이해할 수 있는 역할수용 능력이 필요하다(Gabbe & Marquis, 1996). 유아가 다른 사람의 정서 상태를 이해하는 것은 친사회적 행동을 이끄는 중요한 단서이다. 유아가 스트레스를 받고 있는 다른 친구를 위로하고 도움을 제공하기 위해서는 다른 사람의 스트레스를 인식하고 도와주려는 욕구가 필요하다(Knafo & Steinberg, 2011). 따라서 역할수용은 친사회적 행동과 긍정적인 관계가 있다.

3) 친사회적 행동의 정의 및 중요성

친사회적 행동(prosocial behavior)은 다른 사람을 유익하게 하려는 순수한 의도로 행해진 자발적인 행동을 의미한다. 친사회적 행동에는 협동하기, 칭찬하기, 놀이에 친구 참여시키기, 화난 친구 달래기 등을 포함한다(Eisenberg, Fabes, & Spinrad, 2006, Hyson & Taylor, 2011, 재인용).

유아의 친사회적 행동은 긍정적인 또래 상호작용, 우정, 놀이 친구 등에 영향을 미친다(Acar, 2013). 친사회적 행동은 성공적인 상호작용과 또래 수용에서 중요한 역할을 할 뿐 아니라 학문적, 사회 · 정서적 기술과도 관련이 있다. 더욱이 유아기의 친사회적 성향은 이후에도 계속되기 때문에 중요하다(Dunfield, Kuhlmeier, O' Connell, & Kelley, 2011; Hyson & Taylor, 2011; Manaster & Jobe, 2012).

4) 우정의 정의 및 중요성

우정은 호감과 애정이 관련되어 있는 서로 친밀한 사람들 간의 관계로, 충성과 같은 상호 의무와 관련될 수 있다. 우정은 유동적이고 자발적인 특성 때문에 지속성과 강도는 매우 다양하다(고영복, 2000).

유아기 우정은 관계성과 안정성을 기르고, 정서적인 지원을 제공하고, 자아존중감과 신뢰감을 형성하며, 유아교육기관에 잘 적응하는 데 도움이 된다. 또한 우정은 역할 모델을 제공하여 유아가 학습하고 배울 수 있는 중요한 기회를 제공하고, 이후에 원만한 이웃, 동료 관계를 형성하는 데 기초가 된다(American Academy of Pediatrics, 2010; Manaster & Jobe, 2012). 친구가 있는 유아는 더 편안하고 자아존중감이 높아서 사회적 문제가 발생하는 경우가 적다. 친구를 잘 사귀지 못하는 유아는 외로움을 느끼며, 또래로부터 괴롭힘을 더 당하고, 학교 적응에 문제가 있을 수 있다. 이처럼 우정은 유아의 생활에서 아주 큰 부분으로, 가장 중요한 관계 형성 중의 하나라 할 수 있다(KidsMatter Australian Early Childhood Mental Health

Initiative, 2014). 이처럼 우정은 유아의 사회 · 정서적 성장을 지원하여 사회적 기술 발달과 건강한 심리적 발달을 유지하기 때문에 여러 가지 측면에서 유익하다.

2. 성인 및 또래 관계의 발달

영아는 부모 및 교사와의 상호작용을 통하여 다른 사람과 관계를 형성하는 것을 배우기 시작한다. 영아는 언어적으로 상호작용을 하지는 못하지만 미소 짓기, 쿠잉, 울기 등을 통해서 성인의 관심을 유도하며 관계를 형성한다. 영아는 더 나아가 부모 및 교사의 얼굴표정과 몸짓이 의미하는 것을 알게 된다. 걸음마기 영아는 주변 사람과의 상호작용하는 것에 흥미를 가지게 된다. 부모 및 교사와의 긍정적인 사회적 상호작용을 한 영아는 사회적 상호작용이 즐겁고 보상이 있을 것이라는 기대를 가진다(Gainsley, 2013). 즉, 일차 양육자와 안전한 애착을 형성한 영아는 사람들이 서로 의사소통하고 신뢰하고 의지하는 사회적 존재라는 것을 배운다. 유아기가 되면서 유아교육기관에서 교사 및 또래와 관계를 형성한다. 영아기에 형성되는 애착과 유아기에 또래 관계에서 나타나는 역할수용, 친사회적 행동, 우정의 발달을 살펴보면 다음과 같다.

1) 애착의 발달

애착이론을 비롯하여 발달심리학 이론을 구성하는 데 많은 공헌을 한 보울비(Bowlby)는 영아와 유아가 정신적으로 건강하게 성장하기 위해서는 엄마의 따뜻함과 친근하고 지속적인 관계를 경험해야 한다고 하였다(Bretherton, 1997). 보울비(1982)가 제시한 영아의 애착 발달단계를 구체적으로 살펴보면 다음과 같다.

- 1단계(0~12주): 사람을 잘 변별하지 못함(orientation and signals with limited discrimination of figure)
  한 사람과 다른 사람을 구별할 수 있는 능력은 후각과 청각으로 제한된다. 이 시기의 영아는 가까이 있는 사람을 향하며, 눈으로 따라가고, 손을 뻗고, 웃고, 옹알이를 한다. 이러한 영아의 행동은 성인에게 영향을 주어 성인이 영아 옆에 좀 더 있게 한다. 12주 이후에 이러한 반응은 증가한다.

- 2단계(4~7개월): 한 사람 이상 변별(orientation and signals directed towards one (or More) discriminated figure(s))
  이 단계의 영아는 1단계에서와 마찬가지로 사람에게 친근하게 행동하지만 다른 사람보다는 엄마에게 더 많이 가려고 한다.

- 3단계(6개월~2세): 신호와 움직임으로 양육자에게 접근(maintenance of proximity to a discriminated figure by means of locomotion as well as signals)
  사람을 대하는 방법이 점차 달라지고, 엄마와 떨어지거나, 엄마가 돌아오거나, 엄마를 탐색기지로 사용할 때의 반응이 다양해진다. 모든 사람에게 무분별한 반응은 없어져서 낯선 사람을 경계하고 점차 위축되며 엄마에 대한 애착은 더욱더 분명해진다.

- 4단계(2세 이후): 목표 수정적 동반자 관계(formation of a goal-corrected partnership)
  영아는 엄마가 독립적인 대상이고, 시 · 공간과 상관없이 계속 존재한다는 것을 인식한다. 영아는 엄마의 목표와 계획을 유추할 수 있어서 격리 시에도 불안을 보이지 않는다.

샤퍼와 에머슨(Schaffer & Emerson, 1964, McLeod, 2009, 재인용)도 1~18개월 영아 60명의 애착발달을 연구하였다. 이 연구에서는 영아의 낯선 사람에 대한 불안 정도, 양육자와 격리되었을 때의 격리불안 정도, 새로운 것에 반응할 때 양육자를 살피는 정도를 분석하여 영아의 애착 발달단계를 제시하였다. 애착 발달단계를 구체적으로 제시하면 다음과 같다.

- 1단계(0~6주): 비사회적 애착(asocial attachment)
  어린 영아는 다양한 자극에 미소와 같은 반응을 나타내지만 비사회적이다.

- 2단계(6주~7개월): 무분별한 애착(indiscriminate attachment)
  영아는 함께 있는 사람과 즐기고 여러 양육자에게 동일하게 반응하며, 상호작용을 중단하면 화를 낸다. 그러나 3개월부터 영아는 익숙한 사람에게 더 잘 웃고, 쉽게 편안해진다.

- 3단계(7~9개월): 특별한 애착(specific attachment)
  한 사람에 대한 선호가 나타난다. 영아는 특정 양육자에게 안전과 보호를 기대한다. 낯선 사람에 대한 불안(낯가림)을 보이고 양육자와 격리되었을 때, 불행해 한다(격리불안). 대부분 12개월경에 나타나는데, 일부 영아는 다른 영아보다 강하게 나타난다.

- 4단계(10개월 이후): 다양한 사람에 대한 애착(multiple attachment)
  영아는 점차 독립적으로 되고 여러 사람과 애착을 형성한다. 18개월까지 대부분의 영아는 다양한 사람에게 애착을 형성한다.

에인즈워스와 동료학자들(Ainsworth & Bell, 1970)은 미국의 영아를 대상으로 격리불안과 낯선 사람이 있는 상황에서의 애착 및 탐색 행동을 연구하였다. 연구과정을 8개의 에피소드로 구성하였는데, 첫째, 영아와 양육자는 연구자와 함께 장난감이 많은 실험실에 들어온다. 둘째, 양육자와 영아만 있는다. 셋째, 낯선 사람이 들어와 사귀려고 시도한다. 넷째, 양육자가 방을 나가고 낯선 사람과 영아만 남는다. 다섯째, 양육자가 돌아와 영아와 같이 있는다. 여섯째, 양육자가 나가고 영아 혼자 남는다. 일곱째, 낯선 사람이 들어와 영아와 함께 있는다. 여덟째, 양육자가 돌아와 영아와 함께 있는다. 에인즈워스는 연구결과에 의해서 애착 유형을 불안–회피 애착, 안전한 애착, 불안–저항 애착으로 구분하였고, 이후에 학자들이 혼란한 애착 유형을 추가하였다. 구체적인 애착 유형은 다음과 같다(Ainsworth, Blehar, Waters, & Wall, 1978; Petters, 2006, 재인용).

- 불안–회피 애착(anxious–avoidant insecure attachment)
  영아는 양육자와 격리 시에 스트레스를 나타내지 않으며, 양육자가 떠나거나 돌아왔을 때, 정서 반응이 없고 엄마를 피하거나 무시한다. 어떤 사람이 있는 것과 상관없이 탐색을 거의 하지 않는다.

- 안전한 애착(secure attachment)
  영아는 양육자가 있는 동안에는 양육자를 탐색을 위한 안전 기지로 생각하여 자유롭게 탐색한다. 양육자가 함께 있는 상황에서는 낯선 사람과 놀지만, 양육자가 떠나면 심하게 화를 내고 엄마가 돌아오면 행복해 한다.

- 불안–저항 애착(anxious–resistant insecure attachment)
  영아는 양육자와 떨어지기 전에 스트레스를 보이고, 양육자가 돌아온 다음에도 달래기 어렵고, 양육자가 없을 때 분노와 무력감을 보인다.

- 혼란한 애착(disorganized/disoriented attachment)
  영아는 격리 상황에서 명확한 두려움을 보이나 동시에 이별에 대해서 냉정한 모습을 보이는 모순되고, 적절하지 못하며, 변덕스러운 감정과 행동을 보인다.

영아가 특정 양육자와 형성하는 애착의 질은 양육자의 반응에 의해서 결정되며, 이후의 사회 · 정서발달에 영향을 준다(Benoit, 2004). 안전한 애착 관계 속에서 영아는 자신의 정서와 반응을 조절하는 것을 배우고, 사람들과의 관계에서 유능한 사람으로 자신에 대한 정체성을 발달시킨다. 애착 유형에 따른 영아의 특성을 구체적으로 살펴보면 다음과 같다(Wittmer, 2011).

(1) 안전한 애착의 영아

- 성인이 신체적 욕구를 충족시켜 줄 것이라고 믿는다. 이러한 안전감은 영아가 새로운 기술을 학습하고 다른 사람과의 관계 형성에 집중할 수 있게 한다.
- 성인이 정서적인 지원을 제공한다고 믿는다. 영아는 자신이 다른 사람과 친밀해질 수 있다는 것을 배운다. 영아는 환경을 탐색하다가 안아주고, 쓰다듬어주고, 격려받는 것이 필요할 때 애착을 형성한 성인에게 돌아간다.
- 다양한 방법으로 의사소통하는 것을 배운다. 성인이 영아의 의사소통 시도를 존중하고, 반응하고, 격려함으로써 영아의 언어가 발달한다.
- 성인이 도와주면 반응과 정서를 조절하기 시작한다. 성인이 영아가 정서를 건전한 방법으로 조절하고 표현하게 도와준다.

(2) 불안전한 애착의 영아

- 성인은 변덕스럽고 도와주기 어렵다고 생각한다.
- 움직일 수 있지만 탐색을 자제하고 자신의 욕구를 충족시키기 위해서 성인 가까이 머무른다.
- 우울해도 자신의 정서를 달래줄 수 있는 성인을 찾지 않는다. 성인이 자주 화를 내거나 거슬리게 한다면, 처음에는 성인을 피하다가 성장하면 성인 및 또래에 대한 분노와 좌절을 표출한다.
- 자신의 정서를 숨기고 스트레스 사건을 피하거나 정서표현을 하지 않는다. 영아가 정서표현을 하지 않으므로 스트레스를 조절하고 긍정적인 방법으로 정서를 표현하는 것을 배울 수 있는 기회를 상실한다.
- 성인과의 관계에서 행동이 혼란스럽다.

2) 역할수용의 발달

역할수용은 일련의 발달단계를 거친다. 셀먼(Selman)이 제시한 역할수용(role-taking) 능력의 발달을 살펴보면 다음과 같다(Selman, 1973).

- 0단계(3~6세): 자기중심적 역할수용(egocentric role-taking)
  - 자신과 다른 사람의 생각이 다르다는 것을 알지 못한다.
  - 다른 사람도 생각과 감정이 있다는 것은 알지만, 자신과 같다고 믿는다.

- 1단계(6~8세): 사회 정보적 역할수용(social-informational role-taking)
  - 같은 상황에서도 자신과 다른 사람이 다른 정보를 가질 수 있고, 생각과 동기가 다를 수 있음을 인식한다.
  - 행동의 의도를 이해하기 시작하면서 행동을 평가할 때 의도를 고려해야 함을 깨닫는다.
  - 두 사람의 관점을 동시에 고려하는 것은 어려워서 한 사람의 관점에 집중한다.
  - 자신의 견해와 다른 사람의 견해가 영향을 주고받는다는 것을 이해하지 못한다.

- 2단계(8~10세): 자기 반성적 역할수용(self-reflective role-taking)
  - 사람들은 사회적 견해가 다를 수 있다는 것을 이해하고, 다른 사람이 자신의 행동에 어떻게 반응할지를 예측한다.
  - 다른 사람의 관점을 통해서 자신을 판단할 수 있음을 이해한다. 그러나 자신과 다른 사람의 관점을 조율할 수 없어서 성공적으로 타협하지 못한다.

- 3단계(10~12세): 상호적 역할수용(mutual role-taking)
  - 자신의 관점과 집단의 관점을 구별할 수 있어서 객관적인 제3자의 입장에서 볼 수 있다.
  - 다른 사람에 대한 자신의 견해와 자신에 대한 다른 사람의 견해를 동시에 생각한다.

- 4단계(12~15세): 사회 · 관습적 역할수용(societal role-taking)
  - 부모, 교사, 또래 등 제3자의 관점에서 볼 수 있다.
  - 다른 사람의 견해를 사회적 환경과 문화를 반영한 것이라고 생각하고, 사람들이 사회 규범과 가치를 믿고 이에 따라 행동해야 한다고 생각한다.

유아는 다른 사람의 견해를 수용할 수 있는 인지적 능력이 부족하기 때문에 자기중심적으로 행동한다. 자기중심적인 유아는 다른 사람의 관점을 알지 못하고 다른 사람도 자신과 같은 방법으로 생각하고, 느끼고, 본다고 생각한다. 그러나 경험과 성장을 통해서 점차 역할수용 능력이 발달한다(Gabbe & Marquis, 1996).

3) 친사회적 행동의 발달

친사회적 행동은 만 1세쯤에 나타나는데, 만 1세 영아는 다른 사람에 대한 감정이입으로 스트레스를 받는다. 예를 들면, 영아는 다른 친구가 우는 것을 보면 따라서 울고, 누군가가 불행해 보이면 도우려고 한다. 만 2세가 되면서 친사회적 행동이 증가한다. 이러한 걸음마기 영아의 사회적 놀이는 유아기 동안의 친사회적 행동의 증가 또는 사회적 위축에 영향을 미친다. 유아기 동안에는 다른 사람에게 감정이입하기, 돕기, 관심 갖기 등이 더 많이 나타난다. 유아는 친사회적 행동을 더 잘 알아서 의도적으로 할 수 있다. 그러나 유아의 친사회적 추론 발달은 여전히 자기중심적인 특성을 보인다(Hay, Payne, & Chadwick, 2004; Howes & Phillipsen, 1998; Hyson & Taylor, 2011). 친사회적 추론 발달을 구체적으로 살펴보면 다음과 같다(Eisenberg & Lermon, 1983).

- 1단계(유아~초등학교 저학년): 쾌락, 자기중심(hedonistic, self-focused)
  도덕적인 측면보다는 자기중심적인 결과에 관심을 가진다. 다른 사람을 돕는 이유는 자신에게 유익한 것, 상호 간에 좋은 것, 자신이 필요한 것, 좋아하는 사람을 위한 것을 포함한다.

- 2단계(유아~초등학교): 타인 요구(needs of others)
  다른 사람의 요구와 자신의 요구에서 갈등이 생기더라도 다른 사람의 신체적 · 물질적 · 심리적 요구에 관심을 가진다. 그러나 이러한 관심은 자기 반성적인 역할수용, 동정에 대한 언어적 표현, 죄의식과 같은 내면화된 감정 없이 단어로 간단히 표현된다.

- 3단계(초등~고등학교): 인정 및 대인관계/고정관념(approval and interpersonal/stereotyped)
  좋은 사람과 나쁜 사람, 좋은 행동과 나쁜 행동에 대한 고정된 이미지를 가지며, 다른 사람의 인정과 수용이 친사회적이거나 그렇지 않은 행동을 판단하는 데 사용된다.

- 4a단계(초등 고학년~고등학교): 공감(empathic)
  동정적인 반응, 자기 반성적인 역할수용, 다른 사람의 인간성, 죄의식 또는 행동결과와 관련된 긍정적인 영향이 판단하는 데 반영된다.

- 4b단계(고등학교 소수): 전환(감정이입과 내면화)(transitional(empathic and internalized))
  돕거나 돕지 않는 것의 정당성은 내면화된 가치, 규범, 의무, 책임, 다른 사람의 권리와 존엄성을 보호해야 할 필요성에 근거한다. 그러나 이러한 생각이 명확하게 진술되지는 않는다.

- 5단계(고등학생 소수): 내면화(strongly internalized)
  돕거나 돕지 않는 것의 정당성은 내면화된 가치, 규범, 책임, 개인적 · 사회적 계약 의무를 유지하려는 의지, 모든 개인의 존엄, 권리, 평등에 대한 믿음에 기초한다.

유아에게 주로 나타나는 친사회적 행동은 공유하기, 돕기, 위로하기이다. 3가지 친사회적 행동 특성을 살펴보면 다음과 같다(Eisenberg, Guthrie, Murphy, Shepard,

Cumberland, & Carlo, 1999).

- 공유하기

  유아는 자신의 소유였던 교구를 다른 유아에게 주거나 일시적으로 사용하도록 허락한다.

- 돕기

  유아는 다른 친구의 욕구를 충족시키려는 시도를 한다. 예를 들어, 정보를 제공하고, 과업을 돕고, 물건을 제공한다.

- 위로하기

  유아는 다른 유아의 부정적 정서를 완화시키려고 노력한다. 예를 들어, 다른 유아가 스트레스를 받고 있을 때, 스트레스 받는 유아의 기분이 나아지게 하려고 노력한다.

4) 우정의 발달

유아는 다른 유아와 상호작용을 하고, 사회적 관계에서 서로 도움을 주고받는 것을 배우면서 우정을 발달시킨다. 셀만은 피아제와 구성주의 견해에 근거하여 우정의 발달을 제시하였다(Rubin, 1980). 셀먼(1981)은 우정의 발달을 5단계로 제시하였는데, 구체적인 내용은 다음과 같다.

- 0단계(3~7세): 일시적 · 물리적 놀이상대(momentary physical playmates)
  가까이 있거나 그 순간 놀고 있는 사람이 친구이다. 지속적인 관계 개념이 불분명하다.

- 1단계(4~9세): 일방적인 도움(one–way assistance)
  친구는 자신을 즐겁게 해주는 사람이다. 친한 친구는 다른 사람보다 자신이 더 잘 아는 사람이다.

- 2단계(6~12세): 기분 좋을 때만 협력(fair–weather cooperation)
  상호관계를 인식하여 우정은 상호호혜적이나 지속적인 우정보다는 특정 사건에 초점을 둔다. 서로에 대한 감정을 갖지만, 논쟁이 관계에 영향을 준다. 갈등의 시간 동안 지속적으로 관계를 유지하지 못한다.

- 3단계(11~15세): 친밀한 상호 공유 관계(intimate mutually shared relationship)
  지속적으로 친근하고 서로 공유하는 관계를 나타낸다. 친한 친구 사이의 연속적인 관계와 정서적 유대를 인식하고, 우정을 상호 친밀감과 지원수단으로 본다. 친구 사이에 개인적 문제를 공유하고, 갈등으로 관계를 중단하지 않는다. 이 단계의 한계는 밀접한 관계를 유지하려는 지나친 집착에서 비롯된다.

- 4단계(12세~성인): 자율적인 상호의존적 우정(autonomous interdependent friendship)
  두 사람 사이에 공통의 관심과 깊은 정서를 공유할 수 있다. 독립심과 의존성을 통해서 계속 성장하고 변화한다. 독립성은 각각의 경험을 통해서 성장하려는 요구를 수용하는 것을 의미한다. 의존성은 심리적인 지원을 위해서 상호의존하는 것이다.

유아의 긍정적인 또래 관계형성은 공통의 관심, 정서조절 능력, 인과관계를 이해하고 모방할 수 있는 인지능력, 언어를 통한 의사소통능력, 보행능력과 같은 운동능력 등 여러 가지의 영향을 받는다(Manaster & Jobe, 2012). 반면, 유아의 수줍음, 공격성, 사회적 기술의 부족은 또래 수용에 부정적인 영향을 미치기도 한다(Hay, Payne, & Chadwick, 2004). 따라서 유아가 친구를 잘 사귀기 위해서는 다양한 기술이 필요하다. 친구 사귀는 데 필요한 기술을 구체적으로 살펴보면 다음과 같다(American Academy of Pediatrics, 2010).

- 생각을 표현하고 다른 사람의 아이디어를 수용할 수 있는 능력
- 친구에게 자신의 활동에 참여하도록 요청하고, 집단의 일원으로 느끼게 할 수 있는 능력
- 갈등을 해결할 수 있는 능력
- 다른 친구에게 관심을 가질 수 있는 능력
- 다른 유아에게 칭찬이나 애정을 제공할 수 있는 능력
- 자신의 말과 행동을 다른 유아가 어떻게 느끼는지 이해할 수 있는 능력
- 다른 유아에게 반응할 수 있는 능력
- 자신에 대해서 다른 친구에게 말할 수 있는 능력
- 다른 친구가 자신에게 질문하게 할 수 있는 능력
- 친구를 놀이에 초대할 수 있는 능력

3. 성인 및 또래 관계 교육

유아가 성인 및 또래와 긍정적인 관계를 형성하기 위해서 다른 사람을 이해하고, 친사회적 행동을 실천하고, 친구를 사귀고 우정을 형성할 수 있어야 한다. 그러나 유아는 성인 및 또래와의 관계형성에 필요한 기술이 부족하다. 이러한 기술을 증진시키기 위해서는 성인의 교육과 지원이 필요하다. 유아의 성인 및 또래 관계 형성을 위한 표준 및 누리과정, 유아행동, 환경구성 및 교육과정 운영, 교사지원 등을 제시하면 다음과 같다.

1) 표준 및 누리과정에 기초한 유아행동 이해

유아가 긍정적인 성인 및 또래 관계를 형성하도록 지원하기 위해서는 표준 및 2019 개정 누리과정과 유아들의 행동 특성을 이해하는 것이 필요하다. 성인 및 또래 관계 교육을 위한 표준 및 2019 개정 누리과정, 유아행동 특성을 제시하면 다음 〈표 9-1〉과 같다(조운주, 2015; Office of Child Development and Early Learning, 2009, 2014b; University of Illinois at Urbana-Champaign College of Education, 2016).

〈표 9-1〉 성인 및 또래 관계 표준 및 누리과정, 유아행동

<table>
<tr><th colspan="3">표준 및 지표</th><th colspan="2">누리과정</th><th rowspan="2">유아행동</th></tr>
<tr><th>표준</th><th colspan="2">연령별 지표</th><th>내용범주</th><th>내용</th></tr>
<tr><td rowspan="3">3.1 성인과 긍정적인 관계를 형성한다.</td><td>3세</td><td>친숙한 성인 (부모, 교사)과 애정적 관계를 형성하고, 상호작용을 함</td><td rowspan="3">더불어 생활 하기</td><td rowspan="3">친구와 어른께 예의 바르게 행동 한다.</td><td>• 친숙한 성인을 껴안고, 뽀뽀하고, 선물을 주는 등 애정을 보인다.
• 어려운 과업을 할 때, 교사의 도움을 청하고 지시를 따른다.
• 집에서 일어난 일이나 유치원 끝나고 할 일을 교사에게 말하다.</td></tr>
<tr><td>4세</td><td rowspan="2">친숙한 성인 (부모, 교사 등)과 애정적 관계를 형성하고, 적극적으로 상호작용을 함</td><td>• 교사에게 "선생님 사랑해요."와 같은 감정표현을 하고, 즐거움을 보인다.
• 스스로 시도하고 되지 않을 때, 교사에게 도움을 청한다.
• 집에서 일어난 일을 교사에게 말한다("아빠 출장 갔어요.").
• 교사에게 "선생님 사랑해요."와 같은 감정표현을 하고, 즐거움을 보인다.</td></tr>
<tr><td>5세</td><td>• 아침에 등원하면 교사에게 따뜻하게 인사한다.
• 교사와 이야기할 때 눈 맞춤을 한다.
• 교사와 대화하고 관심을 보인다.
• 독립적으로 시도하고 완성하기 위해서 교사의 도움을 청한다.
• 교사의 의도를 정확히 알기 위해서 질문한다.</td></tr>
</table>

<table>
<tr><th colspan="3">표준 및 지표</th><th colspan="2">누리과정</th><th rowspan="2">유아행동</th></tr>
<tr><th>표준</th><th colspan="2">연령별 지표</th><th>내용범주</th><th>내용</th></tr>
<tr><td rowspan="3">3.2
또래와
긍정적인
관계를
형성한다.</td><td>3세</td><td>특정 유아를
좋아하고,
유아들과
연합놀이를 함</td><td rowspan="6">더불어
생활
하기</td><td rowspan="6">친구와
서로
도우며
사이
좋게
지낸다.</td><td>• 좋아하는 친구에게 같이 놀이를 하자고 제안한다("블록으로 집 만들자.").
• 다른 유아와 간단한 게임을 한다.</td></tr>
<tr><td>4세</td><td rowspan="2">여러 명의
유아들과
친구관계를
유지하며,
협동 놀이 및
학습활동을 함</td><td>• 함께 노는 유아가 생긴다.
• 특정 유아에게 우리는 "친구야."라고 말한다.
• 협동놀이에서 다른 유아에게 역할을 정해준다.
• 간단한 규칙에 따라서 다른 유아들과 게임을 한다.</td></tr>
<tr><td>5세</td><td>• 지속적으로 함께 노는 유아들이 생긴다.
• 자신의 생일에 여러 명의 친구를 초대한다.
• 시나리오를 가지고 친구들과 극놀이나 블록놀이에 참여한다.
• 프로젝트 완성을 위해서 다른 유아들과 협력한다.
• 또래와의 놀이에서 주도적인 역할을 한다.</td></tr>
<tr><td rowspan="3">3.3
친사회적
행동
(나누기,
협동,
돕기,
존중,
배려,
위로
등)을
실천한다.</td><td>3세</td><td>자발적으로
친사회적 행동
을 실천하기
시작함</td><td>• 친구를 돕는다.
• 자기 잘못을 사과한다("미안해.").
• 다른 유아나 성인이 제안하면 일부 놀잇감을 나누어준다.</td></tr>
<tr><td>4세</td><td rowspan="2">자발적으로
친사회적
행동을 일부
실천하고,
다른 사람
에게
친사회적
행동을 요청함</td><td>• 도와달라고 요청한다("이것 드는 것 좀 도와줘.").
• 자기 잘못을 사과한다("미안해.").
• 친구가 제안하면 일부 놀잇감을 나누어주거나 함께 사용한다.
• 다치고, 화나고, 슬픈 친구에게 감정이입을 한다("ㅇㅇ는 슬퍼서 울고 있어.").</td></tr>
<tr><td>5세</td><td>• 자발적으로 돕기 행동을 한다("내가 도와줄까?").
• 자기 잘못을 사과하고 행동에 책임지려 한다(다른 유아와 부딪히거나 놀잇감이 무너졌을 때 "화났지?", "미안.").
• 다른 친구가 원할 때 놀잇감과 공간을 함께 사용한다.
• 친구가 슬프거나 다친 것을 다른 친구에게 말한다("네가 그렇게 하는 것을 ㅇㅇ는 좋아하지 않아.").</td></tr>
</table>

<table>
<tr><th colspan="3">표준 및 지표</th><th colspan="2">누리과정</th><th rowspan="2">유아행동</th></tr>
<tr><th>표준</th><th colspan="2">연령별 지표</th><th>내용범주</th><th>내용</th></tr>
<tr><td rowspan="3">3.4 사회적 문제해결 방법을 이해하고 실천한다.</td><td>3세</td><td>성인이 도와 주면, 문제를 해결하려고 시도함</td><td rowspan="3">더불어 생활하기</td><td rowspan="3">친구와의 갈등을 긍정적인 방법으로 해결한다.</td><td>• “내 장난감을 줘.”라고 요청하여 갈등을 해결하려고 한다.</td></tr>
<tr><td>4세</td><td rowspan="2">한두 가지 문제해결 방법을 알고 해결함</td><td>• 사용 중인 장난감을 원하는 친구에게 제안한다(“내가 먼저 쓰고 줄게.”).</td></tr>
<tr><td>5세</td><td>• 문제 해결을 위해서 친구와 이야기하고 참여시킨다(“이 책은 한 권밖에 없어. 내가 5분 읽은 다음 줄게. 너는 다른 책을 읽고 있어.”, “우리 게임할 건데, 한 명이 모자라. 너도 하지 않을래?”).</td></tr>
</table>

2) 교육과정 운영

성인 및 또래 관계에 대한 교육은 유아가 성인 및 또래에 대해서 관심을 보이고, 긍정적 · 부정적 상호작용과 놀이참여 및 갈등이 나타날 때, 표준 및 2019 개정 누리과정 내용에 기초하여 실시한다. 성인 및 또래관계를 증진시키기 위한 연령별 교육과정 운영은 다음 〈표 9-2〉와 같다.

〈표 9-2〉 성인 및 또래 관계를 위한 교육과정 운영

<table>
<tr><th rowspan="2">표준</th><th colspan="2">누리과정 내용</th><th rowspan="2">연령</th><th rowspan="2">놀이 및 대소집단 활동</th></tr>
<tr><th>내용범주</th><th>내용</th></tr>
<tr><td rowspan="3">3.1
성인과 긍정적인 관계를 형성한다.</td><td rowspan="15">더불어 생활하기</td><td rowspan="3">친구와 어른께 예의바르게 행동한다.</td><td>3세</td><td>• 동화: 유치원에 처음 가는 날</td></tr>
<tr><td>4세</td><td>• 동화: 보리의 시끌벅적 유치원</td></tr>
<tr><td>5세</td><td>• 동화: 마법의 유치원 버스</td></tr>
<tr><td rowspan="3">3.2
또래와 긍정적인 관계를 형성한다.</td><td rowspan="6">친구와 서로 도우며 사이좋게 지낸다.</td><td>3세</td><td>• 동화: 꼬마 어네스트</td></tr>
<tr><td>4세</td><td>• 동화: 내 뼈다귀야/내 친구 루이</td></tr>
<tr><td>5세</td><td>• 동화: 아모스와 보리스</td></tr>
<tr><td rowspan="3">3.3
친사회적행동
(나누기, 협동, 돕기, 존중, 배려, 위로 등)을 실천한다.</td><td>3세</td><td>• 미술: 동극 가면 만들기
• 공동조형: 우리반 친구들 액자 만들기</td></tr>
<tr><td>4세</td><td>• 동화: 으뜸 헤엄이
• 동극: 으뜸 헤엄이
• 공동조형: 동극 가면, 배경 꾸미기</td></tr>
<tr><td>5세</td><td>• 동화: 으악, 도깨비다!
• 동극: 으악, 도깨비다!
• 공동조형: 동극 가면, 배경 꾸미기</td></tr>
<tr><td rowspan="3">3.4
사회적 문제해결 방법을 이해하고 실천한다.</td><td rowspan="3">친구와의 갈등을 긍정적인 방법으로 해결한다.</td><td>3세</td><td>• 동화: 너랑 안 놀아!
• 동극: 너랑 안 놀아!</td></tr>
<tr><td>4세</td><td>• 동화: 내 뼈다귀야
• 동극: 내 뼈다귀야</td></tr>
<tr><td>5세</td><td>• 동화: 무지개 물고기
• 동극: 무지개 물고기
• 토의: 갈등 해결</td></tr>
</table>

유아의 성인 및 또래 관계를 지원하기 위해서는 유아의 놀이를 관찰하고 2019 개정 누리과정에 기초하여 분석한 다음, 놀이를 지원하고 확장시켜주는 것이 효과적이다. 유아의 성인 및 또래 관계를 증진시키기 위한 놀이관찰 및 놀이분석, 놀이지원의 예를 제시하면 다음과 같다.

유아의 성인 및 또래 관계를 위한 놀이지원	
유아 놀이 관찰	• 관찰유아: 지성, 태우, 예나(만 4세) • 관찰일시: 2021년 3월 31일(수) • 관찰상황: 쌓기놀이 영역 지성이는 자유 놀이 시간에 나무 블록, 끼우기 블록 등을 이용해서 나만의 공간을 만든다. 한참 만들면서 교사를 보고 "선생님 이건 내 집이에요. 집~!" 이라고 웃으며 큰 소리로 말한다. 마침 태우가 옆으로 다가오더니 지성이에게 별다른 상호작용을 시도하지 않고 집 안으로 쑥 들어간다. 태우는 블록을 하나 가져와서 블록 위에 끼우고 있다. 지성이는 당황하더니 교사를 한번 쓱 쳐다보고는 태우를 보다가 이내 다른 곳을 멀리 쳐다보며 놀이를 하지 않는다. 교사가 다가가 "지성아~ 혹시 기분 나쁜 일 있니?"라고 물어보자 지성이는 기다렸다는 듯 "말도 없이 내 집에 들어왔어요."라고 울먹거리며 말한다. 교사는 "지성이가 열심히 만든 집인데 속상하겠다. 어떻게 하지? 태우한테 한번 이야기해 볼까?"라고 말하자 태우를 보더니 "야. 내 집이야. 나가!"라며 갑자기 큰 소리를 낸다. 태우는 지성이를 잠깐 쳐다보더니 이내 다른 공간으로 이동해 버린다. 그때 예나가 지나가며 "똑똑, 여기 들어가도 돼?"라고 말하자 지성이는 "응. 그런데 문은 이쪽이니까 조심해서 들어와."라고 말한다.  
유아 놀이 분석	• 누리과정 내용: 더불어 생활하기 – 친구와 서로 도우며 사이좋게 지낸다. – 친구와의 갈등을 긍정적으로 해결한다. – 서로 다른 감정, 생각, 행동을 존중한다. – 친구와 어른께 예의 바르게 행동한다.
	• 지성이는 친구와의 갈등을 긍정적으로 해결하는 것이 미숙하고, 친구의 감정, 생각, 행동을 존중하는 것이 부족하다. • 태우는 친구와 서로 도우며 사이좋게 지내는 것이 부족하다. • 교사는 또래와의 갈등을 긍정적으로 해결하지 못하는 유아들에게 함께 놀이할 기회와 관련 동화를 제공하여 친구와 사이좋게 지내고, 협력 및 존중하며, 갈등을 긍정적으로 해결하도록 지원한다.
놀이 주제	집 만들기

<table>
<tr><th colspan="2">유아의 성인 및 또래 관계를 위한 놀이지원</th></tr>
<tr><td rowspan="2">유아
놀이
지원</td><td>• 상호작용
– 교사는 친구의 잘못한 행동에 대해서 부드럽게 말해 볼 것을 제안한다.
– 친구가 어떻게 할 때 속상한지 질문한다.
– 친구 집에 들어가고 싶을 때, 어떤 신호를 하면 좋은지 질문한다.
– 여러 사람이 같이 살 수 있는 더 큰 집을 만들어 볼 것을 제안한다.

• 공간 및 놀이자료 지원
– 유아들이 더 큰 집을 만들 수 있도록 쌓기 영역의 공간을 조금 더 넓게 확장시켜 준다.
– 다양한 종류의 블록(종이벽돌 블록, 건축 블록, 헐로우 블록, 우레탄 블록 등)을 제공한다.
– 다양한 집(단독, 아파트, 빌라 등) 사진 및 영상 자료를 제공한다.
– 미술 영역에 마을 이름, 동과 호수 등을 만들 수 있는 자료를 제공한다.

• 활동: 『야, 우리 기차에서 내려』 동화 듣기
– 서로 협력하는 것에 대한 동화를 읽어 준다.</td></tr>
<tr><td>• 유의점 및 확장
– 놀이를 위한 공간 구성 시에 유아들이 협력할 수 있는 기회를 제공한다.
– 동화를 동극으로 실시할 수 있다.
– 다양한 건축 놀이, 공사장 놀이로 확장할 수 있다.</td></tr>
</table>

3) 환경구성 및 교사지원

유아의 긍정적인 성인 및 또래 관계 형성을 위해서는 성인의 지원이 필요하다. 유아의 성인 및 또래 관계를 교육하기 위한 환경구성 및 교사지원은 다음과 같다.

(1) 환경구성

- 모든 유아에게 편안하고 수용적인 환경 구성하기
- 유아들이 함께 작업하고 협동적으로 활동할 수 있도록 환경 구성하기(넓은 흥미영역 제공)
- 협동적인 놀이를 위해서 큰 놀잇감(블록 등) 제공하기
- 많은 유아가 사용하기 원하는 장난감이나 기구에 타이머 제공하기

- 협동적인 놀이 활동 제공하기
- 소집단 놀이 활동에 참여할 수 있는 기회 제공하기
- 유아가 협상할 수 있는 협상 테이블 제공하기

(2) 교사지원

① 성인과의 관계(Clinton, 2013; Wittmer, 2011)

- 유아에게 따뜻하고, 반응적으로 대하기

  교사는 유아를 안아주고, 쓰다듬어주고, 격려한다. 교사의 애정은 유아가 자신을 가치 있는 존재로 느끼게 하고 애정 표현 방법을 알게 한다.

- 유아에게 의미 있는 언어적 상호작용 격려하기

  유아의 이야기나 상황에 적절하게 질문하고 반응하는 등 일대일 대화 기회를 제공한다. 이러한 기회는 유아로 하여금 유능감을 느끼게 한다.

- 유아가 도움을 원하고 스트레스를 받았을 때, 즉시 반응하기

  만약 유아가 도움을 원하면, 즉시 반응하고 스스로 해결하도록 지원한다. 유아는 성인이 일관성 있게 반응하고, 유아를 달래줄 때 정서조절을 배운다. 유아가 불안하고, 스트레스를 받거나 트라우마를 경험하고, 무시당하고 학대받을 때, 교사는 유아가 안전감을 느끼고 어른을 다시 신뢰하도록 일관성 있는 정서적 지원을 제공해야 한다.

- 열정적인 학습 파트너 되기

  유아가 주도하는 것을 허용하고 문제해결에 대한 지원을 제공할 때, 유아의 학습에 대한 신뢰와 동기가 증진된다.

- 안전한 환경 제공하기

  교사는 유아에게 안전한 환경을 제공하고, 돌본다는 것을 알게 한다. 이를 위해서 교사 대 유아 비율을 낮게 한다.

② 유아와의 관계(American Academy of Pediatrics, 2010; HighScope, 2016)

- 함께 활동하는 기회 제공하기

다양한 짝 지어주기, 친구 선택하기, 친구를 초대하거나 초대받기, 차례 지키기 게임(예: 보드게임) 등 함께 놀이할 수 있는 기회를 제공한다.

- 다른 사람을 도와주는 기회 제공하기

유아에게 친구를 도와줄 수 있는 다양한 기회를 주고 도와준 유아를 칭찬해준다.

- 다른 사람의 감정 설명해주기

자신과 다른 사람의 마음의 상처에 대해서 유아와 이야기한다. 유아의 말과 행동이 다른 친구에게 미치는 영향을 알게 한다.

- 친사회적 행동, 우정 모델 제공하기

성인이 유아와 함께 놀이하고 게임을 하여 우정에 대한 모델을 제공한다.

- 갈등해결 기회 제공하기

문제를 해결하려고 하거나 성공적으로 해결한 유아를 격려하는 등("장난감 돌려 달라고 했어? 잘했어.") 스스로 갈등을 해결할 수 있는 기회를 제공한다.

- 우정에 대해서 이야기하기

유아의 우정에 대한 느낌과 경험에 대해서 이야기하고, 우정에 대한 브레인스토밍의 기회를 제공한다.

- 유아 갈등 적절히 중재하기

유아들의 행동을 중립적으로 중재하고, 유아의 정서를 인식하게 한다("정말 화가 난 것 같구나."). 정보를 모아서("문제가 무엇이니?") 문제를 말해준다("문제는 … 이구나."). 해결 방안을 묻고, 유아들이 문제를 해결하게 한다("이 문제를 어떻게 해결할 수 있을까?"). 해결과정에 대해서 격려한다("네가 문제를 해결했구나.").

유아들의 우정 발달단계에 따른 성인의 지원을 구체적으로 살펴보면 다음과 같다(Poole, Miller, & Church, 2003).

- 0~2세
  - 관계형성과 협동적인 우정에 대한 모델을 제공한다.
  - 영아가 서로 볼 수 있게 가까이 둔다.
  - 혼자 놀 수 있는 시간과 소집단 활동을 계획한다.
  - 영아가 함께 있을 수 있는 편안한 공간을 제공한다.
  - 감정을 표현할 수 있도록 언어를 알려준다. 규칙을 알려주고 공감해준다.
  - 다른 놀잇감을 제공해준다.
  - 자신의 감정을 생각할 수 있는 시간을 제공한다.
  - 영아가 때때로 갈등을 스스로 해결할 수 있게 한다.

- 3~4세
  - 친구와 다양한 상호작용이 필요하므로 협동적인 흥미영역을 제공한다(함께 블록을 쌓고, 함께 춤추는 등).
  - 우정에 대한 책을 제공한다.

- 5~6세
  - 우정을 경험할 수 있는 융통성 있는 환경을 제공한다.
  - 친구에게 같이 놀 수 있는지 묻고, 제안하고, 옆에서 놀고, 자신과 친구의 것을 연결하는 방법을 알려준다.
  - 혼자 노는 유아에게 우정을 형성할 수 있는 기회를 제공한다.
  - 다른 유아를 만나는 것을 경험하도록 짝을 지어준다.
  - 토론 활동을 제공한다.
  - 학급 친구와 가족이 함께 놀이하는 날을 만들도록 격려한다.

PART 03

세상이해를 위한 사회과학

CHAPTER

10

가족 및 지역사회

SOCIAL STUDIES FOR YOUNG CHILDREN

1. 가족 및 지역사회의 정의 및 중요성

가족은 관계를 짓는 최소한 한 명의 성인과 다른 의존적인 사람을 포함하며, 결합한 부부, 편부모, 이혼가족 등의 다양한 가족형태를 포함한다(Popenoe, 1993, 박선영, 1998, 재인용). 가족은 개인의 성장과 발달 및 사회화 과정에 중요한 역할을 담당하는 가장 기초적인 사회체계이다(정계숙 · 손환희 · 윤갑정, 2015). 한편, 지역사회는 인간이 비교적 가까운 지리적 범위에서 공동체 의식을 가지고 협동적인 공동생활을 하는 사회집단을 말한다(김종서 · 주성민, 1990).

가족 및 지역사회를 이해하는 것은 가족의 기능, 지역사회의 역할, 문화적 가치를 포함한 다양한 차원에서의 인간의 상호의존성을 이해하는 것이다(Alaska Department of Education and Early Development, 2007). 유아는 자신의 가족, 지역사회 안에서 매일 생활하고 상호작용하면서 다양한 관계를 이해하고 나아가 인생을 배운다. 또한 유아의 가족 및 지역사회에서의 경험과 상호작용은 유아의 학습방법의 기초 능력을 형성시킨다(Alaska Department of Education and Early Development, 2007). 따라서 삶을 살아가기 위해서 유아는 가족의 생활을 이해하고, 지역사회와 자신을 위해서 함께 일하고 생활하는 방법과 문화를 이해하는 것이 필요하다(Kansas State Department of Education, 2014).

유아는 태어나면서 가정과 다양한 지역사회에 속하게 되며 이러한 환경 속에서 자아를 형성해 가고 사회화되면서 자기 자신을 발전시켜 나간다. 가족과 지역사회 구성원으로서의 경험은 유아의 자아 성장과 경험에 중요할 뿐 아니라 사회에 기여할 수 있는 인간으로 성장하게 하므로 가정과 지역사회의 역할은 매우 중요하다(박인기, 2008).

유아는 가족 및 지역사회 구성원으로서 가족들이 수행하는 역할을 배우게 되고 가족이 사회에서 수행하는 역할에 관심을 가지게 되면서 점차 주변 세계로 관심이 확장된다. 이에 따라 유아는 의사, 소방관, 경찰관, 교사, 버스 운전사, 동물원 관리자와 같은 가족 외부 사람이 수행하는 서비스에 관심을 가질 뿐 아니라 예술가, 이발사 및 헤어 스타일리스트 같은 역할을 종종 자신의 극화놀이에서 표현하기도 한다. 시간이 지남에 따라 유아는 역할을 수행하는 데 필요한 역할 및 세부 정보가 더욱 정교해진다. 이처럼 유아는 가족 및 지역사회를 통해 사회에서 기대되는 역할을 학습하게 된다(Epstein, 2014).

유아교육기관은 유아에게 지역사회나 주변 환경을 소재로 다양한 경험을 제공함으로써 유아가 사회생활에 필요한 지식, 기술, 태도를 습득하고 지역사회의 관습, 가치관을 익힐 수 있게 한다(우정희, 2008; 정미라 · 이희선 · 노은호, 2004). 즉, 유아교육기관에서는 유아에게 지역사회에 대한 다양한 경험을 제공함으로써 유아는 지역사회의 한 주민으로서 자신의 역할을 다할 수 있도록 준비시킬 수 있다(김지은 · 엄정애, 2014).

2. 가족 및 지역사회에 대한 발달

가족이나 지역사회에 대한 유아의 이해는 타인에 대한 이해나 다른 문화에 대한 이해를 통해서 발달한다. 타인에 대한 이해는 영아기 후기에 나타나지만, 가족이나 지역사회의 문화의 개념은 추상적이기 때문에 대부분의 유아는 잘 인식하지 못한다. 그러나 유아는 옷이나 음식과 같은 친숙한 내용으로 소개될 때 구체적인 문화의 차이를 알고 기억할 수 있다(Ramsy, 1998). 가족 및 지역사회와 관련하여 타인에 대한 이식, 다른 문화에 대한 개념 발달을 소개하면 다음과 같다.

1) 타인에 대한 인식 발달

타인에 대한 유아의 인식은 일찍부터 시작되는데, 연령별 발달을 살펴보면 다음과 같다(Derman-Sparks & A. B. C. Task Force, 2003, Seefeldt, Castle, & Falconer, 2014, 재인용).

- 30개월

30개월 정도의 유아는 외모의 차이를 불편해 하는 선입견의 징조를 보인다. 이는 전조작적 · 자아중심적 사고로 인하여 자신과 다른 것에 대해 부정적으로 반응하는 것이다.

- 초등학교 2학년

사람들 사이의 차이를 인정하지만 2～3세 유아보다 감정으로 반응하지는 않는다.

2) 다른 문화에 대한 개념 발달

사람들의 인종, 신체, 성 등에 대한 유아의 인식 및 편견의 발달을 연령별로 살펴보면 다음과 같다(지영주, 2011).

- 0～6개월

피부색의 차이에 주목한다.

- 6개월～2세

인종을 구분하고 신체적 특징, 옷차림, 언어, 정치적 성향에 기초하여 사람들 간의 유사성과 차이점을 인식한다(Ramsey, 2003, Seefeldt, Castle, & Falconer, 2014, 재인용).

- 2～3세

성이나 신체적 장애, 인종적인 측면 등의 초보적인 편견을 나타내기 시작한다. 유아가 3세경이 되면 자신의 피부색에 대해 알게 되기 때문에 자신의 피부색에 대해 긍정적인 인식을 가지게 하는 것이 중요하며, 이는 긍정적인 자아 형성에도 도움이 된다(Derman-Sparks & A. B. C. Task Force, 1989).

- 3~5세

  성역할 고정화와 인종적인 편견, 자신과 다른 사람에 대한 두려움이 나타나기 시작한다.

3. 가족 및 지역사회 교육

1) 주요 개념

유아교육기관에서의 가족 및 지역사회에 대한 교육을 수행할 때 다룰 수 있는 주요 개념을 소개하면 다음과 같다(Seefeldt, 2005; Seefeldt, Castle, & Falconer, 2014).

(1) 상호의존성

우리 모두는 서로 함께 도움을 주고받으며 살고 있다. 이러한 상호의존성은 영아가 태어나서 부모와 상호작용하면서 경험하게 된다. 유아교육기관에서는 유아에게 다양한 놀이 및 활동을 통하여 사회의 모든 사람이 서로 도움을 주고받으며 생활하고 있다는 것에 대해서 다룬다. 또한 유아가 다른 사람에게 도움을 줄 수 있고 동시에 도움을 받을 수 있는 능력을 길러주어야 한다.

(2) 유사점

유아는 다양한 문화적 · 인종적 배경을 가진 사람들의 차이점에 대해서 찾아낼 수 있는 반면에 다양한 문화에 속한 사람들의 유사점은 잘 찾아내지 못하는 경향이 있다. 그 결과 서로 다른 점에 근거하여 다른 문화와 그에 속한 사람들에 관하여 불신과 두려움을 형성할 수 있다. 따라서 유아교육기관에서는 다양한 문화와 그 문화의 사람들의 유사점에 초점을 맞춰 교육과정을 실시한다.

(3) 다양성

유아가 주변 상황에서 만나게 되는 다양한 문화와 그 문화에 속한 사람들을 통하여 다양성을 인식할 수 있도록 교육과정을 전개한다. 이 과정에서 특정 문화와 그 문화권의 사람들에 대하여 선입견이나 편견 없이 있는 그대로 이해하고 받아들일 수 있게 한다. 만약 유아가 편견이 형성되어 있는 경우, 반편견 교육과정을 적절히 운영한다.

(4) 평화로운 갈등 해결

유아의 교실에서는 다양한 갈등 상황이 수시로 일어난다. 갈등은 유아의 성장과 발달에 필요하며, 갈등상황에 대처하면서 개인적 존재에서 집단 안에서 기능할 수 있는 사회적 존재로 변화되어 간다. 따라서 다양한 유아 갈등상황에 대해서 다룬다.

2) 표준 및 누리과정에 기초한 유아행동 이해

유아들을 가족 및 지역사회 구성원으로 성장시키기 위해서 표준 및 2019 개정 누리과정, 유아의 행동 특성을 이해하는 것이 필요하다. 가족 및 지역사회 교육을 위한 유아의 표준 및 2019 개정 누리과정, 유아행동 특성은 다음 〈표 10-1〉과 같다(교육부 · 보건복지부, 2019; 조운주, 2015; Illinois State Board of Education, 2013; Office of Child Development and Early Learning, 2014b).

〈표 10-1〉 가족 및 지역사회 표준 및 누리과정, 유아행동

<table>
<tr><th colspan="3">표준 및 지표</th><th colspan="2">누리과정</th><th rowspan="2">유아행동</th></tr>
<tr><th>표준</th><th colspan="2">연령별 지표</th><th>내용범주</th><th>내용</th></tr>
<tr><td rowspan="3">4.1 가족 구성원과 가족 문화를 이해한다.</td><td>3세</td><td>가족 구성원과 역할에 관심을 가짐</td><td rowspan="3">더불어 생활하기/사회에 관심 가지기</td><td rowspan="3">가족의 의미를 알고 화목하게 지낸다./다양한 문화에 관심을 가진다.</td><td>• 가족 구성원을 말하거나, 가족을 그리고, "ㅇㅇ은 내 동생이야." 하고 가족을 소개한다.
• 역할놀이 동안 가족 구성원의 역할을 표현한다.
• 집에서 가지고 온 사진이나 물건을 보여준다.</td></tr>
<tr><td>4세</td><td rowspan="2">가족 구성원의 관계 및 역할, 생활문화를 앎</td><td>• 할머니, 이모, 고모 등의 관계에 대해서 이야기한다.
• 자신이 집에서 한 일을 말한다.
• 사람들 사이의 옷, 언어, 음식 등 공통점과 차이점에 대해서 질문한다.
• 가족 풍습에 대한 정보를 공유한다.
• 다양한 사람과 문화에 대한 시, 이야기, 노래를 즐긴다.</td></tr>
<tr><td>5세</td><td>• 세계 여러 나라 가족들의 풍습을 비교한다.
• 다양한 사람과 문화에 대한 시, 이야기, 노래를 들으면서 어떤 점이 좋은지 이야기한다.</td></tr>
<tr><td rowspan="3">4.2 지역사회의 특성과 지역 문화를 이해한다.</td><td>3세</td><td>지역사회의 특성 및 사람들에게 관심을 가짐</td><td rowspan="3">사회에 관심 가지기</td><td rowspan="3">내가 살고 있는 곳에 대해 궁금한 것을 알아본다</td><td>• 동네를 둘러보는 것을 좋아한다.
• 지역사회 사람들의 역할 및 행동(예: 경찰관 모자 쓰기)을 모방한다.</td></tr>
<tr><td>4세</td><td rowspan="2">지역사회의 특성 및 사람들의 역할을 앎</td><td>• 자신의 동네 이름을 안다.
• 자신의 동네에 있는 기관에 대해서 말한다.
• 장비나 유니폼을 보고 지역사회 사람들을 인식한다.
• 소방관, 경찰, 병원, 의사와 간호사 등 지역사회를 위해서 일하는 기관과 사람들의 이름과 역할을 말한다.
• 지역사회 사람들에 대한 역할놀이를 한다.</td></tr>
<tr><td>5세</td><td>• 자신의 동네 이름을 알고 동네 이름이 각기 다르다는 것을 안다.
• 지역사회에 있는 건물, 공공기관 등을 안다.
• 소방관, 경찰, 병원, 의사와 간호사 등 지역사회 기관과 사람들의 역할의 중요성을 말한다.
• 다양한 지역사회 사람들에 대한 역할놀이를 한다.</td></tr>
</table>

3) 교육과정 운영

유아가 가족 구성원이나 가족의 역할, 지역사회의 특징, 지역사회 사람들 등에 대해서 관심이 나타날 때, 표준 및 2019 개정 누리과정 내용에 기초하여 지족 및 지역사회에 대한 교육을 실시한다. 유아의 가족 및 지역사회 구성원으로서의 역량을 증진시키기 위한 연령별 교육과정 운영은 다음 〈표 10-2〉와 같다.

〈표 10-2〉 가족 및 지역사회 교육과정 운영

표준	누리과정 내용		연령	놀이 및 대소집단 활동
	내용범주	내용		
4.1 가족 구성원과 가족 문화를 이해한다.	더불어 생활하기	가족의 의미를 알고 화목하게 지낸다./ 다양한 문화에 관심을 가진다.	3세	• 동화: 안아줘!/또, 또, 또 해주세요/돼지 책 • 발표: 가족 소개하기 • 미술: 가족사진 콜라주
			4세	• 동화: 그래도 엄마는 너를 사랑한다/사이좋게 나눠야지/피터의 의자 • 미술: 가족 액자 만들기 • 인사초청: 다문화 가정 부모
			5세	• 동화: 터널/이슬이의 첫 심부름/따로따로 행복하게/오른발 왼발 • 미술: 가족 돕기 쿠폰 만들기/우리가족 요리책 만들기 • 요리: 다른 가족 음식
4.2 지역 사회의 특성과 지역 문화를 이해한다.	사회에 관심 가지기	내가 살고 있는 곳에 대해 궁금한 것을 알아본다.	3세	• 동화: 로지의 산책 • 견학: 동네 견학 • 쌓기놀이: 우리 동네 구성하기
			4세	• 동화: 심심해서 그랬어. • 견학: 동네 견학 • 인사 초청
			5세	• 동화: 작은집 이야기 • 견학: 동네 견학 • 공동조형: 우리 동네 구성하기/우리 동네 소개책 만들기

유아가 가족 및 지역사회를 이해하도록 지원하기 위해서는 유아의 놀이를 관찰하고 2019 개정 누리과정에 기초하여 분석한 다음, 놀이를 확장하고 지원해주는 것이 효과적이다. 가족 및 지역사회 구성원으로서 유아의 역량 증진을 위한 놀이관찰 및 놀이분석, 놀이지원의 예를 제시하면 다음과 같다.

유아의 가족 및 지역사회 이해를 위한 놀이지원	
유아 놀이 관찰	• 관찰유아: 현정, 미진, 은미(만 5세) • 관찰일시: 2019년 9월 25일(수) • 관찰상황: 쌓기놀이 영역(엄마 놀이) 관찰기록: 현정이가 미진이와 쌓기놀이 영역에서 레고를 가지고 논다. 레고로 집을 만든다. 문을 꽂고, "여긴 들어가는 문이야."라고 말한다. 현정이는 함께 있는 미진이에게 "내가 딸 할게. 네가 엄마야."라고 한다. 현정이는 "아빠는 잠옷 입고, 쓰레기장에 가요."라고 한다. 쓰레기장에 도착해 미진이에게 "근데! 생선 가시가 있었어."라고 말하며 웃는다. 현정이는 미진이를 쳐다보며 "이번엔 아이스크림 가게를 가는 거야."라고 한다. 미진이가 다른 장난감을 만지고 있자 현정이는 "아이스크림 얼마예요? 감사합니다."라고 한다. 현정이는 갑자기 목소리 톤을 높이며, "엄마 새싹치약인데, 새거로 부탁해요. 새 거."라고 말한다. 미진이는 엄마 흉내를 내며, "알겠다."라고 말한다. 은미가 다가온다. 다가온 은미는 옆에서 계속 친구들을 보다가 말을 건다.
유아 놀이 분석	• 누리과정 내용: 더불어 생활하기 – 가족의 의미를 알고 화목하게 지낸다. • 현정이는 가족의 의미와 구성원의 역할을 알고 있다. • 미정이는 가족 구성원의 역할을 알고 있다. • 교사는 가족 놀이에 관심을 보이는 유아들에게 공간 및 놀잇감을 제공하고, 관련 활동을 제공하여 놀이를 활성화하고, 유아들이 가족의 의미를 알고 화목하게 지낼 수 있도록 지원한다.
놀이 주제	가족
유아 놀이 지원	• 상호작용 – 가족놀이에서 새로 온 친구는 어떤 역할을 하면 좋을지 질문한다. – 가족이 살려면 집을 어떻게 만드는 것이 좋은지 질문한다.

유아의 가족 및 지역사회를 위한 놀이지원	
유아 놀이 지원	• 공간 및 놀이자료 지원 – 쌓기 영역과 역할 영역을 통합하고 역할 영역에 가족 놀이에 필요한 다양한 소품을 제공한다. – 쌓기 영역에 집을 구성하기 위한 다양한 종류의 블록(종이벽돌 블록, 건축 블록, 헐로우 블록, 우레탄 블록 등)을 제공한다. – 다양한 집(단독, 아파트, 빌라 등) 사진 및 영상 자료를 제공한다. – 미술 영역에 가족 돕기 쿠폰, 가족 액자 만들기 자료(다양한 모양 카드, 유아 사진, 꾸미기 도구 등)를 제공한다. • 활동: 『우리 집 생쥐네 집』(존 버닝햄) 동화 들려주기 – 가족과 관련된 동화를 들려준다. • 유의점 및 확장 – 가족 돕기 쿠폰을 가지고 역할놀이를 실시하도록 지원한다. – 유아가 만든 가족 돕기 쿠폰을 집에 가서 사용하도록 지도한다. – 유아가 만든 가족 돕기 쿠폰을 사용한 경험에 대해서 발표시간을 가질 수 있고, 유아들의 가족 돕기 경험을 사진으로 촬영하여 공유할 수 있다. – 가족 놀이를 우리 동네 놀이로 확장할 수 있다.

4) 환경구성 및 교사지원

유아의 올바른 가족 및 지역사회를 이해하기 위해서는 성인의 지원이 필요하다. 유아의 가정 및 지역사회에 대한 교육을 위한 환경구성 및 교사지원을 살펴보면 다음과 같다(Ramsy, 1998; Seefeldt, Castle, & Falconer, 2014).

(1) 환경구성

- 가족의 물건이나 사진 전시하기
- 가족문화와 전통을 묘사하는 음악, 책, 물건, 인형, 옷, 소품, 미술 자료 등 제공하기
  - 다양한 가족사진과 문화의 책, 영화, 사진, 노래, 시, 소품 제공하기
  - 지역사회 사람들에 대한 사진, 책 제공하기

- 소방서, 우체국, 식료품 가게, 애완용품 가게, 미용실 등 유아들이 관심을 보이는 지역사회 사람들과 역할에 필요한 소품 제공하기
- 다양한 가족과 문화를 묘사하는 음악, 책, 물건, 인형, 옷, 소품, 미술 자료 등 제공하기

(2) 교사지원

- 가족 및 지역사회의 역할과 상호의존적인 관계 소개하기

가족 및 지역사회 구성원끼리 서로 도움을 주고받은 경험을 통해 상호의존적인 관계를 이해하게 한다. 유아가 가족 및 지역사회의 고마움을 알고 가정에서 부모나 형제에게 도움을 줄 수 있는 활동을 실천하게 한다.

- 가족 및 지역사회 다양한 문화 경험하기

유아가 가족 및 지역사회 다양성을 경험할 수 있도록 다양한 음식, 음악, 미술, 놀이 등을 소개한다.

- 가족 및 지역사회 다양성을 존중하는 모델 제공하기

유아의 다양성을 존중하는 태도는 다른 사람에 대한 부모 및 교사의 상호작용을 통해서 학습된다. 유아는 부모가 가족과 다른 사람을 어떻게 대하는지를 관찰함으로써 다른 집단의 사람이나 주변 환경 등에 가져야 할 가치들을 배울 수 있다. 교사는 부모보다 짧은 시간 동안 유아와 함께하지만, 유아에게 강한 영향력을 미칠 수 있으므로 일상생활에서 다양성을 존중하는 태도를 보여준다.

- 동화를 활용하여 다양성 이해시키기

동화는 다양성을 소개하는 데 있어 적절한 매체 중의 하나이다. 다양한 가족 유형 및 문화에 대한 동화를 활용하여 다름을 틀림으로 이해하지 않도록 지도하여 편견을 갖지 않게 한다.

- 평화로운 갈등 해결방법 제공하기

유아가 다름으로 인해서 경험하게 되는 갈등은 유아의 성장과 발달에 필요하다. 교사는 유아의 갈등을 다루기 위하여 유아의 감정을 인정하고 적절한 방법을 통해 표현하는 방식을 제공한다.

CHAPTER

11

시민의식

1. 시민의식의 정의 및 중요성

시민의식은 영어로는 주로 'citizenship'이라고 표현한다. 이는 시민이라는 'citizen'과 자질, 조건이라는 '-ship'이 합성되어 만들어진 만큼, 그 속에는 시민으로서 요구되는 자질, 시민성이라는 뜻이 담겨 있다. 이는 공동체의 구성원, 즉 시민이라는 지위에서 요구되는 특성을 지니고 있는 개념이다(김왕근, 1995). 이에 시민의식은 공동체의 구성원으로서 지녀야 할 책임, 태도, 공동 목적, 의무 등을 포괄하고 있다(Butts, 1988). 시민의식은 인간이 누려야 할 권리와 공동체의 구성원으로서 소속감을 인식하고, 시민적 책임과 의무를 다하기 위하여 공동체의 다양한 문제를 해결하도록 협력하여 해결과정에 적극적으로 참여하는 것을 강조한다.

이러한 시민의식의 함양을 목적으로 하는 시민교육은 구성원들이 사회의 나아갈 방향을 세우고 가치 있는 삶을 실현하는 시민으로서의 각성과 참여를 강조한다(심성보, 2011). 그동안 규칙과 기본 질서만을 잘 지키도록 하는 도덕교육의 수준에서 시민교육을 바라보는 교육 풍토에서는 올바른 시민교육이 이루어지기 힘들다(한국교육개발원, 1993). 따라서 유아기 시민교육은 질서와 예절 수준으로 한정되기보다 자신과 다른 사람의 권리와 책임이 무엇인지를 이해하고 사회규칙과 공정함을 이해하는 시민의식 교육이 필요하다.

시민의식은 사회 구성원이 공동체의 유지 및 발전을 위해서 가져야 할 자질과 태도를 바탕으로 바람직한 사회를 구현하는 데 기반이 된다. 시민교육은 민주적 가치와 태도를 함양할 수 있도록 다른 사람과 상호의존 하는 경험을 갖게 하며, 공공의 문제와 관련된 의사결정 과정에 참여하도록 하여 자신이 살고 있는 사회의 현실을 비판적으로 검토하고 평가하게 한다(Sehr, 1997).

유아기는 올바른 시민의식 형성에 있어서 기초가 되는 시기이다. 시민교육은 유아가 자신과 다른 사람을 존중하고 나와 다른 가치도 인정하는 태도를 기르도록 하며, 사회생활에서 직면하는 여러 갈등과 문제를 의사결정 과정을 통하여 합리적으로 해결할 수 있도록 사회적 기술 및 태도를 기르게 한다(한국교육개발원, 1993). 유아는 유아교육기관에서 다양한 사람과 함께 어울리면서, 욕구 불만, 기쁨, 공포, 긴장, 분노와 같은 다양한 감정들을 어떻게 다루어야 하는지 배우며, 자신이 살고 있는 사회적 환경에 대한 요구와 기대, 그들의 필요와 관심들 간의 차이점을 어떻게 조화시키는가에 대한 올바른 판단 능력을 기른다(Kostelnik, Stein, Whiren, & Soderman, 1993).

더불어 유아는 시민교육을 통하여 전 세계의 생활이 서로 연결되어 있음을 이해하고 인류의 지속 가능한 발전을 위하여 사회에서 개인이 수행해야 하는 역할을 알게 한다. 유아기에는 주변 세계의 사회적 문제를 알고 해결하기 위해서 적극적으로 참여하는 시민으로서의 능력과 태도, 가치를 기르는 것이 중요하다. 따라서 유아기 시민교육은 집단 구성원으로서의 참여와 책임을 경험하고 갈등 해결, 공정성, 상호존중 등 사회생활에 필요한 기술, 가치, 태도 등을 배우도록 해야 하고 개인적인 의식과 사회적인 책임감을 발달시키기 위한 기회의 지침을 제공하는 방향으로 나아가야 한다(D'Amico, Daly, Wallace, & Wilson, 1980).

2. 시민의식의 발달

시민의식이 발달하기 위해서는 도덕성과 공정성 등의 발달이 이루어져야 한다. 도덕성의 발달을 설명하는 이론에는 정신분석 이론, 사회학습 이론, 인지발달 이론 등이 있다. 정신분석 이론에서는 불안과 공포를 극복하기 위해서 동성 부모에 대한 동일시를 통해서 도덕성의 발달이 내면화된다고 보았다. 사회학습 이론에서는 보상이나 강화를 받은 도덕적 행동이 학습되고 유지되며, 강화되지 않거나 처벌된 행동은 학습되지 않고 소멸된다고 보았다. 이 과정에서 부모와 교사의 모델이 중요하다고 하였다. 인지발달 이론에서는 도덕성과 공정성 발달이 인지발달에 따라 이루어진다고 보았다. 인지발달 이론의 대표적인 학자인 피아제(Piaget)와 콜버그(Kohlberg)의 도덕성 발달이론과 데이먼(Damon)의 공정성 발달이론을 살펴보면 다음과 같다.

1) 피아제의 도덕성 발달

피아제는 도덕성 개념을 인지발달처럼 유아가 경험을 통해 구성해 가는 지식으로 생각하였다. 그는 유아의 도덕성 발달 과정을 전 도덕적(premoral) 단계, 타율적 도덕성(heteronomous morality) 단계, 자율적 도덕성(autonomous morality) 단계, 3단계로 제시하였다. 피아제는 유아가 이 세 단계를 지나면서 규칙이 사람들 간의 합의에 의해서 만들어진 것이며, 정의(justice)는 행동의 결과가 아닌 의도에 의해 판단될 수 있음을 이해하게 된다고 보았다(한국심리학회, 2014). 피아제가 제시한 도덕성 발달단계는 다음과 같다(Piaget, 1932, 1965, Berk, 1997, 재인용).

- 전 도덕적 단계(5세 이전)

  규칙에 대해 의식하지 못하고 관심이나 이해가 없는 단계이다. 옳고 그름을 판단할 때 일관된 기준을 적용하지 못한다. 이 시기의 유아는 옳고 그름의 차이를 알지 못한다.

- 타율적 도덕성 단계(5~10세)

  도덕적 실재론에 근거한 단계로, 규칙을 반드시 지켜야 된다고 생각하며, 도덕적 판단기준이 주로 권위자에 의해서 결정된다. 도덕적 행동을 결과에 따라 판단하며, 규칙위반은 어떤 식으로든 처벌을 받는다고 생각하는 단계이다.

- 자율적 도덕성 단계(10세 이후)

  규칙도 변화가 가능하다고 생각하며, 어떤 행위의 옳고 그름을 판단할 때 결과뿐만 아니라 의도를 고려해야 한다는 것을 알기 시작하는 단계이다. 이 단계는 사회적 경험, 즉 또래와 대등한 지위에서의 상호작용이 융통성 있고 자율적인 도덕성 발달에 도움이 된다.

2) 콜버그의 도덕성 발달

콜버그는 피아제의 이론을 확대하여 자율적 도덕성 단계 이상의 도덕적 사고의 발달단계에 대한 확장된 이론을 만들어 냈다. 콜버그는 도덕적 사고가 전 생애를 통해 발달하는 것으로 보았으며, 도덕성 발달을 3수준 6단계로 제시하였다. 각 수준은 2단계로 이루어진다. 콜버그의 도덕성 발달단계의 특징은 각 개인은 상황에 상관없이 각 단계에서는 유사한 추론 행동패턴을 보이며 단계를 건너뛰지 않고 단계적으로 순서대로 이루어진다는 점이다. 또한 상위단계에 도달하면 결코 전 단계로 퇴행하지 않는다는 점이다. 콜버그가 제시한 도덕성 발달단계는 다음과 같다(Kohlberg, 1976).

- 제1수준: 인습 이전 수준(pre-conventional level)
  - 1단계: 벌과 복종(obedience and punishment orientation)
    벌과 복종이 강조되며 절대적 권위에 무조건 복종하는 단계이다.
  - 2단계: 도구적 목적과 교환(individualism and exchange)
    자신의 쾌락 및 도구적인 목적을 지향하는 단계로, 자신이나 타인의 욕구 충족을 옳고 그름의 기준으로 삼는다.

- 제2수준: 인습 수준(conventional level)
  - 3단계: 상호 기대와 동조(interpersonal accord and conformity)
    착한 소년, 소녀를 지향하는 것으로, 타인의 반응이 도덕성 판단의 기준이 되며, 의도를 고려하기 시작한다.
  - 4단계: 사회체제와 양심 보존(authority and social-order maintaining orientation)
    권위(법)와 사회질서를 지향하는 단계로, 권위, 정해진 규칙이나 사회질서를 존중한다.

- 제3수준: 인습 이후 수준(post-conventional level)
  - 5단계: 사회적 계약(social contract orientation)
    사회적 계약, 개인의 권리, 민주적으로 수용된 법률을 중요하게 생각하는 단계로, 다수를 위해서 최대의 선을 강조한다.
  - 6단계: 보편적 윤리(universal ethical principles)
    개인적인 양심으로서의 도덕성을 강조하는 단계로, 옳은 행동은 자신이 선택한 윤리적 원리와 일치하는 양심에 의해 결정된다.

3) 데이먼의 공정성 발달

데이먼은 피아제의 도덕성 발달이론을 확장하여 사회도덕성 개념을 연구하였다. 그는 공정성에 대한 이해의 발달을 분배, 즉 나눔(sharing)으로 보았으며 도덕적 추론 단계와 유사한 과정으로 설명하였다. 데이먼의 분배정의 발달은 3수준 6단계로 나뉘며, 점차 탈중심화되어 상호호혜성을 고려하는 관점으로 발달해 간다고 보았다. 0수준에서는 자기중심성에 근거하여 분배정의를 이해하며, 1수준에서는 공정함의 기준을 누구나 똑같아야 한다는 평등의 개념에 둔다. 2수준은 평등의 개념과 함께 진정한 필요와 요구를 반영하는 상호 입장에서 분배 개념을 이해한다. 구체적인 데이먼의 분배정의 추론발달단계는 다음과 같다(조순옥 외, 2003; Damon, 1983).

- 수준 0−A(3~4세)
  분배는 행동을 하게 되는 개인적인 욕구를 반영한다. 이 시기는 합리화를 시도하기보다는 단순한 선택을 주장하며 유아 자신의 욕구와 혼동되어 있다(예: 내가 배고프니까 더 많이 먹어야 된다).

- 수준 0−B(3~5세)
  아직도 개인적인 욕구를 반영한다. 이 시기는 외현적이고 관찰 가능한 사실을 근거로 선택을 합리화한다(예: 난 여자니까 더 많이 가져야 한다).

- 수준 1−A(4~6세)
  철저한 평등을 주장하고, 융통성이 없다. 이 시기는 공평의 원리를 융통성 없이 일방적으로 적용한다(예: 몸이 크든 작든, 또는 어른이든 아이든 상관없이 똑같이 간식을 나눠먹어야 된다).

- 수준 1−B(5~7세)
  행위에 대하여 호혜적인 개념을 적용한다. 이 시기는 행한 일에 따라 받아야 한다는 보상 개념이 시작하는 시기로, 근거를 밝히는 이유나 합리화가 융통성이 없다(예: 정리정돈을 열심히 하면 간식을 더 먹어도 된다).

- 수준 2-A(7~9세)
  각기 다른 사람들이 각기 다른 근거를 가질 수 있음을 이해함으로써 도덕적 상대성 개념이 생긴다. 이 시기는 합리적인 이유를 특별히 결핍이나 필요가 있는 사람들에게 둔다(예: 가난한 사람이 부자보다 돈을 더 많이 가져야 한다).

- 수준 2-B(8~10세)
  평등과 상호호혜성을 함께 고려한다. 이 시기의 선택은 다양한 사람들의 주장과 특별한 상황에서의 요구를 고려하여 결정하며, 선택은 확고하고 명백하며 모든 사람들도 공로를 인정받아야 한다는 인식을 반영한다.

3. 시민의식 교육

1) 주요 개념

미국시민교육센터(Center for Civic Education)가 제시한 시민교육의 기본 개념은 시민성, 개인의 책임, 자율, 시민다운 마음, 개방적 마음, 타협, 다양성에 대한 관용, 인내와 지구력, 정열, 관대함, 국가와 그 원칙에 대한 충성 등 11가지이다(Quigley & Bahmueller, 1991). 멜렌데즈 등(Melendez, Berk, & Fletcher, 2000)은 시민의식을 형성하기 위해서는 책임감, 자신의 권리와 책임 인식, 현재와 미래의 문제점 결정에 참여, 규칙과 법의 준수, 타인의 권리 존중, 타인이 다른 의견을 가질 권리, 비판적 사고, 사회의 복지에 대한 관심, 타인 돕기, 국가의 이념과 가치를 지지하는 애국심 등을 제안하였다.

또한 마토렐라(Martorella, 1985)는 기본적인 시민의 자질로서 합리적 의사결정 능력 혹은 문제해결력을 제시하였는데, 이것은 시민으로서 사회 구성원이 그 사회가 추구하는 기본적인 이념과 가치에 대한 확신을 가지고 사회나 정치 체제에 효율적으로 참여하면서 주어진 역할과 책임을 수행할 수 있어야 함을 강조한 것이다.

이상의 여러 학자들이 제시한 개념을 토대로 유아 시민의식교육의 주요 개념을 제시하면 다음과 같다.

(1) 규칙 수립과 준수

사회 구성원 모두가 안정되게 생활하기 위해서 규칙이 필요하다는 것을 인식하고 지켜야 한다는 것을 이해해야 한다. 규칙을 만드는 과정에 유아를 참여시켜 자율성을 증진시킨다. 실제 유아 스스로 만든 규칙은 주어진 규칙보다 훨씬 강력한 힘을 가진다. 규칙은 확실하고 일관성이 있어야 하며, 위협 등에 의해 좌우되지 않아야 한다.

(2) 기본 권리와 책임

모든 사람은 권리(존중받을 권리, 의견을 표현할 권리, 의사결정 권리, 일할 권리 등)를 가지고 있으며, 모든 사람의 기본 권리는 동등하게 존중되어야 한다는 것을 이해해야 한다.

(3) 의무와 역할

각자 집단 속에서 해야 할 일이 있음을 알고 실천해야 한다. 유아는 가정이나 기관에서 각 구성원의 역할이 있음을 인식하고, 일상생활에서 자신이 스스로 해야 하는 일들을 수행할 수 있어야 한다.

시민교육이 효과적으로 이루어지기 위해서 유아교육기관에서는 유아에게 시민으로서 필요한 지적 · 정의적 자질과 태도를 직접적으로 가르칠 뿐만 아니라 다양한 사람들과 함께 모여 생활함으로써 공동체적 시민생활을 실천할 수 있는 체험의 장을 제공해야 한다(양시내 · 김영옥, 2014).

2) 표준 및 누리과정에 기초한 유아행동 이해

유아의 시민의식을 증진시키기 위해서는 표준 및 2019 개정 누리과정, 유아의 행동 특성을 이해하는 것이 필요하다. 시민의식 교육을 위한 유아의 표준 및 2019 개정 누리과정, 유아행동 특성은 다음 〈표 11-1〉과 같다(교육부 · 보건복지부, 2019; 조운주, 2015; Illinois State Board of Education, 2013; Office of Child Development and Early Learning, 2014b).

〈표 11-1〉 시민의식 표준 및 누리과정, 유아행동

표준 및 지표			누리과정		유아행동
표준	연령별 지표		내용범주	내용	
5.1 규칙을 이해하고 실천한다.	3세	성인이 도와주면 규칙을 따름	더불어 생활하기	약속과 규칙의 필요성을 알고 지킨다.	• 정리시간에 성인이 도와주면 정리를 한다. • 다른 곳으로 이동할 때, 도와주면 줄을 선다.
	4세	규칙을 알고 자율적으로 지킴			• 차례를 지키고, 안전하게 교구를 사용한다. • 자신이 사용한 교구를 정리한다. • 흥미 영역의 규칙(인원 수)을 지키기 위해 기다린다. • 규칙을 어긴 친구에게 "교실에서 뛰지 마."라고 규칙을 상기시킨다.
	5세				• 다른 친구들에게 규칙을 지킬 것을 요구한다. • 규칙이 왜 중요한지, 규칙을 지키지 않았을 때 어떤 일이 생기는지를 설명한다("블록 영역은 5명까지만 놀 수 있어. 지금은 너는 들어올 수 없어. 네가 들어오면 너무 좁아서 쌓기 놀이를 할 수 없어. 이름표가 비면 그때 와야 해."라고 말한다). • 이동 시 줄을 서서 기다린다. • 안전하고 조심스럽게 교구를 사용하고, 사용한 교구를 스스로 정리한다. • 교실에서 필요한 규칙을 제안한다.

<table>
<tr><th colspan="3">표준 및 지표</th><th colspan="2">누리과정</th><th rowspan="2">유아행동</th></tr>
<tr><th>표준</th><th colspan="2">연령별 지표</th><th>내용범주</th><th>내용</th></tr>
<tr><td rowspan="3">5.2
권리와
책임을
이해하고
실천한다.</td><td>3세</td><td>자신의
권리를
주장하기
시작함</td><td rowspan="3">더불어
생활하기</td><td rowspan="3">약속과
규칙의
필요성을
알고
지킨다.</td><td>• 친구가 놀잇감을 가져가려고 할 때, 자신의 권리를 주장한다("내 거야."라고 말한다).</td></tr>
<tr><td>4세</td><td rowspan="2">자신과 다른
사람의 리와
책임을 알고
일부 실천함</td><td>• 자신의 권리를 주장한다("내가 먼저 놀았어."라고 말한다).
• 역할놀이에서 역할을 결정하는 등 의사결정에 참여한다.
• 자신의 책임을 말한다(자유선택놀이가 끝나자 "이거 정리해야 해."라고 말한다).</td></tr>
<tr><td>5세</td><td>• 다른 사람의 권리를 지켜주려고 한다("내가 먼저 가지고 놀았으니까 너는 내가 쓴 다음에 해."라고 말한다).
• 다른 사람의 놀잇감, 공간 등 권리를 존중한다("나도 같이 쌓기놀이 해도 돼?"라고 묻는다).
• 약자 편을 든다("ㅇㅇ가 먼저 했으니까 네가 기다려야 해."라고 말한다).
• 학급과 교실설비, 자료, 환경, 동식물 등을 돌보는 일에 참여한다.</td></tr>
</table>

3) 교육과정 운영

유아가 학급의 규칙에 대해서 말하고, 자신의 권리를 주장하는 등 권리와 책임에 대해서 관심이 생기면 표준 및 2019 개정 누리과정 내용에 기초하여 시민의식 교육을 실시한다. 유아의 시민의식을 증진시키기 위한 연령별 교육과정의 운영은 다음 〈표 11-2〉와 같다.

〈표 11-2〉 시민의식 교육과정 운영

<table>
<tr><th rowspan="2">표준</th><th colspan="2">누리과정 내용</th><th rowspan="2">연령</th><th rowspan="2">놀이 및 대소집단 활동</th></tr>
<tr><th>내용범주</th><th>내용</th></tr>
<tr><td rowspan="3">5.1
규칙을
이해하고
실천한다.</td><td rowspan="6">더불어
생활하기</td><td rowspan="6">약속과 규칙
의 필요성을
알고 지킨다.</td><td>3세</td><td>• 동화: 검피 아저씨의 뱃놀이
• 토의: 놀이규칙 만들기</td></tr>
<tr><td>4세</td><td>• 동화: 쿠키 한 입의 인생
• 토의: 놀이규칙 만들기
• 공동조형: 놀이 규칙판 만들기</td></tr>
<tr><td>5세</td><td>• 동화: 우당, 탕탕 할머니 귀가 커졌어요.
• 토의: 공공규칙 만들기
• 공동조형: 재활용 수거함 만들기
• 미술: 공공규칙 스티커 만들기</td></tr>
<tr><td rowspan="3">5.2
권리와
책임을
이해하고
실천한다.</td><td>3세</td><td>• 동화: 색깔을 훔친 마녀</td></tr>
<tr><td>4세</td><td>• 동화: 또야와 세발자전거/야! 우리 기차에서 내려</td></tr>
<tr><td>5세</td><td>• 동화: 치과의사 드소토 선생님/임금님 귀는 당나귀 귀/동물원</td></tr>
</table>

유아의 시민의식을 증진시키기 위해서는 유아의 놀이를 관찰하고 2019 개정 누리과정에 기초하여 분석한 다음, 놀이를 지원하고 확장해주는 것이 효과적이다. 유아의 시민의식을 증진하기 위한 놀이관찰 및 놀이분석, 놀이지원의 예를 제시하면 다음과 같다.

<table>
<tr><th colspan="2">유아의 시민의식 교육을 위한 놀이지원</th></tr>
<tr><td>유아
놀이
관찰</td><td>• 관찰유아: 현호, 준혁, 민준(만 4세)
• 관찰일시: 2019년 4월 17일(수)
• 관찰상황: 자유놀이(쌓기 영역, 레고 놀이)

쌓기놀이 영역에서 현호와 준혁이가 레고 조립을 하다가 레고를 만들고 있던 민준이에게 다가가 “너 파란색하고 부술 때 우리 줘라.”라고 말한다. 친구는 “싫어! 정리할 때 전시할 거거든.”이라고 답한다. 현호가 “우리도 파란색 필요한데. 주말에 부수고 나서 우리 파란색 다 줘라.”라고 말하자 “나 안 부술 거야.”라고 단호하게 대답한다. 현호는 “지금은 범고래 만들 거라서 파란색 필요 없고, 검은색이랑 하얀색이 필요해. 근데 청새치 만들려면 파란색이 필요해.”라고 말한다. 자신들이 만든 청새치, 혹등고래, 바다코끼리를 소개하고 동물들의 특징도 간단하게 설명한다.
 </td></tr>
<tr><td rowspan="2">유아
놀이
분석</td><td>• 누리과정 내용: 더불어 생활하기 – 약속과 규칙의 필요성을 알고 지킨다.
서로 다른 감정, 생각, 행동을 존중한다.</td></tr>
<tr><td>• 현호는 학급에서 정한 약속과 규칙의 필요성을 알고 지킨다.
• 민준이는 다른 친구의 감정을 존중하지 못한다.
• 교사는 바다동물 놀이가 활성화될 수 있도록 공간 및 놀이자료 등을 지원한다. 또한 놀이규칙으로 제약을 받은 유아들에게 놀이규칙을 협의하여 수정할 수 있게 지원하므로 규칙의 변경 가능성과 필요성을 알게 한다.</td></tr>
<tr><td>놀이
주제</td><td>바다동물</td></tr>
<tr><td>유아
놀이
지원</td><td>• 상호작용
– 바다동물 놀이할 때, 어떤 점이 속상했는지 물어본다.
– 민준이와 같이 만들어 보는 것을 제안해 본다.
– 블록 대신 활용할 수 있는 놀잇감을 생각해 보게 한다.</td></tr>
</table>

유아의 시민의식 교육을 위한 놀이지원	
유아 놀이 지원	• 공간 및 놀이자료 지원 – 미술 영역에 바다동물을 만들 수 있는 자료(파란색, 검은색, 흰색 등의 색상지, 바다동물 사진)를 제공해 준다. – 디지털 기기를 활용하여 배경화면으로 바닷속 영상을 제공할 수 있다. • 활동: 『블록 놀이 규칙』 투표하기 – 기존 규칙 중 수정이 필요한 것에 대해서 토의한다. – 다른 반 친구들의 의견을 스티커 붙이기 등을 통해서 조사한다. – 놀이규칙을 유아들이 투표를 통해서 선정하도록 한다. – 투표 결과를 반영하여 규칙판을 만들어 쌓기 영역에 부착한다. • 유의점 및 확장 – 투표 방법 등은 유아들과 협의하여 진행한다. – 놀이자료가 부족해서 발생하는 현상이라면 놀이자료를 보충해 준다.

4) 환경구성 및 교사지원

유아의 올바른 시민의식에 대한 교육을 위해서는 성인의 지원이 필요하다. 3~5세 유아의 시민의식 교육을 위한 환경구성 및 교사지원은 다음과 같다(Seefeldt, 2005; Seefeldt, Castle, & Falconer, 2014).

(1) 환경구성

- 시민교육 관련 다양한 동화책 제공하기
- 다양한 규칙이 포함된 놀이 및 게임자료 제공하기
- 공공규칙 관련 상징 사진 및 그림 제공하기(교통신호, 어린이보호구역, 장애인 배려 표시, 재활용 표시 등)
- 교사와 유아가 함께 만든 규칙판 제공하기

(2) 교사지원

- 유아의 가치 존중하기

유아가 일상적인 학급에서의 경험을 통해 자신이 가치 있고 존중받고 있다는 것을 알게 한다. 예를 들어, 규칙을 준수할 때는 칭찬하고, 자신뿐 아니라 다른 유아의 가치와 권리를 존중하는 기회를 제공한다. 아울러 유아가 민주사회의 구성원으로 공유하기를 배우고 때로는 공공의 이익과 개인의 욕구 간에 균형을 이루는 것이 필요함을 경험하게 한다.

- 학급 의사결정 기회 제공하기

교사는 유아가 무조건적으로 지시를 따를 것을 기대하기보다는 유아와 규칙을 공유하는 것이 바람직하다. 또한 유아가 스스로 선거나 투표에 참여하는 등 현명하게 의사결정을 할 수 있는 기회를 제공한다. 교사는 유아가 학급에서 해야 할 일들의 목록을 만들거나 학급도우미를 선택할 기회를 제공한다. 이때 유아의 자발적인 참여를 격려해준다.

- 책임지는 경험 제공하기

교사는 유아 스스로 책임을 지고 학급의 이익을 위해 참여하는 경험을 제공한다. 공익을 위해 함께 노력하고 참여하는 성향은 생의 초기부터 시작된다. 스스로 옷 입기, 화장실 가기 및 손 씻기 등은 자기책임에 해당되는 것으로, 유아가 자발적으로 실행했을 때 칭찬과 격려를 해준다. 이외에도 정리 · 정돈하기, 식물이나 동물 돌보기는 책임을 경험하고 권리와 의무를 이해하게 하는 민주적인 참여경험이 될 수 있다.

CHAPTER

12

경 제

1. 경제 교육의 정의 및 중요성

경제란 인간의 생활에 필요한 재화나 용역을 생산 · 분배 · 소비하는 모든 활동을 의미한다(이영규 · 심진경 · 안영이 · 신은경 · 윤지선, 2010). 경제 교육은 유아가 희소한 자원의 활용에 관한 의사결정을 내릴 때 합리적인 선택을 할 수 있는 능력을 함양시키는 교육이다(Symmes, 1981). 경제 교육은 상품과 서비스가 어떻게 생산되고 분배되는지, 그리고 저축하고 소비하고 세금을 내는 등의 사람들의 활동에 대해서 배우는 것이다(Seefeldt, 2005).

한희경(1998)은 유아 경제 교육을 경제 현상을 올바르게 이해하고 경제적인 지식을 바탕으로 합리적인 의사결정을 할 수 있도록 경제적 사고방식을 길러주는 교육이라고 정의하였다. 장명주(2003)는 유아 경제 교육을 유아가 생활 주변의 사회 · 경제 현상에 관심을 가지도록 하여 기본적인 경제 원리를 이해하며, 경제적 사고방식을 형성하도록 도와주어 경제적 측면에서 합리적이고 바람직한 의사결정 능력을 함양하도록 하는 교육을 의미한다고 정의하고 있다. 김영옥과 홍혜경(1998)은 유아 경제 교육을 유아가 실생활에서의 경제 관련 문제를 합리적으로 이해하고 판단하도록 돕는 것이라고 정의하면서 이러한 경제적 이해력과 합리적 의사결정 능력의 함양은 평생을 통하여 학습되어야 한다고 하였다.

이상의 내용을 종합하면, 유아 경제 교육은 유아가 주변에서 일어나는 기초적인 경제 현상에 대한 이해를 바탕으로 다양한 문제 해결을 위한 지식 · 기술 · 태도를 형성하고, 합리적인 소비를 위한 의사결정 능력을 형성하도록 하는 지속적인 생활 교육이라 할 수 있다.

경제 교육을 통해서 유아는 소비에 대한 올바른 정보를 얻고, 논리적 사고방식과 건전한 소비 생활을 형성하게 된다. 즉, 경제 교육을 통해서 유아는 바람직한 경제생활의 기초적 원리를 이해할 수 있으며, 기본적인 소비자 개념을 배우고 이해할 수 있다. 또한 실생활에서의 경제 관련 문제를 합리적으로 이해하고 판단하고 의사결정을 하도록 돕고 자기확신 및 존중감을 증진시킨다(Horton & Weidenaar, 1975, 한형원, 1988, 재인용; Schug, 1983). 유아기에 학습된 경제 가치와 경제 행동은 미래의 성인기까지 영향을 미치므로 유아 경제 교육이 더 중요하다고 할 수 있다(박상선, 1996).

유아는 자신의 소득으로 직접적인 소비활동을 하는 것은 아니지만 유아기에 일상적인 경험을 통해서 형성되는 돈, 교환, 상품과 서비스, 소비와 같은 경제 개념들은 유아기부터 단계적으로 발달한다. 따라서 이 시기에 유아의 개인적인 발달 수준을 파악하여 경제 교육을 일상생활 속에서 실시하는 것이 필요하다. 특히 급변하는 소비방법의 변화에 대비하기 위하여 유아기부터 정보의 가치를 올바르게 변별하여 합리적인 경제 · 소비활동을 하도록 하기 위하여 유아 경제 교육이 중요하다 할 수 있다. 결과적으로 유아 경제 교육은 이미 일상생활 속에서 경제활동을 경험하고 있는 유아가 책임 있는 경제 주체로서 역할을 다하고 민주시민으로 성장할 수 있도록 경제 · 소비 생활에 대한 올바른 습관을 형성하도록 하기 때문에 중요하다(윤선영, 2007; Symmes, 1981).

2. 경제 개념의 발달

경제 개념은 연령에 따라 단계적으로 발달한다는 견해와 교육이나 실생활에서 일어나는 상황과 사회 · 문화적 요인에 의해 영향을 받는다는 견해가 있다. 유아는 일상생활의 맥락 안에서 경제와 관련된 경험을 함으로써 경제 개념의 발달이 가능하다. 3세 유아는 가게놀이, 상품을 돈과 교환하는 가상놀이를 즐긴다. 그러나 이 연령의 유아는 왜 돈이 이러한 기능을 하는지는 이해하지 못한다. 4세 유아는 더 복잡한 경제에 대해 이해한다. 즉, 유아는 물물교환이 돈에 의한 교환을 대신한다는 것을 알고 가격이 어떻게 가치와 연결되는지를 안다. 그러나 유아는 어떻게 가격이 수요와 공급의 영향을 받는지는 알지 못한다. 유아기의 경제 개념은 소비자 중심의 경제 개념을 반영하는 것이 바람직하다(Seefeldt, 2005). 유아의 경제 개념의 발달을 살펴보면 다음과 같다.

1) 인지발달 단계별 경제 개념 발달

유아의 인지발달 단계에 따른 경제 개념의 발달을 구체적으로 살펴보면 다음과 같다(Seefeldt, Castle, & Falconer, 2014).

- 감각운동기(0~2세)
  - 동전의 형태와 크기를 관찰하고 관심을 가진다.
  - 쇼핑, 소비, 물건 구매 활동을 관찰한다.

- 전조작기(2~6/7세)
  - 초보적 소비와 구매 개념을 보여주는 가게놀이를 한다.
  - 수세기를 한다.
  - 동전/돈을 인식한다.

- 물건을 구매하기 위해 돈이 필요하다는 것을 안다.

- 구체적 조작기(6/7~10세)
  - 동전을 비교할 수 있다.
  - 동전의 상대적 가치를 안다.
  - 돈을 벌기 위해 일을 한다는 것을 안다.
  - 고용주와 고용인 간의 관계를 이해한다.

2) 연령별 경제 개념 발달

유아의 연령에 따른 돈, 생산, 직업, 소비자와 생산자 등에 대한 경제 개념의 발달을 구체적으로 살펴보면 다음과 같다(Berti & Bombi, 1988, Seefeldt, 2005, 재인용).

- 3세
  - 돈과 다른 물건은 구별하지만 동전의 종류는 구별하지 못한다.
  - 물건을 살 때 돈을 지불해야 한다는 것을 알지 못한다.
  - '너의 것'과 '나의 것'의 차이를 인식하고, '일하는 것'은 성인의 활동임을 안다.

- 4~5세
  - 물건을 사기 위해서 돈이 필요하다는 것을 인식한다.
  - 동전의 차이를 구분하거나 이름을 구별하지 못하고 동전이 크기가 크면 가치도 크다고 생각한다.
  - 놀이에서 돈을 주고받으면서 상품을 사는 것과 같은 놀이 스크립트를 발달시킨다.
  - 생산의 개념이 없어서 상점주인은 다른 상점에서 물건을 가져온다고 생각한다.

- 6세
  - 여러 동전의 이름과 차이를 구분하고 명명할 수 있으며 어떤 동전이 더 많이 살 수 있는지를 안다.
  - 여전히 동전이 크고 정교할수록 더 가치 있다고 생각한다.

- 6~7세
  - 고용인과 피고용인의 관계를 인식하지만 소비자와 생산자의 관계를 분명하게 이해하지 못한다.

- 7세
  - 동전을 비교하고 돈의 가치를 이해한다.
  - 직업에 따른 보수의 차이를 인식한다.
  - 물건과 돈의 생산과 교환을 위해 수많은 사람과 활동이 필요하다는 것을 안다.

- 7~10세
  - 정확한 경제 개념을 습득한다.
  - 비용에 기초한 가격 이해가 부족하다.

3. 경제 교육

1) 주요 개념

경제 개념은 학자마다 다양하게 제시하고 있다. 박찬옥 등(2001)은 유아 경제 교육의 개념을 원하는 것과 필요한 것, 절약, 돈의 사용, 소비자 경제 개념 및 소비, 광고, 서비스로 구분하였다. 조순옥 등(2003)은 제한된 자원(부족, 절약, 기회비용), 생산(생산자, 분업, 분배와 교환), 돈의 사용과 가치 개념, 소비, 사회적 빈부격차 등을 경제교육의 개념으로 소개하였다. 교육과학기술부(2011)에서는 유아 경제 및 소비자 교육의 개념으로 기회비용, 희소성, 의사결정, 선택, 생산, 소비, 분배, 절제, 재활용으로 선정하였다. 이외에도 구광현 등(2012)은 희소성, 화폐가치, 교환가치, 기회비용, 자원과 생산, 재화와 용역을 경제 교육의 개념으로 소개하였다.

한편, 전미경제교육협의회(National Center on Education and the Economy: NCEE, 1997, 김희선, 2012, 재인용)는 유아에게 제시되어야 할 경제 교육의 개념으로 인간의 욕구에 비해 자원이 제한되어 있다는 점, 선택의 필요성, 생산과 소비의 기능과 물물교환의 개념 알기, 직업에 대한 역할의 이해와 관심 가지기를 제시하고 있다(김희선, 2012, 재인용). 미국 사회과교육협회(NCSS, 2002)는 경제에서 가르쳐야 할 주요 핵심개념으로 생산, 분배, 소비를 제시하였다.

씨펠트 등(Seefeldt, Castle, & Falconer, 2014)은 경제교육 개념으로 희소성(필요와 욕구, 의사결정), 경제적 생산(소비자, 서비스 소비교육, 상품의 생산 및 서비스 공급), 직업준비 교육(태도와 가치, 핵심기술)을 제안하였다. 씨펠트와 갈퍼(Seefeldt & Galper, 2000)는 경제교육 개념을 선택, 화폐, 가격과 교환, 자원과 생산, 소비로 제시하였다. 주날(1990)은 유아의 발달에 적합하고 중요한 경제 개념으로 욕망과 욕구, 희소성, 한정된 자원에 대한 인식, 경제적 계획, 목적 순서 짓기, 상품과 서비스, 구매자와 판매자, 생산자와 소비자, 돈, 경제적 선택을 제시하고 있다.

이상의 여러 학자들이 제시한 개념을 토대로 유아 경제 교육의 주요 개념을 제시하면 다음과 같다.

(1) 희소성

희소성이란 사람들의 무한한 욕망에 비해 그 욕망을 충족시켜주는 재화나 서비스가 부족한 현상이다. 이러한 부족 때문에 사람들은 선택의 문제에 직면하게 된다. 이러한 부족을 고려하여 유아가 계획적인 소비생활을 위해 절제가 필요하다는 것을 인식하고, 절약과 저축하는 습관을 갖게 한다.

(2) 기회비용

기회비용이란 어떤 것을 얻기 위해서 대신 포기한 대가를 의미하는 것으로, 기회비용이 작은 것을 선택하는 것이 합리적인 선택이다. 예를 들면, 시간이 부족한 사람은 택시를 타는 것이 버스를 타는 것보다 비용은 많이 들지만, 시간을 절약했기 때문에 기회비용이 작다. 유아는 정보의 활용능력이 떨어지기 때문에 눈앞의 욕구에 이끌려서 비합리적인 결정을 하기 쉽다. 유아에게 기회비용 개념에 기초하여 합리적으로 선택할 수 있는 기회를 제공한다.

(3) 의사결정

희소한 것일수록 가격이 비싸기 때문에 자신이 원하는 것보다 가장 필요한 것이 무엇인지를 심사숙고하여 구매하는 합리적인 의사결정의 경험을 제공한다. 유아에게 어떤 물건을 사용할지, 어떻게 사용할지 등에 대해 선택하고 결정할 기회를 제공한다.

(4) 화폐

화폐는 모든 경제 활동의 기본이 되므로 유아에게 화폐의 종류와 기능에 대한 기본적 이해를 제공한다. 유아도 다양한 경로를 통해 돈을 취득하고 사용한다. 그러나 유아가 경험하는 돈의 세계는 극히 한정되어 있다. 유아에게 필요한 화폐 개념은 돈을 취득하는 여러 가지 방법과 사용을 경험하게 하여 돈의 기능을 이해하게 하는 것이다.

(5) 생산

생산은 사람이 살아가는 데 필요한 각종 물건이나 서비스를 만들어 내는 일이다(고민순 · 김금주 · 김현숙 · 박현화 · 이상영 · 황정숙, 2010). 생산의 기능은 소비자의 소비욕구를 충족시키는 것이지만 모든 사람이 원하는 물건이나 서비스를 생산하는 것은 불가능하므로 희소성의 개념과 밀접한 관련이 있다. 유아에게 소개할 수 있는 생산 개념은 다양한 상품이 나에게 오기까지의 과정을 이해하고 누구나 생산자인 동시에 소비자임을 알게 하는 것이다.

(6) 소비

소비는 필요한 물건을 구입하기 위해 돈을 쓰는 것으로(고민순 외, 2010), 유아가 계획적이고 합리적인 소비 행위를 경험하고 소비자의 권리와 책임을 이해하고 실천하게 한다.

(7) 직업

직업은 생계를 유지하기 위하여 자신의 적성과 능력에 따라 일정한 기간 동안 계속하여 종사하는 일을 의미한다(국립국어원, 2013). 유아가 미래의 직업을 선택하기 위해서는 다양한 역할을 경험하는 것이 필요하다. 따라서 이 시기의 자신이 꿈꾸는 미래의 직업, 부모의 직업 및 지역사회의 다양한 직업을 경험하게 하는 것이 바람직하다.

2) 표준 및 누리과정에 기초한 유아행동 이해

유아의 경제 개념을 증진시키기 위해서는 표준 및 2019 개정 누리과정, 유아의 행동 특성을 이해하는 것이 필요하다. 경제 교육을 위한 유아의 표준 및 2019 개정 누리과정, 유아행동 특성은 다음 〈표 12-1〉과 같다(교육부 · 보건복지부, 2019; 조운주, 2015; Illinois State Board of Education, 2013; Office of Child Development and Early Learning, 2014b).

〈표 12-1〉 경제 표준 및 누리과정, 유아행동

<table>
<tr><th colspan="3">표준 및 지표</th><th colspan="2">누리과정</th><th rowspan="2">유아행동</th></tr>
<tr><th>표준</th><th colspan="2">연령별 지표</th><th>내용범주</th><th>내용</th></tr>
<tr><td rowspan="3">6.1
상품의 생산과 소비를 이해한다.</td><td>3세</td><td>일부 상품의 소비에 관심 가짐</td><td rowspan="6">사회에 관심 가지기</td><td rowspan="6">내가 살고 있는 곳에 대해 궁금한 것을 알아본다.</td><td>• 계란은 닭이, 우유는 소가 준다는 것을 인식한다.</td></tr>
<tr><td>4세</td><td rowspan="2">일부 상품의 생산과 소비를 앎</td><td>• 롯데, 오리온 등 상품의 생산 장소나 회사를 말한다(과자 봉지를 보고 만든 회사 이름을 말한다).
• 농장과 공장에서 나오는 물건들을 말한다.</td></tr>
<tr><td>5세</td><td>• 상품과 소비자를 정의하고, 예를 제시한다("우리는 마트에 가서 과자, 야채, 과일을 살 수 있어.").
• 상품과 서비스의 차이점에 대해서 토의한다("마트에서는 물건을 사고, 미장원에서는 머리를 자를 수 있어."라고 말한다).
• 식료품 가게, 장난감 가게, 서점에서 구매할 수 있는 물건의 종류를 설명한다.
• 가게놀이를 계획하여 놀이를 한다.</td></tr>
<tr><td rowspan="3">6.2
공평한 분배를 이해한다.</td><td>3세</td><td>공평한 분배에 관심을 짐</td><td>• 간식이나 장난감을 공평하게 분배하려고 시도한다(한 명의 유아가 모든 놀잇감을 가지고 있을 때, 불평을 한다).</td></tr>
<tr><td>4세</td><td rowspan="2">공평한 분배를 앎</td><td>• 친구들에게 간식, 자료 등을 똑같이 나누어 준다.</td></tr>
<tr><td>5세</td><td>• 한 유아가 다른 유아보다 많거나 적게 가졌을 때 평등하게 자료와 장난감 나눈다.</td></tr>
</table>

표준 및 지표			누리과정		유아행동
표준	연령별 지표		내용범주	내용	
6.3 절약을 이해하고 실천한다.	3세	절약에 관심을 가짐	사회에 관심 가지기	내가 살고 있는 곳에 대해 궁금한 것을 알아본다.	• 물건이 다 없어지거나 자료가 모자라는 것을 안다(물통이 비었을 때 교사에게 물을 요청한다. 미술 영역의 자료를 다 사용했을 때 자료를 요청한다). • 은행, 저금통에 관심을 보인다.
	4세	절약해야 한다는 것을 알고 실천하기 시작함			• 자료가 부족할 때 아껴 써야 한다는 것을 말한다(미술활동에서 재료가 부족하면 "모자랄 것 같아. 아껴써야 해."라고 말한다. • 은행에 돈을 저축하는 것, 저축한 돈으로 살 수 있는 것에 대해서 말한다.
	5세				• 학급의 자료 부족에 대해서 말하고, 나누거나 절약하는 방법에 대해서 말한다. • 자신이 원하는 것과 필요한 것에 대한 목록을 만든다. • 저금통에 돈을 저축한다.
6.4 화폐의 가치와 사용을 이해한다.	3세	동전 및 지폐에 관심을 가짐			• 놀이용 돈을 가지고 놀이한다(돈의 단위, 가치는 알지 못한다).
	4세	일부 동전 및 지폐를 구별하고, 돈의 필요성을 앎			• 일부 동전의 이름을 말한다. • 극놀이에서 놀이용 돈을 적절히 사용한다. • 물건과 돈을 교환하는 역할놀이를 한다.
	5세				• 동전, 일부 지폐의 이름을 말한다. • 화폐를 교환한다(1000원짜리 지폐와 100원짜리 동전 10개를 바꾼다). • 놀이에서 상품을 구입하기 위해서 돈을 사용한다.

3) 교육과정 운영

유아가 화폐, 상품의 생산에 관심이 생기고, 물건의 구매 및 마트놀이 등이 나타나면, 표준 및 2019 개정 누리과정 내용에 기초하여 경제 교육을 실시한다. 유아의 경제 개념을 증진시키기 위한 연령별 교육과정 운영은 다음 〈표 12-2〉와 같다.

〈표 12-2〉 경제 교육을 위한 교육과정 운영

<table>
<tr><th rowspan="2">표준</th><th colspan="2">누리과정 내용</th><th rowspan="2">연령</th><th rowspan="2">놀이 및 대소집단 활동</th></tr>
<tr><th>내용범주</th><th>내용</th></tr>
<tr><td rowspan="3">6.1
상품의
생산과
소비를
이해한다.</td><td rowspan="12">사회에
관심
가지기</td><td rowspan="12">내가 살고 있는
곳에 대해 궁금한
것을 알아본다.</td><td>3세</td><td>• 동화: 모자 사세요
• 견학: 마트(시장)견학</td></tr>
<tr><td>4세</td><td>• 동화: 달구지를 끌고
• 견학: 마트(시장)견학</td></tr>
<tr><td>5세</td><td>• 동화: 똥벼락
• 견학: 마트(시장)견학</td></tr>
<tr><td rowspan="3">6.2
공평한
분배를
이해한다.</td><td>3세</td><td>• 동화: 다 내거야!</td></tr>
<tr><td>4세</td><td>• 동화: 의좋은 형제</td></tr>
<tr><td>5세</td><td>• 동화: 똥벼락</td></tr>
<tr><td rowspan="3">6.3
절약을
이해하고
실천한다.</td><td>3세</td><td>• 미술: 저금통 만들기</td></tr>
<tr><td>4세</td><td>• 동화: 요셉의 낡고 작은 오버코트가
• 미술: 저금통 만들기</td></tr>
<tr><td>5세</td><td>• 동화: 엄마의 의자
• 미술: 통장 만들기
• 역할놀이: 은행놀이</td></tr>
<tr><td rowspan="3">6.4
화폐의
가치와
사용을
이해한다.</td><td>3세</td><td>• 역할놀이: 마트(시장)놀이</td></tr>
<tr><td>4세</td><td>• 역할놀이: 마트(시장)놀이</td></tr>
<tr><td>5세</td><td>• 동화: 돈이 돌고 돌아요
• 미술: 놀이 돈 만들기
• 역할놀이: 마트(시장)놀이/은행놀이</td></tr>
</table>

유아의 경제 개념을 지원하기 위해서는 유아의 놀이를 관찰하고 2019 개정 누리과정에 기초하여 분석한 다음, 놀이를 지원하고 확장해주는 것이 효과적이다. 유아의 경제 교육을 위한 놀이관찰 및 놀이분석, 놀이지원의 예를 제시하면 다음과 같다.

<table>
<tr><th colspan="2">유아의 경제 개념을 위한 놀이지원</th></tr>
<tr><td>유아 놀이 관찰</td><td>• 관찰유아: 현희, 수정, 다영, 가은(만 4세)
• 관찰일시 2019년 9월 19일(목)
• 관찰상황: 쌓기놀이(마트 놀이)

현희, 수정, 다영, 가은이 여아 4명이 쌓기 영역에서 마트 놀이를 하고 있다. 현희는 아기인형 2개를 가져와 자석 블록으로 만든 네모난 공간 안에 넣고 마트라고 이름을 지어 인형을 넣어준다. 현희는 블록이 부족해 가지러 갔다가 다른 새로운 건물을 짓기 시작한다. 새로운 것을 지으면서 다른 친구들에게 설명해 주려는 듯이 "여기는 마트 냉장고, 여기는 냉동실."이라고 이야기해 주며 건물을 짓는다. "이건 냉장고야, 알았지? 물건 찾아서 넣자."라고 말한다. 수정, 다영, 가은이가 다른 영역으로 흩어진다.</td></tr>
<tr><td rowspan="2">유아 놀이 분석</td><td>• 누리과정 내용: 사회에 관심 가지기 – 내가 살고 있는 곳에 대해 궁금한 것을 알아본다.</td></tr>
<tr><td>• 현희, 수정, 다영, 가은이는 자신이 살고 있는 곳 중에서 마트에 관심을 나타내지만, 구체적인 놀이로 확장하지 못하고 있다.
• 교사는 마트 놀이에 관심 있는 유아들을 위해서 마트 놀이 관련 놀잇감, 사진 및 영상 자료를 제공하고, 마트 견학 등의 활동을 통해서 놀이를 활성화하고 경제 개념을 이해하도록 지원한다.</td></tr>
<tr><td>놀이 주제</td><td>마트</td></tr>
<tr><td>유아 놀이 지원</td><td>• 상호작용
– 마트에 냉장고 말고 또 어떤 것이 있는지 질문한다.
– 마트 놀이에 필요한 것은 무엇이고, 어떻게 하면 좋을지 질문한다(미술 영역에서 만들 수 있음을 알려 준다.).

• 공간 및 놀이자료 지원
– 쌓기놀이와 역할놀이 공간을 통합하고, 역할놀이 영역의 놀잇감(계산기, 과일 모형, 채소 모형, 과자 모형 등)을 활용할 수 있게 해준다.
– 마트 사진(진열된 물건, 계산대, 키오스크 등)을 붙여 주거나 마트 영상 자료를 제공한다.
– 미술 영역에 마트 놀이 소품(돈 또는 카드, 상품, 쇼핑목록, 장바구니, 가격표, 키오스크 등)을 만들 수 있도록 필요한 재료를 제공해 준다.

• 활동: 마트 견학
– 유치원(어린이집) 인근 마트에 견학을 다녀온다.
– 견학 시, 사진을 촬영한다.
– 견학 후, 사진 자료를 출력하여 게시해 준다.</td></tr>
</table>

유아의 경제 개념을 위한 놀이지원	
유아 놀이 지원	• 유의점 및 확장 – 마트 놀이를 위한 공간 통합 및 구성은 유아들과 협의하여 진행한다. – 경제 관련 동화를 들려줄 수 있다. – 상품의 가격을 QR코드로 만들어 놀이할 수 있다. – 북크리에이터 플랫폼을 활용하여 쿠폰 북을 만들어 보는 놀이로 확장할 수 있다. – 마트 놀이가 원활하게 이루어지면, 번 돈을 보관할 수 있는 은행, 물건을 배송 등 놀이로 확장시켜 줄 수 있다.

4) 환경구성 및 교사지원

유아의 올바른 경제 개념 형성을 위해서는 성인의 지원이 필요하다. 3~5세 유아의 경제 교육을 위한 환경구성 및 교사지원은 다음과 같다(Seefeldt, 2005; Seefeldt, Castle, & Falconer, 2014).

(1) 환경구성

- 역할 및 쌓기놀이영역에 생산과 소비를 위한 놀이를 하도록 다양한 소품 제공하기(놀이용 돈, 저금통, 금고, 장바구니, 손수레, 음식이나 다양한 물건 모형 등)
- 다양한 가게놀이 소품 제공하기
- 언어영역에 생산, 소비에 대한 책 제공하기
- 지역사회의 인사들을 소개하는 그림 게시하기

(2) 교사지원

- 생산과 소비 경험하기

교사는 유아가 생산과 소비에 대한 개념을 이해할 수 있도록 다양한 활동을 계획하여 제공하는 것이 필요하다. 예를 들어, 유아가 집과 유치원에서 하는 일과 부모가 하는 일에 대한 조사활동을 할 수 있다. 이외에도 가게놀이에 대한 책을 읽어주거나 지역사회 인사를 초청하여 팔고 있는 상품이나 서비스에 대해서 이야기 들을 기회를 제공한다. 또는 직접 지역사회의 가게를 둘러보거나 구매하는 물건과 서비스(머리 컷, 세탁, 수선 등)의 목록을 만들어 볼 수 있다.

- 교환하고 나누는 경험 제공하기

모든 경제 개념의 기초는 희소성의 개념이다. 교사는 유아에게 기관에서의 경험을 통해 자신이 가질 수 있는 물건이나 서비스는 한정되어 있음을 소개한다. 예를 들어, 미술활동에서 필요한 만큼의 자료가 없을 때 해결방법을 토의해 보거나 자원이 부족할 때 유아들끼리 서로 교환하도록 격려한다. 이외에도 간식을 공평하게 나누는 경험을 가져 본다.

- 화폐 사용 경험 제공하기

유아는 가게놀이를 하면서 돈을 사용하기는 하지만 돈의 가치를 이해하지는 못한다. 그러나 교사는 유아가 화폐의 가치를 알게 하고 사용하는 다양한 경험을 제공한다. 예를 들어, 은행에 저축하는 경험을 통해 저축의 장점을 알려주거나 실제 유아들이 돈을 조작하여 사용할 수 있는 마트(시장)놀이 활동을 계획하여 제공한다.

- 다양한 직업 경험 제공하기

교사는 유아가 역할놀이영역에서 다양한 직업을 경험해 볼 수 있도록 한다. 또는 유치원, 이웃, 회사 등 다양한 사람들과 직업에 대한 인터뷰 경험을 제공한다. 이때 교사는 다양한 직업을 탐색할 기회를 제공하고 유아가 특정 직업에 대한 편견을 갖지 않도록 주의한다.

- 가정과 연계하여 경제 교육하기

유아가 합리적이고 현명한 경제생활을 하기 위해서는 부모와 연계하여 경제 교육을 실행하는 것이 효과적이다. 부모들이 유아교육기관에서 어떤 활동을 하고 어떻게 도울지를 알게 하도록 한다. 또는 부모 대상의 경제 교육 기회를 제공하여 부모들이 유아 경제 교육의 내용이나 방법을 알 수 있도록 하고 가정에서 실천할 수 있는 구체적인 활동이나 사례를 소개하여 유아가 소비자의 역할이나 경제 감각을 기를 수 있도록 한다.

CHAPTER 13

지 리

1. 지리 교육의 정의 및 중요성

지리는 여러 지역의 자연과 사람들의 생활 모습을 종합적으로 연구하는 학문이다(고민순 외, 2010). 지리는 인간이 생활하는 장소의 자연환경과 물리적 · 문화적 특성에 대한 기술로, 장소와 인간 간의 상호관계를 포함한다(Martin, 1995). 즉, 지리는 사람들이 다른 사람이나 장소와 환경, 자연과 어떻게 상호작용하는지를 탐색하는 것이다(Melendez, Beck, & Fletcher, 2000).

유아기의 지리는 환경을 탐색하면서 발달시키는 공간 개념에 뿌리를 두고 있다. 유아는 물체를 기어오르고 통과하고 뛰어넘는 등의 모든 방법으로 그들의 환경을 탐색하는데, 이러한 물리적 탐색이 지리 학습의 시작이다(Sunal, 1990). 이처럼 유아기의 공간에 대한 경험은 지리 개념을 형성하는 중요한 요소가 된다.

따라서 유아 지리 교육은 유아가 주변 환경을 탐색하기 시작하고 사물을 구별 · 인식 · 경험함으로써 장소, 공간, 사물, 환경에 대한 개념을 형성하게 되고, 이에 대한 사람들의 대처방식 및 상호작용에 대해서도 이해할 수 있도록 가르치는 교육이라고 볼 수 있다(박영미 · 엄정애, 2011).

지리 교육은 우리가 살고 있는 장소의 특성과 장소의 물리적 요소와 인적 요소가 서로 어떻게 영향을 미치는지를 이해하는 데 많은 도움을 준다(Martin, 1995). 또한 지리 교육은 우리 주변 세상에 대해서 생각하고, 질문하고, 관찰하고, 가치 있게 생각하게 한다. 유아의 경우에는 자신이 살고 있는 공간과 주변 세계를 인식하고 그 속에서 자신과 환경 간의 관계를 이해하기 위해서 지리 교육이 필요하다.

유아는 지리 교육을 통해 생활에 필요한 정보를 얻을 수 있으며 환경에 대한 개인적 조절 감각을 획득할 수 있을 뿐 아니라, 현재 사회가 직면해 있는 위험한 상황을 통해 자원 보존과 환경 보호에 대한 긍정적인 태도를 가지게 한다(Melendez, Beck, & Fletcher, 2000). 조순옥 등(2003)은 유아에게 있어서 '지리'는 그들이 오르고 탐색하고 활동하고 머무르는 곳이며, 지리 교육을 통해 유아는 자신이 생활하는 장소나 지역의 특성을 좀 더 이해하도록 도와줄 수도 있으며, 유아 주변에 살고 있는 사람이나 장소가 내포하고 있는 특성 및 환경 간의 상호관계를 파악할 수 있게 해준다고 하였다.

또한 지리 교육은 지속가능발전교육에 중요하게 기여할 수 있다. 지속가능발전교육은 인간과 인간의 관계와 인간과 환경 간의 관계에서의 공존 지향적인 경험을 하는 교육이다. 즉, 지리 교육 또한 사람, 장소, 관계, 현상 등을 다루는 포괄적인 지식과 기술 및 태도를 기르는 교육이기 때문에, 주변 환경을 이해하고 적절하게 대처할 수 있도록 함으로써 UN이 강조하는 지속가능발전교육의 대안이 될 것이다(신리행, 2016). 교육인적자원부(2007)는 유아는 지리 교육을 통해 생활에 필요한 정보를 얻고 환경에 대한 개인적 조절감각을 획득하며, 사물과 장소에 대한 인식과 감각을 발달시키고 환경에 대한 책임감을 발달시킬 수 있기 때문에 지리 교육이 중요하다고 하였다.

이처럼 유아 지리 교육은 유아가 주변 공간을 탐색하고 이해하는 경험을 통해 장소, 공간, 사물, 환경에 대한 지리적 개념을 획득하면서 주변 세계에 대한 지식을 형성하고, 주변 환경을 조절하는 능력을 갖게 할 뿐 아니라 인생에서 필요한 의사결정의 기초 능력을 형성한다는 점에서 중요하다고 할 수 있다.

2. 지리 개념의 발달

유아의 장소에 대한 감각은 집, 유치원과 같은 익숙한 장소에 대한 경험을 통해서 어린 유아에게서부터 나타난다. 유아가 성장하면서 장소에 대한 개념은 그들이 생활하는 지역사회, 이웃, 도시, 가족과 여행한 지역으로 확장된다. 4세 유아는 집이 침대와 옷이 있고, 사람이 잠을 자는 곳이라는 것을 알게 되고, 유치원에서 역할영역, 도서영역, 모이는 공간 등을 인식한다. 5세가 되면 자신이 살고 있는 지역사회를 알게 되고, 먼 지역을 가기 위해서는 운전을 해서 간다는 것을 명확하게 인식한다(California Department of Education, 2008).

유아의 위치 감각은 4세에 방향을 가리키는 적절한 단어(위에, 안에 등)를 사용하면서 시작한다. 5세에는 지역사회 안에서 익숙한 지점 사이의 거리(집과 할머니 집은 멀다)를 인식하기 시작한다. 그러나 유아는 주관적으로 거리를 판단하기 때문에 일반적인 판단과는 다를 수 있다(California Department of Education, 2008).

유아의 지도 읽기는 3차원을 2차원으로 이해하고 지도의 상징을 해석하는 것을 요구하므로 어려운 과제이다. 그럼에도 불구하고 3세 유아도 지도가 실제적인 지역을 의미함을 이해할 수 있다. 4세까지는 지역에 있는 산, 호수, 강, 도로와 같은 대상물을 알지만, 지도의 상징에 대한 해석은 어렵다. 5세 유아는 익숙한 장소에 대한 지도를 만드는 것을 즐기고 지도를 사용하는 기술이 더 발달한다. 유아의 지리 개념 발달을 살펴보면 다음과 같다(Melendez, Beck, & Fletcher, 2000).

- 영아기(출생~1세): 개인적 공간 개념

  출생하자마자 자신의 몸을 만지고 당기고 움켜잡는 등 자신의 몸을 주로 탐색하면서 신체적 이미지에 대한 감각을 획득한다. 침대, 방 등을 기어서 이동하면서 자신과 직접적인 관련이 있는 주변의 물리적 특성을 다양한 방법으로 탐색한다.

- 걸음마기(1~3세): 개인적 · 지역적 공간 개념
신체적 운동 능력의 발달과 함께 가까운 주변 환경, 또래, 이웃, 놀이터 등 가까운 곳에서 먼 곳으로 신체를 이용하여 주변의 물리적 특성을 탐색한다. 매체나 그림책 등에서 경험한 장소를 지각한다.

- 유아기(4~5세): 개인적 · 지역적 · 국가적 공간 개념
실내 · 외의 주변 공간에서 걷고 뛰고 오르내리고 터널을 통과할 때 몸을 웅크리는 등 신체의 자유로운 움직임과 이동을 통하여 자신이 속해 있는 지리적 환경과 기본 방향을 학습한다. 가까운 사람과 환경과 상호작용하면서 지역적 공간을 탐색하고 국가적 공간에 대한 인식을 발달시키기 시작한다.

- 초등학교 시기(6세~): 국가적 · 세계적 공간 개념
자신의 개인적 공간에 대한 인식을 정교화하고, 지역, 국가에 대한 공간개념뿐 아니라 세계적 공간에 대한 개념을 확장한다.

3. 지리 교육

1) 주요 개념

지리 개념은 여러 학자들에 의해 다양하게 제시되고 있다. 이은화와 김영옥(2000)은 지리영역의 개념으로 우리가 살고 있는 곳, 이웃의 차이점과 지역의 특성, 주변 세계의 구성과 형태(지구의 크기, 모양, 땅과 물의 표면, 날씨, 온도 등), 사람들이 지리적 환경에 대처하여 살아가는 모습을 제시하였다. 박찬옥 등(2001)은 지리 개념으로 방향과 위치, 지도, 우리가 살고 있는 지역, 지리적 환경과 사람들의 대처양식, 서로 다른 지역에 사는 사람들 간의 상호작용을 제시한 바 있다. 교육인

적자원부(2007)는 방향과 위치, 지도, 우리가 살고 있는 지역, 지리적 환경과 대처방식, 다른 지역 간의 상호작용을 제시하였다.

노스캐롤라이나 주 공립교육청(North Carolina Department of Public Instruction, 2002)은 유아 지리 교육 내용으로 익숙한 장소, 지도의 특징, 지구의 물리적 모습과 지리 용어, 지역사회의 이동, 환경 보호, 장소의 비교, 물의 흐름과 특성을 제안하였다. 미국 사회과교육협회(NCSS, 2002)는 지리 교육에서 가르쳐야 할 주요 핵심 개념으로 사람, 장소, 환경을 제시하였다.

유아 지리 교육은 주변 세계를 폭넓게 이해하여 사람, 장소, 관계, 환경 안에서 자신과 다른 사람, 사람과 공간의 관계를 이해하고 경험함으로써 지리적 소양을 기르고 대처방식과 상호작용을 함양하는 것이다. 특히, 일상생활 속에서 자연스럽게 지리활동을 하면서 지리 교육의 내용을 이해하는 기회를 제공할 필요가 있음을 유념해야 한다(신리행, 2016).

이상의 여러 학자들이 제시한 개념을 토대로 유아 지리 교육의 주요 개념을 제시하면 다음과 같다(교육인적자원부, 2007; 박영미, 2009; 이은화 · 김영옥, 2000; Melendez, et al., 2000; Castle, & Falconer, 2014).

(1) 위치와 방향

우리가 살고 있는 장소에서 자신과 다른 사람, 사물과의 관계를 이해하는 것이다(Sunal, 1993). 유아는 공간 속에서 자신의 신체를 움직이면서 방향과 위치를 자연스럽게 익히는 경험을 통해 위치와 방향 개념을 발달시킨다.

(2) 지도

지도는 위치나 장소를 나타내기 위해서 사용하는 것으로 유아가 방향과 위치를 익히는 데 활용하기 좋은 도구이고, 공간에 관한 지식을 가장 정확하게 전달해주는 수단이다. 주변 환경을 작은 종이에 옮기는 지도 그리기 활동을 통해서 유아는 방향, 기호 등과 같은 공간에 대한 이해를 할 수 있고, 높은 수준의 표상이 가능하다.

(3) 유아가 살고 있는 지역

지역에 대한 개념은 자신이 사는 지역의 자연적 특성과 물리적 특성을 인식하는 것이다. 유아는 자신이 사는 지역을 관찰하고 경험하면서 땅(평지, 언덕, 산)과 물이 있는 곳(하천, 강, 호수, 바다)을 인식할 수 있다.

(4) 지역 간 상호작용

지역 간의 상호작용은 교통수단을 이용하여 이동하고 통신을 통해 정보를 교환하는 것을 의미한다. 즉, 사람, 생산품, 정보 등이 어떻게 이동하는지에 대한 개념으로 멀리 떨어져 사는 사람들이 상호관계를 맺기 위해서 교통 및 통신 수단을 사용하여 서로 관계를 맺으며 살아간다는 것을 아는 것이다. 유아들은 다른 지역에 계신 가족, 친척을 만나거나 전화를 하고, 또는 다른 지역을 여행하는 경험을 통해서 지역 간의 상호작용에 대해서 이해할 수 있다.

(5) 공간 내 관계

사람이 자연과 상호작용한다는 것을 아는 것이다. 이는 사람이 자연환경에 적응하기도 하고 환경을 변화시키기도 한다는 것과 이런 과정에서 다른 문화가 만들어진다는 것을 아는 것을 의미한다. 추운 곳에 사는 사람과 더운 곳에 사는 사람들의 옷, 집 등이 다르다는 것을 알게 되면서 공간 내 관계 개념을 이해할 수 있다.

지리 교육의 내용으로 지리 개념 외에 지리 기술을 들 수 있다. 유아기에 적합한 지리 기술은 다음과 같다(권덕수, 2010; Melendez, Beck, & Fletcher, 2000).

- 지리적 질문하기
  유아들이 자신이 살고 있는 주변 세계에 대한 호기심을 자연스럽게 나타낼 수 있도록 하는 것이다(예: 집, 교실, 학교에 있는 사물, 지역의 위치, 또래, 친척, 자신들의 집, 이야기 안에 묘사된 장소, 동물들이 사는 장소, 미디어에서 이야기하

는 장소, 지형, 이야기나 뉴스 속 장소들의 지리적 특징, 먼 곳과 교통수단, 사람들이 사용하는 길, 공동체 안에서 사용하는 땅 등에 대해 질문하기).

- 지리적 정보 수집하기
지리적 정보를 얻기 위해 주변 공간을 직접 탐색해 보고 다루어 보고 장소를 방문해 보도록 하는 것이다[예: 공간(집, 교실, 놀이 공간)에 대한 특성 발견하기 위해 탐색하기, 한 영역 내에 있는 사물을 조작하여 정보 모으기, 장소(박물관, 동물원, 농장 등)를 방문하여 정보 모으기, 특별한 지역에 관한 정보를 모으기 위해 사진이나 그림 관찰하기, 책을 통해 정보 모으기, 시간의 변화(날씨 등)를 관찰하고 정보 기록하기, 방문한 장소 사진 찍기, 그림을 그리거나 녹음하여 정보 기록하기)].

- 지리적 정보 조직하기
직접적인 경험을 통해 모은 정보를 전시하고 표현하기 위해 여러 사물을 사용하도록 하는 것이다(예: 블록이나 사물들을 사용하여 직접 경험을 통해 얻은 정보를 나타내기, 그림을 그려 관찰하였던 것 표현하기, 장소와 관련된 정보를 묘사하기 위하여 잡지나 다른 자료에서 사진 오리기, 날씨의 변화, 도로나 건물 공사 시 경치 변화, 날씨에 따른 사람들의 옷 변화를 매일 기록하기, 간단한 지도 준비하기, 그림 도표를 사용하여 정보 나타내기).

- 지리적 정보 분석하기
사진이나 그림을 관찰하고 속성이나 관계를 파악해 보도록 하는 것이다(예: 장소를 방문하고 그곳의 특징에 대한 느낌 나누기, 책에서 예시들을 찾아 해석하기, 사진이나 그림들을 관찰하고 그것들의 특성이나 관계에 대해 해석하기, 교실과 다른 장소 사이의 거리를 알아보기 위해 학교배치도 사용하기, 자신의 위치와 이야기 속 등장인물이 살고 있는 장소 사이의 거리를 알아보기 위해 지도 사용하기, 유아 자신이나 친구들이 살고 있는 곳을 지도에서 찾아보기, 그림 도표를 보고 그것의 의미 해석하기, 거리나 나라들의 크기 등을 비교하기 위해 지구본이나 지도 관찰하기).

- 지리적 질문에 대답하기

  지리적 질문에 답하기 위해 글쓰기, 그림이나 조형물의 형태로 결과물을 제시하고 추론을 사용해 보도록 하는 것이다(예: 유아들이 살고 있는 장소를 묘사하기 위해 참고자료 사용하기, 뉴스나 미디어에서 본 장소에 대한 정보 공유하기, 사진이나 그림의 유사한 장소들 인지하기, 사물이나 사람의 위치를 자세하게 묘사하기, 한 공간 안의 장소나 사물들을 묘사하기 위하여 블록이나 다른 사물들을 사용하여 모델 구성하기, 장소에 대한 느낌을 공유하기 위해 그림 그리기, 길을 찾기 위해 간단한 지도 사용하기).

2) 표준 및 누리과정에 기초한 유아행동 이해

유아의 지리 개념을 증진시키기 위해서는 표준 및 2019 개정 누리과정, 유아의 행동 특성을 이해하는 것이 필요하다. 지리 교육을 위한 유아의 표준 및 2019 개정 누리과정, 유아행동 특성은 다음 〈표 13-1〉과 같다(교육부 · 보건복지부, 2019; 조운주, 2015; Illinois State Board of Education, 2013; Office of Child Development and Early Learning, 2014b).

〈표 13-1〉 지리 표준 및 누리과정, 유아행동

<table>
<tr><th colspan="3">표준 및 지표</th><th colspan="2">누리과정</th><th rowspan="2">유아행동</th></tr>
<tr><th>표준</th><th colspan="2">연령별 지표</th><th>내용범주</th><th>내용</th></tr>
<tr><td rowspan="3">7.1
위치,
방향과
지도를
이해한다.</td><td>3세</td><td>위치, 방향에 관심을 가짐</td><td rowspan="6">사회에 관심 가지기</td><td rowspan="6">내가 살고 있는 곳에 대해 궁금한 것을 알아본다.</td><td>• 공간을 구성하는 놀이를 한다(물건을 안에 넣거나 높게 쌓거나 길게 나열하는 등의 놀이를 한다).
• 그림에서 안과 밖, 위 아래 등 공간을 표현한다.
• 지도나 지구본 등을 본다.</td></tr>
<tr><td>4세</td><td rowspan="2">위치, 방향을 알고 지도에 관심을 보임</td><td>• 교실과 집에서 위치를 알고 설명하기 위해서 왼쪽, 오른쪽, 첫 번째, 마지막, 작은, 큰, 위, 아래와 같은 어휘를 사용한다.
• 오른쪽, 왼쪽, 그 외의 방향 용어를 사용한다.
• 건물, 도로, 집을 나타내기 위해서 블록 등을 사용한다.
• 사물과 장소를 인식하기 위해서 지역이나 지형 사진을 본다.</td></tr>
<tr><td>5세</td><td>• 집, 학교, 지역의 건물들을 2차원 또는 3차원으로 배치하고 그 장소에 대해서 토의한다.
• 익숙한 장소를 표시하기 위해서 블록, 종이와 연필을 사용하여 지도를 만든다.</td></tr>
<tr><td rowspan="3">7.2
지역의
물리적
특성을
이해한다.</td><td>3세</td><td>지역의 물리적, 문화적 특징에 관심을 가짐</td><td>• 자신의 동네를 둘러보는 것을 좋아한다.
• 자신의 집, 자주 방문한 장소에 대해서 설명한다.</td></tr>
<tr><td>4세</td><td rowspan="2">지역의 물리적, 문화적 특징을 앎</td><td>• 자신의 동네의 자연 특성(강, 산이 있는지) 등을 안다.
• 주소나 전화번호와 같이 자신이 사는 장소에 대한 정보를 제공한다.
• 이웃의 익숙한 장소(학교, 도서관, 식당, 공원, 놀이터, 등)를 안다.</td></tr>
<tr><td>5세</td><td>• 자신의 동네와 다른 동네의 공통점과 차이점을 안다.
• 지역에 있는 집과 상점들의 유형을 설명한다.
• 나와 다른 친구의 집을 비교해서 말한다.
• 냇물, 올챙이, 교회, 나무와 같은 지역의 이정표나 특징을 설명한다.</td></tr>
</table>

<table>
<tr><th colspan="3">표준 및 지표</th><th colspan="2">누리과정</th><th rowspan="2">유아행동</th></tr>
<tr><th>표준</th><th colspan="2">연령별 지표</th><th>내용범주</th><th>내용</th></tr>
<tr><td rowspan="3">7.3
사람과
환경의
관계를
이해한다.</td><td>3세</td><td>환경의 변화에
관심을 가짐</td><td rowspan="3">사회에
관심
가지기</td><td rowspan="3">내가 살고
있는 곳에
대해
궁금한
것을 알아
본다.</td><td>• 날씨가 춥거나 더운 것을 표현한다.
• 눈이나 비가 올 때, 꽃이나 나무, 동물, 곤충 등에 관심을 보인다.</td></tr>
<tr><td>4세</td><td rowspan="2">환경의
변화와
환경보호의
필요성을 앎</td><td>• 어떤 날씨에 어떤 옷을 입어야 하는지 안다.
• 날씨에 근거하여 밖에서 놀 수 있는지 말한다("비가 와서 바깥놀이 못해."라고 친구에게 말한다).
• 환경 보호와 관련하여 말한다("꽃을 따면 안 돼.", "나무를 꺾으면 나무가 아파."라고 말한다).</td></tr>
<tr><td>5세</td><td>• 계절이 변할 때 사람들이 어떤 옷을 입어야 하는지 설명한다("여름이 오니까 얇은 옷을 입어야 해."라고 말한다).
• 사람들이 환경오염을 시키는 행동에 대해서 설명한다.
• 재활용품을 분류한다.</td></tr>
</table>

3) 교육과정 운영

유아가 방향을 이해하고, 자연의 변화나 살고 있는 주변의 물리적 환경에 관심을 가지면, 표준 및 2019 개정 누리과정 내용에 기초하여 지리 개념에 대한 교육을 실시한다. 유아의 지리 개념을 증진시키기 위한 연령별 교육과정 운영은 다음 〈표 13-2〉와 같다.

〈표 13-2〉 지리 교육을 위한 교육과정 운영

<table>
<tr><th rowspan="2">표준</th><th colspan="2">누리과정 내용</th><th rowspan="2">연령</th><th rowspan="2">놀이 및 대소집단 활동</th></tr>
<tr><th>내용범주</th><th>내용</th></tr>
<tr><td rowspan="3">7.1
위치, 방향과 지도를 이해한다.</td><td rowspan="9">사회에 관심 가지기</td><td rowspan="9">내가 살고 있는 곳에 대해 궁금한 것을 알아본다.</td><td>3세</td><td>• 동화: 로지의 산책
• 견학: 동네 견학
• 쌓기놀이: 산책길 꾸미기</td></tr>
<tr><td>4세</td><td>• 동화: 곰 사냥을 떠나자
• 견학: 동네 견학
• 공동조형: 우리 동네 지도 그리기</td></tr>
<tr><td>5세</td><td>• 견학: 동네 견학
• 공동조형: 동네지도 만들기/유치원 안내지도 만들기</td></tr>
<tr><td rowspan="3">7.2
지역의 물리적 특성을 이해한다.</td><td>3세</td><td>• 견학: 동네 견학</td></tr>
<tr><td>4세</td><td>• 견학: 동네 견학</td></tr>
<tr><td>5세</td><td>• 동화: 한이네 동네 이야기(강전희, 진선출판사)
• 견학: 동네 견학
• 공동조형: 동네책 만들기/여행 책자 만들기</td></tr>
<tr><td rowspan="3">7.3
사람과 환경의 관계를 이해한다.</td><td>3세</td><td>• 동화: 비 오는 날/눈 오는 날</td></tr>
<tr><td>4세</td><td>• 동화: 갯벌이 좋아요</td></tr>
<tr><td>5세</td><td>• 동화: 작은집 이야기
• 동화: 조지 아저씨네 정원</td></tr>
</table>

유아의 지리 개념을 증진시키기 위해서는 놀이를 관찰하고 2019 개정 누리과정에 기초하여 놀이를 분석한 다음, 놀이를 지원하고 확장해주는 것이 효과적이다. 유아의 지리 개념을 증진시키기 위한 놀이관찰 및 놀이분석, 놀이지원의 예를 제시하면 다음과 같다.

유아의 지리 개념을 위한 놀이지원	
유아 놀이 관찰	• 관찰유아: 현우, 준엽, 지은(만 4세) • 관찰일자: 2019년 9월 24일(화) • 관찰상황: 쌓기놀이 영역에서 도로 만들기 3명의 유아가 오토바이, 집, 강아지를 만들어 놓고 있었다. 나무 블록으로 집을 크게 만든 현우는 자신이 색종이로 접은 독수리를 집 여기저기에 올려놓고 있었다. 오토바이를 만든 준엽이는 오토바이를 양옆으로 흔들며 타다가 블록으로 안장을 추가한 다음 다시 오토바이를 탔다. 옆에서 집을 만든 현우가 길쭉한 나무판을 가져와 도로를 꾸미자, 오토바이를 탄 준엽이는 그 길은 사람은 다닐 수 없고 오토바이만 다닐 수 있다고 했다. 그러자 도로를 꾸미던 현우가 도로 옆에 사람, 동물 레고를 놓는 중 지은이가 다가와 길에 있던 사람 레고(엄마, 아빠)에서 엄마 레고를 들어 엄마가 아프다며 병원에 가야 한다고 했다. 병원을 만들면 된다고 말하며, 옆에 있던 작은 나무 블록 몇 개로 병원을 만들었고, 자동차를 타고 가야 한다며 하나의 블록을 자동차 삼아 이동해 엄마 레고를 병원으로 옮겼다.
유아 놀이 분석	• 누리과정 내용: 사회에 관심 가지기 – 내가 살고 있는 곳에 대해 궁금한 것을 알아본다
	• 현우, 준엽이는 자신이 살고 있는 지역의 물리적 특성(사람이 다니는 길과 교통기관이 다니는 길), 위치와 방향에 관심을 보인다. • 지은이는 살고 있는 지역의 기관(병원)에 관심을 보인다. • 교사는 도로, 동네 기관에 관심을 보이는 유아들에게 넓은 공간 및 동네 지도 등을 제공하고, 견학 활동 등을 통하여 우리 동네 꾸미기 놀이를 활성화하고 동네의 지리적인 특성을 이해하게 한다.
놀이 주제	우리 동네 꾸미기
유아 놀이 지원	• 상호작용 – 우리 유치원(어린이집)에서 가장 가까운 병원은 어디에 있는지, 어느 길로 가면 가장 빨리 갈 수 있는지 질문한다. – 인터넷 지도로 찾아보는 방법을 소개한다. – 지도로 본 것을 어떻게 꾸미면 좋을지 이야기한다. • 공간 및 놀이자료 지원 – 쌓기 영역 공간이 좁은 경우, 도로를 꾸밀 수 있도록 유아들과 협의하여 좀 더 넓게 확장시켜 준다. – 도로를 꾸밀 수 있도록 다양한 블록 및 소품을 제공하고, 도로를 꾸미도록 색깔 테이프도 제공한다. – 우리 동네 지도 사진, 건물 및 장소 사진을 제공한다. – 인터넷 지도(구글맵, 네이버 지도 등)를 제공할 수 있다. – 미술 영역에 우리 동네 꾸미기에 필요한 소품(간판, 표지판 등)을 제작할 수 있도록 자료를 제공한다. 그리고 지도 그리기가 가능하도록 큰 종이도 제공한다.

유아의 지리 개념을 위한 놀이지원	
유아 놀이 지원	• 활동: 동네 견학 – 유치원(어린이집) 주변을 산책한다. – 견학 시에 도로, 건물 등을 사진 촬영하고, 견학 후, 출력하여 제공한다. – 견학 후, 동네의 도로, 건물 등을 보다 구체적으로 꾸며 보게 한다. • 유의점 및 확장 – 인터넷 플랫폼인 패들렛이나 북크리에터를 활용하여 우리 동네 소개 링크 및 소개 책을 구성해 볼 수 있다. – 우리 동네 꾸미기를 다른 동네 꾸미기로 확장할 수 있다.

4) 환경구성 및 교사지원

유아의 올바른 지리 개념 형성을 위해서는 성인의 지원이 필요하다. 3~5세 유아의 지리 교육을 위한 환경구성 및 교사지원은 다음과 같다.

(1) 환경구성

- 유치원 교실, 화장실, 운동장, 사무실, 식당 지도 및 사진 제공하기
- 우리 동네 지도 제공하기
- 관찰, 측정도구(자, 돋보기 등) 제공하기
- 다양한 건물, 건축양식 및 장소 사진 제공하기
- 환경, 날씨 사진이나 책 제공하기
- 좋아하는 장소 게시판 제공하기
- 여러 가지 지도와 지구본 제공하기
- 조형 영역에 지도 만들기 자료 제공하기
- 역할 영역에 계절 및 날씨에 맞는 옷과 소품을 제공하기
- 쌓기 영역에 다양한 유형의 교통기관 놀잇감 제공하기

(2) 교사지원

- 지리적 요소를 포함한 교실 환경 구성하기

교사는 유아가 지리를 탐색할 수 있도록 교실환경을 구성한다. 예를 들어, 높은 곳-낮은 곳으로 구성하기, 교실에 길 만들기, 매트나 색 테이프를 이용하여 영역을 정해서 경계선 만들기 등을 통해 다양한 공간과 형태를 갖춘 교실을 설계할 수 있다. 이외에도 지리 교육을 촉진하기 위하여 교실 구성을 정기적으로 바꾸기, 변화된 교실에 대해 유아들과 토의하기, 교실지도 만들기, 다양한 블록을 이용하기, 교실 내 동·식물 영역 설치하기, 시각적으로 자극을 주는 공간 구성하기, 유아에게 적합한 지리 교육 자료 제공하기 등을 할 수 있다.

- 일상생활에서 위치, 방향, 지도 경험 제공하기

유아의 친숙한 일상생활 속(교실, 유치원, 집, 동네)에서부터 위치, 방향, 공간을 소개하는 것이 바람직하다. 유아들이 독립적으로 지도를 만들도록 샘플과 자료를 제공하거나 동서남북의 기본적인 표시들, 카메라, 지도 만들기 재료(그리기 도구, 크레용, 점토), 참고자료(도해서, 로드맵 북, 정보를 주는 도서) 등을 제공하는 것도 효과적이다. 이외에도 지구본을 활용하여 장소의 위치 찾아보기, 이야기 또는 현재 사건이 일어난 장소 찾아보기, 거리 재어 보기, 특정적인 지형 찾아보고 표시하기 등의 활동을 할 수 있다.

- 다양한 지역 경험하기

지역에 대해 관심을 갖도록 하기 위해 주변 지역을 견학하면서 지역에 대해 알아본다. 교실에 돌아와서는 발견한 모든 것을 나눌 기회를 제공한다. 견학할 수 없는 지역은 그림이나 사진 등 시청각 자료를 활용한다. 여행을 다녀온 유아들이 있는 경우, 그 지역에 대한 질문을 통해 유아는 그 지역을 다시 한 번 관심을 가지고 생각해 보게 된다.

- 날씨의 변화에 관심 갖기

날씨의 변화에 관심을 갖게 하고, 유아들이 날씨 특성에 맞는 옷을 입을 수 있는 기회나 날씨에 대한 책을 읽어준다. 이외에도 세계 나라의 기후 및 의식주 문화를 경험하도록 한다.

CHAPTER

14

역 사

1. 역사 교육의 정의 및 중요성

역사는 과거와 현재의 끊임없는 대화(Carr, 2007)로, 시간에 근거한 학문이고, 과거에 대해서 아는 것이다. 역사는 과거의 인간이 사고하고 행동하는 가운데 이루어졌던 모든 사실의 총체를 오늘의 인간이 되돌아보는 것으로, 과거의 여러 기록물이나 사건 혹은 경험 등을 통해 자신의 뿌리와 근원에 대해서 알고 현재를 이해하는 데 기초적인 역할을 한다(강우철, 1974; Ellis, 1995, 교육인적자원부, 2007, 재인용). 멜렌데즈 등(2000)은 역사란 인류가 성취한 모든 것을 반영하는 것이므로 사회과학의 중요한 분야이자 가장 통합된 지식의 본보기가 된다고 하였다.

역사 교육은 과거 · 현재 · 미래를 연결시키고 역사적 사실을 소재로 과거와 현재에서 발생한 인간 활동을 총체적으로 다루는 교육 활동이다(정선영 · 김한종 · 양호환 · 이영효, 2001). 송춘영(1999)은 역사 교육을 역사를 소재로 하여 인간을 교육하는 활동으로, 사람의 과거에 관한 지식을 가르치고 이를 기초로 역사적 사고력과 통찰력을 신장시키며, 바람직한 역사적 가치관과 태도를 함양하기 위한 교육 활동이라고 하였다.

유아를 대상으로 하는 역사 교육은 역사적 사실 중심이 아니라 과거의 해석과 비평적인 지식을 통해 역사의 탐구 과정을 경험하도록 기회를 제공하는 것이 되어야 한다(Seefeldt, 2005). 유아 역사 교육은 유아가 자신의 삶과 친숙한 과거를 이해하고 자아정체감과 역사의식을 길러 가도록 하는 것이다(교육인적자원부, 2007).

유아의 흥미만으로도 유아교육에서 역사 교육을 해야 하는 이유는 충분하지만 역사 교육은 인간이 과거를 이해함으로써 자신을 이해하려 한다는 점에서 중요하다. 즉, 역사 교육은 유아의 역사적인 뿌리를 이해하고 시간의 측면에서 자신의 위치를 알게 한다. 과거를 읽고 재구성하는 것은 역사적인 관점을 발달시키며 "나는 누구인가?", "과거에 어떤 일이 일어났는가?", "어떻게 세상이 변했고 미래는 어떻게 변화할 것인가?", "현재의 내가 과거와 어떻게 연결되는가?" 등과 같은 질문에 대답할 수 있게 한다(NCSS, 2002). 버스턴(Burston, 1972)에 의하면, 역사 교육은 현재 문제의 기원에 대한 지식을 제공하고 과거와 현재를 비교할 수 있는 기회를 제공하며 현재 및 미래의 문제를 해결하는 데 의미 있는 교훈을 제공한다(이혜림, 2008, 재인용).

역사 교육은 시민으로서 민주적 이상을 실현하고, 현재 문제를 해결하는 방법으로 선택과 의사결정을 할 수 있게 해주며, 개인 또는 공동체 구성원으로서 자신의 정체성을 확인하고, 다른 사회나 문화에 대해 이해할 수 있게 해준다는 점에서 중요하다(정선영 외, 2001). 유아에게 역사를 교육하는 것은 현재의 행동과 결정에 대한 이유를 이해할 수 있도록 도와주고, 사람들이 자신의 근원과 기원, 가깝고 먼 옛날 사람들의 방식, 그리고 우리와 다른 사람들의 삶을 변화시켜 온 공적에 대해 배울 수 있도록 돕는다(Melendez, Beck, & Fletcher, 2000). 특히나 오늘날 역사 교육은 더욱더 중요하게 여겨지는데, 그 이유는 역사 교육을 통해 전달되는 과거에 대한 지식이 없다면, 유아는 민족에 대한 정체성을 가질 수 없으며 성인이 되었을 때, 시민으로서의 책임감을 갖는 것이 어렵다고 보기 때문이다(NCHS, 1994, Seefeldt, Castle, & Falconer, 2014, 재인용).

2. 역사 개념의 발달

역사는 시간의 흐름에 따라 연속성과 변화가 함께 나타난다. 따라서 역사를 이해하기 위해서는 무엇보다도 시간의 흐름을 이해할 수 있어야 한다. 역사 교육 안에서 시간 개념은 과거 · 현재 · 미래를 구분하고 시간의 흐름과 오래전 과거부터 현재까지의 연계과정을 이해하는 능력을 말한다(교육인적자원부, 2005).

피아제(1971)는 시간을 조작적 시간과 직관적 시간으로 구분하였다. 조작적 시간 개념은 사건의 연속 순서와 시간의 지속 관계를 이해하고 논리적 추론을 바탕으로 시간을 이해하는 것으로, 8세경에 획득이 된다(Ferreior & Sinclair, 2000, 김진영, 2004, 재인용). 이에 반해 직관적 시간 개념은 유아가 가지고 있는 시간의 감각으로,직접적인 지각을 통하여 시간의 연속성과 지속기간을 이해하는 것을 말한다(정여진, 2015, 재인용).

유아의 시간에 대한 감각은 조작적이기보다는 직관적인데, 반복되는 일상생활이나 임의적인 측정을 통한 시간의 경과를 경험하면서 초보적인 시간 개념을 갖게 된다(Seefeldt, 2005). 시간단위, 즉 사람들에 의해 만들어진 부호체제인 시간, 분, 또는 년과 같은 관습적인 방법으로 시간을 이해하고 사용하는 성인과 달리, 유아는 자신만의 방법으로 시간을 인식하는 것이다(Melendez, Beck, & Fletcher, 2000).

그랜트와 서든도프(Grant & Suddendorf, 2009)는 유아의 3가지 시간간격(가까운 시간, 먼 시간, 아주 먼 시간)에 대한 구별 능력을 연구하였는데, 그 결과 과거에 대한 사건의 구별에서 3세 유아들은 최근의 과거보다 아주 먼 과거를 잘 구별하였고, 3, 4세 유아들은 가까운 과거사건과 먼 과거사건들은 혼동하는 경향이 있는 것으로 나타났다. 하지만 5세 유아들의 경우에는 3가지 시간간격에 대한 구별을 정확히 할 수 있는 것으로 나타났다. 한편, 미래사건의 구별에서는 3세 유아들은 미래사건 모두를 구별하지 못했지만, 4세 유아들은 가까운 범주에 있는 미래사건을 더욱 잘 구별하는 것으로 나타났다. 그러나 5세 유아는 3가지 시간 범주 안에 있는 사건을 모두 구별하였다.

사실 미래에 대한 생각은 상상을 요구하기 때문에 유아에게는 인지적인 도전이다. 그러나 만 4세 유아는 익숙한 일과에 기초하여 내일과 같은 가까운 미래에 대해서 말할 수 있고, 일과에서 다음 일을 예상할 수 있다. 4세 유아는 과거의 사건을 순서대로 나열하는 것, 바로 생길 일과 나중에 생길 일, 먼 미래에 생길 일을 구별하는 것을 어려워한다. 5세 유아는 시간 순서대로 나열하고 사건을 구별하는 것을 잘할 수 있다. 5세에는 미래에 대해서 성인과 같은 시각을 갖기 시작하며 익숙한 미래의 사건을 적절히 계획할 수 있다(California Department of Education, 2008).

이러한 유아의 시간간격에 대한 이해는 연대기적 이해와 관련된다. 연대기적 이해와 관련된 선행연구들(Barton & Levstik, 1994; West, 1978, 1981, 1982, 정여진, 2015, 재인용)에 의하면 연령이 올라갈수록 시대를 정교하게 구별하는 능력이 높아지지만 어린 유아도 거의 정확하게 시대를 순서별로 나열할 수 있는 것으로 나타났다. 또한 유아는 사진 속 단서를 보면서 시간의 간격과 시대를 구분할 수 있고, 시간을 구분할 때 '먼 시간'과 '가까운 시간'의 간략한 범주를 사용하여 구분할 수 있다. 이는 유아들도 역사적 사건을 순서대로 배열하는 연대기적 능력과 시간 개념, 과거를 인식하는 능력이 있음을 말해준다(정여진, 2015, 재인용).

유아의 시간 개념 발달은 다음과 같다(김한종, 1995; Seefeldt, Castle, & Falconer, 2014).

- 감각운동기(0~2세)
  - 일상생활에서 반복적으로 일어나는 일들을 관찰하고 따른다.
  - 2세 정도가 되면 낮과 밤의 변화를 의식할 수 있다.
  - 현재에 대해서만 관심을 가진다.

- 전조작기(2~6/7세)
  - 개인적이고 주관적인 시간 개념이 형성된다.
  - 경험적이고 임의적인 단위로 시간을 측정한다.

- 과거를 회상할 수 있으며, 미래를 계획할 수 있다.
- 과거 · 현재 · 미래를 구분하는 단어를 사용하기 시작한다.
- 어제, 오늘, 내일을 인식할 수 있다.
- 5세는 하루, 일, 달력 등과 같은 시간의 단위를 이해한다.
- 5세는 하루 동안의 사건의 순서를 이해할 수 있으며, 간단한 시간 용어를 사용한다.

• 구체적 조작기(6/7～10세)
- 시계를 사용하여 시간을 말할 수 있다.
- 지나간 시간을 시대순으로 배열한다.
- 날짜, 요일, 월, 계절을 순서대로 파악한다.
- 시간 개념 교육을 받을 준비가 되어 있지만 관습적인 시간 개념은 형식적 조작기인 12세 이후에 발달한다.

3. 역사 교육

1) 주요 개념

유아 역사 교육에서 다루어져야 할 역사 개념은 학자들마다 다양하게 제시하였다. 유아에게 적합한 역사 교육의 개념에 대해 교육인적자원부(2005)는 시간, 변화, 인과관계, 시간의 연속성, 리더십을 주요 개념으로 제시하고 있다. 조순옥 등(2003)은 시간에 대한 이해, 변화, 과거, 생활의 연속성으로 역사의 개념을 정리하였다.

한편, 미국 사회과교육협회(NCSS, 2002)에서는 시간, 연속성, 변화를 제시하였다. 시펠트(2005)는 시간, 변화, 계속성, 과거, 역사가의 방법을 제시하였고, 멜렌데즈 등(2000)은 시간, 공간 및 장소, 사람, 사건 및 변화를 소개하였다. 엘리스(Ellis, 1995) 원인과 결과, 계속성, 관계성, 역사성, 시간과 연표, 변화, 리더십, 문화 창조, 국가주의 및 세계주의 등을 제시하였다.

교육인적자원부(2005)는 역사 핵심 개념 선정의 기본 원리를 4가지로 제시하였다. 첫째, 유아의 흥미와 호기심을 불러일으킬 수 있는 것으로부터 기존의 교육과정에 통합하여 전개할 수 있는 것을 선정한다. 둘째, 유아의 사전 경험과 배경을 고려하여 친근감을 느낄 수 있는 주제를 선정한다. 셋째, 역사적 시간에 대해서 다룰 때 현재, 과거, 아주 오래된 과거 등의 시간 언어로 구분할 수 있는 것이어야 한다. 넷째, 유아들이 직접 체험할 수 있는 역사적 자료를 활용할 수 있는 내용을 선정해야 구체화된 역사 교육이 가능하다.

이상의 여러 학자들이 제시한 개념을 토대로 유아 역사 교육의 주요 개념을 제시하면 다음과 같다(교육인적자원부, 2005; 조순옥 외, 2003; Melendez, Beck, & Fletcher, 2000; Seefeldt, 2005; Seefeldt, Castle, & Falconer, 2014).

(1) 시간

역사 개념 중 가장 기본적인 개념으로, 실제 역사 교육은 시간 중심으로 이루어진다. 유아는 발달 특성상 중심화와 비가역성 때문에 시간과 시간의 흐름에 대한 이해가 부족하다. 하지만 일상생활의 과정, 시간의 측정, 시간의 경과를 경험함으로써 시간에 대한 초기의 개념을 획득할 수 있다. 이외에도 유아의 시간 개념은 교사의 연속성 있는 일과 제공하기, 시계나 달력 보기, 미래 예상하기 등을 통해서 향상된다.

(2) 변화

역사 교육은 변화의 필요성을 받아들이도록 한다. 변화는 계속되는 것이며 두려워할 대상이 아니라는 것을 배울 수 있다. 변화는 삶의 일부이고 변화를 받아들이고 적응하는 것은 삶을 풍요하게 하는 데 결정적인 역할을 한다. 유아는 변화를 이해할 수 있는 인지적 능력이 부족하다. 그러나 유아의 주변은 변화를 경험하는 기회들이 많다. 자신, 이웃, 학교, 지역사회에서 일어나는 변화들을 관찰하면서 다음 사항을 이해한다. 첫째, 변화는 지속적이고 항상 존재한다. 둘째, 변화는 자신을 비롯하여 많은 사람들의 삶에 영향을 미친다. 셋째, 변화는 기록될 수 있고 이 기록들은 다른 사람들의 변화와 상태를 이해하는 데 도움이 된다.

(3) 인간 삶의 계속성

삶은 지속적으로 끊임없이 변하고 있지만 인간의 경험은 계속성을 가진다. 유아는 가족의 역사를 살펴보면서 이러한 계속성을 느낄 수 있다. 세대 간에 서로 상호작용하고 관계를 맺음으로써 역사가 이어져 간다는 점을 고려할 때, 유아에게 세대 간 프로그램을 통해서 삶이 연속된다는 것을 체험적으로 느끼게 할 수 있다. 기념일(명절, 공휴일 등)을 축하하는 것은 유아에게 과거 역사의 풍부한 유산을 보게 할 뿐 아니라 삶의 연속성을 이해하게 한다.

(4) 과거

유아는 가까운 과거와 먼 과거에 대해 강한 흥미를 나타낸다. 비록 날짜에 대한 의미를 거의 파악하지 못하고 있다고 하더라도 5세 정도가 되면 과거와 현재 사이의 차이를 인식할 수 있고, 사진이나 그림 등을 가지고 '오래전', '최근'과 같은 광범위한 구별을 통해 연대기적인 순서로 사건들을 기술할 수 있다(Barton & Levstik, 1996, Seefeldt, Castle, & Falconer, 2014, 재인용). 유아는 매 순간 과거를 경험하고, 매우 오래전 과거에 있었던 사건이나 기록들을 다룰 수 있다. 이를 통해 과거의 역사적 사건, 인물, 물건 등에 대한 이해를 확장시키며 과거의 다양한 시점을 구별하는 연대기적 사고능력을 향상시킬 수 있다.

2) 표준 및 누리과정에 기초한 유아행동 이해

유아의 역사 개념을 증진시키기 위해서는 표준 및 2019 개정 누리과정, 유아의 행동 특성을 이해하는 것이 필요하다. 역사 교육을 위한 유아의 표준 및 2019 개정 누리과정, 유아행동 특성은 다음 〈표 14-1〉과 같다(교육부 · 보건복지부, 2019; 조운주, 2015; Illinois State Board of Education, 2013; Poole, Miller, & Church, 2006; Office of Child Development and Early Learning, 2014b).

〈표 14-1〉 역사 표준 및 누리과정, 유아행동

<table>
<tr><th colspan="3">표준 및 지표</th><th colspan="2">누리과정</th><th rowspan="2">유아행동</th></tr>
<tr><th>표준</th><th colspan="2">연령별 지표</th><th>내용범주</th><th>내용</th></tr>
<tr><td rowspan="3">8.1 과거·현재·미래의 시간 개념을 이해한다.</td><td>3세</td><td>가까운 과거·현재·미래에 관심을 갖고 하루 일과를 앎</td><td rowspan="6">사회에 관심 가지기</td><td rowspan="6">우리나라에 대해 자부심을 가진다.</td><td>• 하루 일과의 흐름에 따라서 말한다("아침에 밥 먹어. 밤에 잠자."와 같이 말한다).
• 시간은 모르지만 경험을 토대로 예측한다("내가 낮잠을 자고 나면 엄마가 데리러 올 거야."라고 말한다).</td></tr>
<tr><td>4세</td><td rowspan="2">가까운 과거·현재·미래를 알고 달력, 날짜, 시계 등에 관심을 가짐</td><td>• "화장실 갔다 왔으니까 간식 먹을 시간이야."처럼 일과를 예측한다.
• 어제, 오늘, 내일과 같이 시간을 설명하는 단어를 사용한다("어제 할머니 집에 갔어.").
• 시계에 관심을 갖고 모래시계, 타이머 등을 활용할 수 있다.
• 규칙적인 일과를 순서대로 적절하게 설명할 수 있다("유치원에 오면 자유놀이 하고, 이야기 나누기 하고 간식 먹고 바깥놀이 할 거야.").</td></tr>
<tr><td>5세</td><td>• 적절한 어휘를 사용하여 과거·현재·미래에 대해서 설명을 한다("어제는 동물원 놀러갔어요.").
• 시간과 관련된 어휘(처음/마지막, 아침/밤, 어제/오늘 등)를 사용하고 개념을 말한다.
• 간단한 시계를 사용할 수 있다.</td></tr>
<tr><td rowspan="3">8.2 시간의 흐름에 따른 변화를 이해한다.</td><td>3세</td><td>사람,자연의 변화에 관심을 가짐</td><td>• 자연의 변화에 대해서 궁금해 한다("꽃이 피었어.", "나뭇잎이 떨어지네.").</td></tr>
<tr><td>4세</td><td rowspan="2">사람, 자연, 지역사회 등의 변화를 앎</td><td>• 과거에 대해서 말한다("내가 아기였을 때는 이렇게 작았어." "내가 3살 때는 ㅇㅇ을 못했어."라고 말한다).
• 자연의 변화를 말한다("나뭇잎이 색깔이 바뀠어." 등).
• 사물의 변화에 대해서 말한다("건물이 새로 생겼어."처럼 장소 건물, 도로 등의 변화를 표현한다).</td></tr>
<tr><td>5세</td><td>• 과거와 현재의 유아, 가족, 옷, 집, 물건 등을 비교한다("엄마 아빠가 결혼사진에 내가 없었는데, 이 사진에는 나도 있어.").
• 자연과 지역의 변화를 이해하고 비교한다("개나리꽃이 떨어지고 잎이 나오고 있어.").</td></tr>
</table>

<table>
<tr><th colspan="3">표준 및 지표</th><th colspan="2">누리과정</th><th rowspan="2">유아행동</th></tr>
<tr><th>표준</th><th colspan="2">연령별 지표</th><th>내용범주</th><th>내용</th></tr>
<tr><td rowspan="2">8.3
과거·
현재·
미래의
계속성을
이해한다.</td><td>4세</td><td rowspan="2">과거·현재·
미래의
계속성에
관심을 가짐</td><td rowspan="2">사회에
관심
가지기</td><td rowspan="2">우리나라에
대해
자부심을
가진다.</td><td>• 이야기 순서대로 그림을 배열한다.
• 규칙적인 하루 일과를 예상한다.
• 다음에 일어날 일을 말한다.
• 출생에서 현재까지의 자기 사진을 순서대로 놓는다.</td></tr>
<tr><td>5세</td><td>• 하루, 한 주, 한 달, 일 년을 통해서 시간 순서를 이해한다.
• 출생에서 현재까지 사진이나 그림으로 개인의 연대기를 만든다.
• 최근의 일이 미래에 어떻게 영향을 줄 것인지를 예측한다.
• 사건 사진을 순서화하고 사건을 말한다.</td></tr>
</table>

3) 교육과정 운영

유아가 아까, 나중에, 오늘, 어제, 내일 등의 시간 관련 어휘를 사용하고, 자신의 어린 시절, 변화 등에 관심을 가지면, 표준 및 2019 개정 누리과정 내용에 기초하여 역사 개념에 대한 교육을 실시한다. 유아의 역사 개념을 증진시키기 위한 연령별 교육과정 운영은 다음 〈표 14-2〉와 같다.

〈표 14-2〉 역사 교육을 위한 교육과정 운영

<table>
<tr><th rowspan="2">표준</th><th colspan="2">누리과정 내용</th><th rowspan="2">연령</th><th rowspan="2">놀이 및 대소집단 활동</th></tr>
<tr><th>내용범주</th><th>내용</th></tr>
<tr><td rowspan="3">8.1
과거·현재·
미래의
시간 개념을
이해한다.</td><td rowspan="8">사회에
관심
가지기</td><td rowspan="8">우리나라에
대해 자부심을
가진다.</td><td>3세</td><td>• 동화: 해와 달이 된 오누이
• 견학: 박물관
• 게임: 신나는 강강술래</td></tr>
<tr><td>4세</td><td>• 동화: 그림 그리는 아이 김홍도
• 견학: 박물관
• 미술: 팽이 만들기
• 게임: 팽이 돌리기</td></tr>
<tr><td>5세</td><td>• 견학: 박물관
• 동화: 옛날 옛적 돌실이네 이야기/숨 쉬는 항아리/아씨방 일곱 동무
• 미술: 딱지 만들기
• 게임: 딱지치기/투호 던지기</td></tr>
<tr><td rowspan="3">8.2
시간의
흐름에 따른
변화를
이해한다.</td><td>3세</td><td>• 미술: 내가 어렸을 때</td></tr>
<tr><td>4세</td><td>• 동화: 달구지를 끌고
• 미술: 계절 책 만들기</td></tr>
<tr><td>5세</td><td>• 동화: 작은집 이야기
• 미술: 나의 역사책 만들기/우리 반 역사책 만들기</td></tr>
<tr><td rowspan="2">8.3
과거·현재·
미래의
계속성을
이해한다.</td><td>4세</td><td>• 동화: 솔이의 추석 이야기
• 요리: 떡 만들기</td></tr>
<tr><td>5세</td><td>• 동화: 떡 잔치
• 요리: 떡 만들기
• 공동조형: 우리나라 소개 책 만들기
• 인사(할아버지, 할머니)초청</td></tr>
</table>

유아의 역사 개념을 지원하기 위해서는 유아의 놀이를 관찰하고 2019 개정 누리과정에 기초하여 놀이를 분석한 다음, 놀이를 지원하고 확장해주는 것이 효과적이다. 유아의 역사 개념 증진을 위한 놀이관찰 및 놀이분석, 놀이지원의 예를 제시하면 다음과 같다.

유아의 역사 개념을 위한 놀이지원	
유아 놀이 관찰	• 관찰유아: 재영, 서하(만 5세) • 관찰일시 2021년 10월 13일(수) • 관찰상황: 미술 영역(박물관 견학 그리기) 미술영역에서 재영이가 붓펜으로 그림을 그리고 있다. 서하가 옆에 가서 "재영아, 뭐 그려?" 하고 묻는다. "응, 나 주말에 부여에 박물관 갔다 왔어." "거기서 왕이 쓰던 물건이랑 무덤도 봤고, 이거 봐. 대향로도 봤어." "진짜 멋졌어!" 하면서 향로의 모습을 말로 자세하게 설명한다. 서하는 "나도 역사박물관 가 본 적 있어."  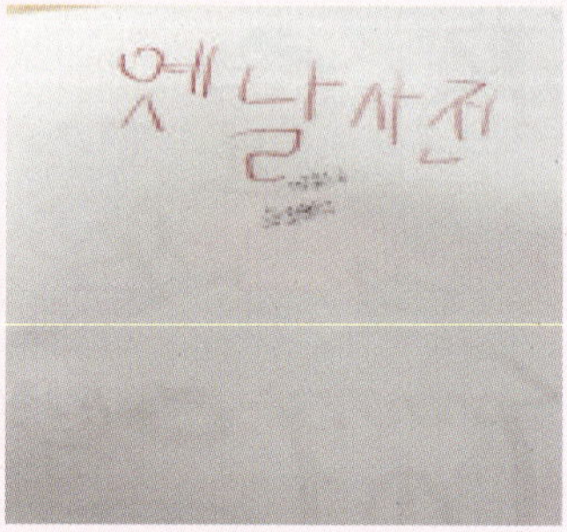
유아 놀이 분석	• 누리과정 내용: 사회에 관심 가지기 – 우리나라에 대해 자부심을 가진다. – 다양한 문화에 관심을 가진다. • 재영이는 부여의 박물관에 다녀온 후 우리나라의 유물과 보물에 관심이 많아졌고, 우리나라의 보물에 자부심을 가지고 있다. • 교사는 우리나라의 역사에 관심을 가진 유아들에게 박물관 놀이로 활성화되도록 지원하여 유아들이 우리나라 문화에 관심을 가지고 자부심을 느끼게 한다.
놀이 주제	박물관
유아 놀이 지원	• 상호작용 – 왜 옛날 사전을 만들었는지 질문한다. – 우리나라 보물 중 어떤 것을 만들고 싶은지 질문한다. – 유치원에 박물관을 만들어 보는 것에 대해서 이야기한다.

유아의 역사 개념을 위한 놀이지원	
유아 놀이 지원	• 공간 및 놀이자료 지원 – 유아가 그린 옛날 사진을 게시하거나 화면에 띄워 준다. – 유아들과 협의하여 쌓기 영역이나 미술 영역, 다른 공간(복도 등)에 박물관을 구성할 수 있는 공간을 마련한다. – 쌓기 영역에 보물을 만들 수 있는 다양한 블록(빌딩 블록, 레고 등)을 제공한다. – 미술 영역에 여러 가지 우리나라 보물 사진, 관련 책, 영상 자료와 보물, 유물 설명, 전시 포스터 등을 만들 수 있는 다양한 자료(스티로폼, 찰흙, 만들기 재료 등)를 제공한다. – 국립중앙박물관의 VR 박물관 영상을 제공한다. – 유아들이 만든 보물을 박물관 공간에 전시하고 보물에 대한 설명도 함께 제시한다. • 활동: 『보물 만들기』 – 유아들이 만들고 싶은 보물을 의논해서 결정하게 한다. 이때 결정은 투표로 할 수 있다. – 유아들이 협력하여 보물을 만든다. – 완성된 후, 설명문과 전시 포스터도 만든다. – 안내 포스터는 유치원(어린이집) 곳곳에 붙인다. – 다른 반 친구들을 위한 입장권도 만든다. – 다른 반 친구들 방문 시 유아들이 보물에 관해서 설명을 해 준다. • 유의점 및 확장 – 유아들이 만든 보물을 북크리에이터를 활용하여 'ㅇㅇ반 박물관 소개 책'으로 제작할 수 있다. – 박물관 견학을 갈 수 있다. – 다른 나라의 보물이나 박물관에 대해서 확장할 수 있다. 구글 아트 앤 컬쳐의 VR 박물관을 활용할 수 있다.

4) 환경구성 및 교사지원

유아가 올바른 역사 개념을 형성하기 위해서는 성인의 지원이 필요하다. 3~5세 유아의 역사 교육을 위한 환경구성 및 교사지원은 다음과 같다(정여진, 2015; Melendez, Beck, & Fletcher, 2000; Seefeldt, 2005; Seefeldt, Castle, & Falconer, 2014).

(1) 환경구성

- 하루 일과표 제시하기
- 달력, 모래시계, 시계, 타이머 등 제공하기
- 과거 · 현재 · 미래의 물건 및 생물의 사진과 실물 제공하기
- 유아의 사진, 가족사진 및 책 제공하기
- 여러 세대의 복장과 소품을 제공하기
- 역사 이야기 책 제공하기

(2) 교사지원

- 다양한 방법으로 시간 측정하기

  유아는 8~9세가 될 때까지 시간을 관습적으로 측정하는 것은 어렵다. 유아에게 시계를 보고 정확한 시간을 말하게 하는 것보다 다양한 방법으로 시간의 길이를 측정하고 시간을 경험시키는 것이 무엇보다 중요하다. 이것은 시간의 지속성, 사건과 시간의 순서 개념을 돕고 더 나아가 관습적 시간 개념 형성을 돕는 역할을 한다. 시간의 지속성을 경험하기 좋은 활동으로는 스톱워치를 사용하여 측정해 보는 것을 들 수 있다.

- 시간 관련 질문하기

  시간의 흐름에 대한 인식은 다양한 활동과 질문을 통해 소개할 수 있다. 즉, 오늘, 어제, 내일, 다음, 나중에, 며칠 전 · 후, 오래전과 같은 언어를 사용하면서

시간 개념과 연결시켜 질문하는 것이다. 예를 들어, "어제 우리가 무엇을 했었지?", "어제 점심에 무엇을 먹었니?", "네가 4살이었을 때 할 수 없었지만 지금 할 수 있는 일은 무엇이 있니?", "지난주에 우리는 무엇을 했지?" 등과 같은 질문을 하는 것이다.

- 시간 관련 동화책 읽어주기

유아의 하루 일과 또는 사건의 진행을 쉽게 볼 수 있는 동화책을 소개한다. 책 안에 있는 하루 일과에 관련된 그림들은 "첫 번째는 무슨 일이 일어났니?", "그 다음은 어떠한 일이 일어났니?"와 관련된 질문을 가능하게 한다. 이러한 질문을 더 확장하여 "누가 동화의 전체 이야기를 이야기해 볼래?", "동화 속에 누가 등장했지?" 등과 같은 질문을 생각하게 한다. 이러한 질문은 유아들의 'before'와 'after'의 관계와 시간의 순서 개념 발달을 돕고 더 나아가 오늘 하루 일과를 회상함으로써 과거 · 현재 · 미래를 이해하는 데 도움을 준다.

- 변화를 알아보는 경험 제공하기

변화에 대한 개념을 이해하기 위해 유아에게 유아 자신, 유치원, 이웃, 자연에서 이루어지는 변화를 알아보는 경험을 제공한다. 유아 자신의 경우에는 자신의 아기 시절, 지금의 변화 모습, 앞으로 변화될 모습이나 동생의 출생과 부모님의 변화에 대해서 토의해 볼 수 있다. 이웃의 현재와 예전의 모습을 관찰 · 비교함으로써 이웃의 변화를 알아볼 수 있다. 이외에 자연의 변화는 계절에 따른 나무의 변화나 생명체의 변화를 관찰할 기회를 제공함으로써 알아볼 수 있다.

- 삶의 연속성을 이해할 수 있는 경험 제공하기

유아는 가족의 역사를 통해 가족이 이어져 온다는 것과 세대 간 프로그램이나 기념일, 전통축제일 등을 통해 시간이 지나도 동일하게 전해지는 전해지는 것이 있다는 연속성의 개념을 이해할 수 있다. 구체적인 활동으로는 집에서 가져

온 사진과 그림으로 유아의 삶을 종이 위에 시간 순서대로 나열해 보는 타임라인 활동을 할 수 있다. 또는 가족의 오래전 사진이나 가족이 오랫동안 사용한 물건을 가지고 와서 발표하는 기회를 제공한다. 오래전 가족생활에 대한 이야기는 유아가 연속성을 느끼게 한다. 또는 역사 속 인물의 이야기를 통해 시대가 변화하더라도 인간은 같은 정서와 감정을 공유한다는 점을 이해할 수 있다. 이외에도 조부모의 날이나 노인자원봉사프로그램 등의 세대 간 프로그램을 제공하여 유아와 노인이 서로를 알아 가고 애정을 공유하고 삶의 연속성에 대한 구체적인 경험을 하도록 한다.

- 과거를 이해할 수 있는 경험 제공하기

유아가 과거를 이해하고 탐색하도록 한다는 의미는 교사가 유아에게 진짜 역사적 사건을 교육해야 한다는 것이 아니다. 유아는 과거에 대한 개념을 익히기 위해 최근에 경험했던 사실에 대해 토론하며 기록할 수 있다. 그보다 더 먼 과거에 대해서는 물건이나 기록을 다루며 알아볼 수 있고 이야기나 시를 통해 그들이 태어나기 전에 있었던 일을 경험할 수도 있다. 부모님이나 조부모 등 유아가 과거를 이해할 수 있는 인적 자원을 초대하여 옛날이야기 듣기, 박물관 견학하기를 통해 과거의 모습을 추적해 보는 경험을 제공하기, 전설, 위인전이나 예술작품 등을 소개하기 등은 과거에 대한 이해를 돕는 데 효과적인 활동이다.

참 고 문 헌

강경숙 · 남규 · 남미애 · 노수자 · 이혜경 · 조운주 · 주태자(2013). 누리과정 컨설팅장학 운영메뉴얼. 서울: 교육부 · 육아정책연구소.

강문희 · 신현옥 · 정옥환 · 정정옥(2004). 아동발달. 경기: 교문사.

강우철(1974). 역사적 탐구능력의 특성. 사회과교육, 7, 25-30.

강은진 외(2019). KICCE 유아관찰척도 개발 연구보고. 서울: 육아정책연구소.

강진아(1998). 탁아기관의 질과 영아의 탐색/놀이 행동과의 관계: 물리적 놀이 환경의 영향을 중심으로. 덕성여자대학교 대학원 석사학위논문.

고민순 · 김금주 · 김현숙 · 박현화 · 이상영 · 황정숙(2010). 초등사회 개념사전. 서울: 아울북.

고영복(2000). 사회학사전. 서울: 사회문화연구소.

곽주영(1996). 보육교사 행동의 질적 수준과 아동의 사회적 행동 특성. 연세대학교 대학원 석사학위논문.

교육과학기술부(2011). 유치원 기본과정 내실화를 위한 경제 · 소비자교육 프로그램. 서울: 교육과학기술부.

교육부 · 보건복지부(2019). 2019 개정 누리과정 해설서. 세종: 교육부 · 보건복지부.

교육심리학회(2000). 교육심리학용어사전. 서울: 학지사.

교육인적자원부(2005). 유아를 위한 역사교육 활동자료. 서울: 교육인적자원부.

____________(2006). 유아의 사회성 발달을 돕는 협동활동 프로그램. 서울: 교육인적자원부.

____________(2007). 교사와 유아를 위한 유아사회교육 활동자료. 서울: 교육인적자원부.

구광현 · 이희경 · 김보현(2012). 유아사회교육의 이해. 서울: 동문사.

국립국어원(2013a). 표준국어대백과사전. http://stdweb2.korean.go.kr/main.jsp (2016. 11. 25. 인출).

__________(2013b). 표준국어대백과사전. http://stdweb2.korean.go.kr/search/List_dic.jsp (2016.

11. 20. 인출).

________(2015). 표준국어대사전. http://stdweb2.korean.go.kr/guide/iframe.jsp (2016. 11. 25. 인출).

권덕수(2010). 조망중심 유아지리교육 프로그램의 개발 및 적용효과. 중앙대학교 대학원 박사학위논문.

기금심(2004). 어머니의 양육 스트레스와 교사 유아관계가 유아의 사회 정서적 행동에 미치는 영향. 광운대학교 교육대학원 석사학위논문.

김성애 · 박성연(2009). 유아에 대한 양육자의 애착, 유아의 정서조절 능력 및 공격성간의 관계: 시설보호 유아와 일반 유아의 비교. 아동학회지, 30(1), 43-57.

김성태(1984). 발달 심리학. 서울: 법문사.

김신옥 · 민혜영 · 이혜란 · 홍길회(2014). 유아발달의 이해. 서울: 창지사.

김영옥 · 홍혜경(1998). 유아의 소비생활 인식과 경제교육을 위한 교육과정 모색. 한국아동학회 춘계학술대회, 1998, 39-63.

김영훈(1996). 독서토의 학습이 아동의 논리적 사고력 형성에 미치는 영향. 한국교원대학교 대학원 석사학위논문.

김왕근(1995). 시민성 내용과 형식으로서의 덕목과 합리성의 관계에 관한 연구. 서울대학교 대학원 박사학위논문.

김종서 · 주성민(1990). 지역사회학교의 이론과 실제. 경기: 교육과학사.

김지은 · 엄정애(2014). 만 5세 유아를 위한 지역사회 참여 활동의 효과적인 운영에 관한 실행연구. 교과교육학연구, 18(1), 113-139.

김진영(2004). 유아 및 아동의 관습적 시간개념 발달에 관한 연구. 교육발전연구, 20(1), 43-67.

김한종(1995). 삐아제의 인지발달론과 역사교육 연구. 사회교육 과학연구, 1, 19-68.

김현진(1994). 비판적 사고력을 향상시키기 위한 사회과 수업의 효과적인 토의 유형 연구. 서울대학교 대학원 석사학위논문.

김혜순(2012). 유아의 정서조절과 스트레스 대처능력이 리더십에 미치는 영향. 아동연구, 21(1), 21-36.

김희선(2012). 전통문화에 기초한 유아경제교육 프로그램 개발 및 효과. 전남대학교 대학원 박사학위논문.

나병술(1989). 아동발달. 서울: 교학연구사.

류칠선 · 이성희(1999). 유아 과학교육 자원으로서 현장견학 접근모형. 한국영유아보육학, 19,

349-368.

민경희(1990). 한국가족론. 서울: 여성한국사회연구회.

민영순(1984). 교육심리학. 서울: 문음사.

박낭자 · 고진영(2006). 유아의 자아개념과 사회지능과의 관계분석. 영유아교육연구, 9, 193-218.

박도순(1997). 유치원 교육 수행평가의 이론과 실제. 서울: 국립교육평가원.

박민지 · 김민진(2016). 또래 유능성, 자아존중감, 교사-유아관계와 유아 행복간의 구조 관계 분석. 유아교육학논집, 20(1), 217-240.

박상선(1996). 초등사회과 경제교육중 소비자교육의 개선방안. 전주교육대학교 논문집, 33(1), 93-119.

박선영(1998). 가족기능 및 인성특성과 청소년의 외로움간의 관계. 이화여자대학교 대학원 석사학위논문.

박영미(2009). 유아지리교육 내용 및 교수-학습 방법 개선을 위한 연구. 이화여자대학교 대학원 박사학위논문.

박영미 · 엄정애(2009). 유아지리교육 내용 및 교수-학습 방법의 문제점 개선을 위한 연구. 교육의 이론과 실천, 14(2), 21-53.

박인기(2008). 유아의 지역사회 참여 교육에 관한 탐색적 연구: 레지오 에밀리아 접근법을 중심으로. 변형영유아교육연구, 2(1), 137-158.

박찬옥 · 김영중 · 황혜경 · 엄정례 · 조경서(2001). 유아사회교육. 경기: 정민사.

박찬옥 · 서동미 · 엄은나(2015). 유아사회교육. 경기: 정민사.

서울대학교 교육연구소(1995). 교육학용어사전. 서울: 하우동설.

송명자(2001). 발달심리학. 서울: 학지사.

송춘영(1999). 역사교육의 이론과 실제. 서울: 형설출판사.

신리행(2016). 공간탐색 중심 유아지리교육 프로그램 개발 및 효과. 전남대학교 대학원 박사학위논문.

신지혜 · 김혜순(2014). 유아의 정서조절과 도덕성이 리더십에 미치는 영향. 미래유아교육학회지, 21(2), 209-229.

신옥순(2001). 유아교육학개론. 서울: 학지사.

심성보(2011). 인간과 사회의 진보를 위한 민주시민교육. 서울: 현문.

안실(1989). TV유아교육 프로그램의 제작형태에 따른 유아의 주의집중도 및 이해도. 이화여자대학교 교육대학원 석사학위논문.

양동두(1993). 형제 수 및 출생순위에 따른 아도의 성격특성 비교. 건국대학교 교육대학원 석사학위논문.

양시내 · 김영옥(2014). 유아 시민의식 함양 프로그램 개발 및 적용 효과. 열린유아교육연구, 19(6), 225-256.

양순의(2004). 텔레비전 만화영화의 시청과 유아의 공격성과의 관계 연구. 인하대학교 교육대학원 석사학위논문.

우정희(2008). 유아의 지역사회 시민의식 함양 프로그램 구성 및 적용. 중앙대학교 대학원 박사학위논문.

원유경(1986). 유아의 동료간 인기도와 사회적 성숙 및 어머니 자녀 교육관 간의 관계. 이화여자대학교 교육대학원 석사학위논문.

유구종 · 김민경 · 김은아(2012). 유아교육용 애플리케이션내용 및 인터페이스 상호작용 분석. 열린유아교육연구, 17(1), 169-194.

유은정(2014). 유아의 스마트폰 중독 경향성과 유아의 정서지능간의 관계. 인천대학교 교육대학원 석사학위논문.

유혜령(2004). 유아의 역할 놀이에 나타난 모방과 창조의 미학. 유아교육연구, 24(3), 277-304.

윤경빈 · 유태순(2006). Body piercer의 성역할 정체감, 자아개념, 자아강도에 따른 신체장식행동에 관한 연구. 한국의류산업학회지, 8(5), 537-544.

윤병섭(2004). 인간관계 향상을 위한 자아개방기법에 관한 연구. 한국인간관계학보, 9(1), 83-110.

윤선영(2007). 비판적 사고 교수 접근에 기초한 유아경제교육프로그램 구성 및 적용효과. 중앙대학교 대학원 박사학위논문.

이경영(2008). 영유아사회교육의 이론과 실제. 서울: 형설출판사.

이경희(2006). TV, 컴퓨터 매체가 유아의 두뇌발달 중 집중력에 미치는 영향. 국제문화대학교 대학원 석사학위논문.

이경희 · 서영숙(1987). 유아를 위한 사회교육. 경기: 교문사.

이기숙(2011). 유아교육과정. 서울: 교문사.

이미화 · 이정림 · 여종일 · 김경미 · 김명순 · 이경옥 · 이완정 · 이정욱 · 최일선 · 최혜영(2012). 「5세 누리과정」운영에 따른 유아평가 연구–평가척도 개발. 연구보고 2012-31. 서울: 육아정책연구소.

이미화 · 정주영 · 엄지원 · 김희정 · 김명순 · 이경옥 · 이완정 · 이정욱 · 최일선 · 최혜영(2013). 3,

4세 누리과정 유아관찰척도 개발. 연구보고 2013-36. 서울: 육아정책연구소.

이사임(1994). 유아의 또래 간 인기도에 따른 놀이형태 및 놀이행동. 이화여자대학교 대학원 석사학위논문.

이선경(1995). 유아를 위한 올바른 텔레비젼 시청지도에 관한 연구. 교육연구, 14, 413-430.

이선경 · 하승연(2010). 발달심리. 서울: 교육아카데미.

이숙재(2004). 유아를 위한 놀이의 이론과 실제. 서울: 창지사.

_____(2014). 영유아 놀이의 이론과 실제. 서울: 창지사.

이승은(2010). 유아의 정서에 관한연구: 정서이해, 정서유발원인, 표현방식, 연령차를 중심으로. 유아교육연구, 30(6), 67-94.

이영규 · 심진경 · 안영이 · 신은영 · 윤지선(2010). 학습용어 개념사전. 서울: 아울북.

이용주 · 오선영(2014). 유아의 자아개념과 유아교육기관 적응간의 관계. 열린유아교육연구, 19(1), 343-362.

이윤미 · 김경숙(2016). 동화를 활용한 실천적 나눔 활동이 유아의 자기조절능력과 친사회적 행동에 미치는 효과. 아동교육, 25(4), 317-336.

이은화 · 김영옥(2000). 유아사회교육. 경기: 양서원.

이은화 · 조운주 · 곽아정 · 최일선 · 이두현(1998). 사회극놀이의 활성화를 위한 방향모색. 한국영유아보육학, 15, 209-230.

이지선(1994). 아동이 지각하는 형제자매 역할 기대 및 수행과 형제자매 관계. 서울대학교 대학원 석사학위논문.

이현림 · 황영창(2002). 남녀공학 공업고등학교 학생의 성역할 정체감에 따른 자아수준 분석. 상담학연구, 3(1), 203-218.

이현정 · 황선영 · 오재연(2016). 인성관련 동화책을 활용한 협동적 문제해결활동이 유아의 조망수용능력과 친사회적 행동에 미치는 영향. 인문사회, 7(5), 777-804.

이혜림(2008). 역사교육에 대한 유치원 교사의 인식. 이화여자대학교 대학원 석사학위논문.

임은정 · 김수영(2011). 유아의 상별에 따른 정서조절 및 관련 변인들과 사회적 능력 간의 구조관계 분석. 유아교육연구, 31(4), 5-29.

장명주(2003). 유아경제교육에 대한 교사와 어머니의 인식. 이화여자대학교 교육대학원 석사학위논문.

장영희 · 엄정애 · 박수진(2007). 우리나라 유치원-초등학교 사회과 관련 교육과정 내용 연계성 분석. 교육과학연구, 11(1), 277-293.

전영아(2013). 흥미영역의 통합이 성별에 따른 유아의 놀이행동에 미치는 영향: 쌓기놀이 영역과 역할놀이 영역을. 배재대학교 대학원 석사학위논문.

정계숙 · 손환희 · 윤갑정(2015). 유아기 가족의 가족의례에 대한 인식 및 실태. 유아교육연구, 35(2), 337-368.

정덕희(2009). 유아의 교사 또래관계와 유아교육기관 일과적응. 한국생활과학회지, 18(2), 353-362.

정미라(2006). 자녀양육과 부모역할. 경기: 양서원.

_____(2010). 유아의 성역할 정체감 유형에 따른 유치원 적응력. 아동교육, 19(3), 217-234.

정미라 · 이희선 · 노은호(2004). 유아교육기관의 지역사회 문화교육 실시 현황과 교사의 인식. 유아교육연구, 24(1), 241-259.

정선영 · 김한종 · 양호환 · 이영효(2001). 역사교육의 이해. 서울: 삼지원.

정여진(2015). 체험 중심 역사교육 프로그램이 유아의 시간개념과 역사적 사고력 및 역사적 태도에 미치는 영향. 서울여자대학교 교육대학원 석사학위논문.

정정옥 · 이경희 · 임은숙(2003). 아동의 성장과 발달 이해. 서울: 교육아카데미.

조성희(2015). 유아의 정서조절능력과 리더십이 유치원 적응력에 미치는 영향. 유아교육학논집, 19(5), 171-191.

조순옥 · 이경화 · 배인자 · 김정원 · 민혜영 · 이정숙(2003). 유아사회교육. 서울: 창지사.

_____(2005). 유아사회교육. 서울: 창지사.

조운주(2014). 3~5세 유아사회교육 내용의 비교 · 분석 및 유아사회교육 내용에 대한 교사들의 인식. 유아교육학논집, 18(5), 5-27.

_____(2015). 0~5세 유아사회교육 표준 및 지표 타당성. 보건복지교육연구, 6(8), 123-148.

조운주 · 김은영(2014). 유아의 기질 및 부모양육방식이 유아의 또래 상호작용에 미치는 영향. 육아정책연구, 8(2), 155-174.

조운주 · 최일선(2016). 유아를 위한 학교폭력 예방 및 대책. 서울: 창지사.

지성애 · 채영란 · 신금호 · 박희숙 · 박유영(2012). 놀이지도. 경기: 정민사.

지영주(2011). 다문화 그림책을 활용한 문학 활동이 유아의 타문화에 대한 태도 및 인종에 대한 인식변화에 미치는 영향. 경북대학교 과학기술대학원 석사학위논문.

최일선 · 조운주(2014). 유아교육 평가의 의론과 실제. 서울: 창지사.

한국교육개발원(1993). 유치원용 민주시민교육 프로그램 교사용지도서. 서울: 대한교과서주식회사.

한국교육심리학회(2000). 교육심리학용어사전. 서울: 학지사.

______________(2004). 교육평가용어사전. 서울: 학지사.

한국심리학회(2014). 심리학용어사전. http://www.koreanpsychology.or.kr (2016. 2. 25. 인출).

한형원(1988). 아동의 경제적 개념에 관한 연구: 돈과 빈 · 부의 개념을 중심으로. 이화여자대학교 대학원 석사학위논문.

한희경(1998). 어머니의 경제교육태도와 유아의 경제기본개념과의 관련성 연구. 한국외국어대학교 교육대학원 석사학위논문.

홍연림(1999). 형제지위변인과 형제관계가 아동의 성격특성에 미치는 영향. 숙명여자대학교 대학원 석사학위논문.

황윤세(2007). 유아의 기질, 자기조절력과 상호작용적 또래놀이와의 관계. 열린유아교육연구, 12(1), 145-166.

황태경(2013). 유아의 스마트기기 사용실태와 몰입경향성, 자기조절력, 친 사회적 행동 간의 관계. 신라대학교 교육대학원 석사학위논문.

Acar, I. H. (2013). *Predictors of preschool children's peer interactions: Temperament and prosocial behavior*. Master Dissertation, University of Nebraska.

Adeoye, A. O., Ojewole, A. O., & Babalola, J. A. O. (2014). Biblical perspectives on Albert Bandura theory of observational learning. *International Journal of Philosophy and Theology, 2*(3), 193-205.

Administration for Children and Families (2015). *Head start early learning outcomes framework: Ages birth to five*. Washington DC: U.S. Department of Health and Human Services.

Ainsworth, M. D. S., & Bell, S. (1970). Attachment, exploration, and separation: Illustrated by the behavior of one-year-olds in a strange situation. *Child Development, 41*, 49-67.

Ajilchi, B., Kargar, F. R., & Ghoreishi, M. K. (2013). Relationship between the parenting styles of overstressed mothers with their children's-esteem. *Procedia-Social and Behavioral Sciences, 82*, 496-501.

Alabama Department of Children's Affairs Office of School Readiness (2012). *Alabama developmental standards preschool children*. Montgomery, AL: Alabama Department of Education.

Alaska Department of Education and Early Development (2007). *Early learning guidelines*. Juneau, AK: Alaska Department of Education and Early Development.

American Academy of Pediatrics (2009). *Caring for your baby and young child: Birth to age 5*(5th ed.). New York, NY: Bantam Books.

American Academy of Pediatrics (2010). *Making friends: Preschoolers and social development*. Boston, MA: Department of Pediatrics.

Anderson, B. (1992). Effects of day-care on cognitive and socioemotional competence of thirteen-year-old swedish schoolchildren. *Child Development, 63*(1), 20-36.

Anderson, D. R., Lorch, E. P., Field, D. E., & Sanders, J. (1981). The effects of TV program comprehensibility on preschool children's visual attention to television. *Child Development, 52*(1), 151-157.

Arizona Department of Education (2013). *Early learning standards*. Phoenix, AZ: Arizona Department of Education.

Australian Government Department of Education, Employment and Workplace (2009). *Belong, being & becoming: The early years learning framework for Australia*. https://www.coag.gov.au/sites/default/files/early_years_learning_framework.pdf Retrieved November 26, 2016.

Australian Primary School Mental Health Initiative (2012). *About emotional development*. https://www.kidsmatter.edu.au/sites/default/files/public/KMP_C3_CDUE_AboutEmotionalDevelopment.pdf Retrieved March 18, 2016.

Azmitia, M., & Hesser, J. (1993). Why siblings are important agents of cognitive development: A comparison of siblings and peers. *Child Development, 64*(2), 430-444.

Azria-Evans, M. (2004). Self-esteem and young children: Guiding principles. *Dimensions of Early Childhood, 32*(1), 21-27.

Bahmueller, C. F. (Ed.)(1988). *CIVITAS; A Center for Civic Education. National standards for civics and government*. Calabsasas, CA: Center for Civic Education.

Baker, J. A. (2006). Contributions of teacher-child relationships to positive school adjustment during elementary school. *Journal of School Psychology, 44*(3), 211-229.

Bandura, A. (1977). Self-efficacy: Toward a unifying theory of behavioral change. *Psychological Review, 84*, 191-215.

Baumrind, D. (1966). Effects of authoritative parental control on child behavior. *Child Development, 37*(4), 887-907.

_________ (1967). Child care practices anteceding three patterns of preschool behavior. *Genetic*

Psychology Monographs, 75(1), 43–88.

Benoit, D. (2004). Infant–parent attachment: Definition, types, antecedents, measurement and outcome. *Paediatry Child Health, 9*(8), 541–545.

Berk, L. E. (1997). *Child development*(4th ed.). Needham Heights, MA: Allyn & Bacon.

_______ (2012). *Child development*(9th ed.). Upper Saddle River, NJ: Pearson Education, Inc.

Berti, A. E., & Bombi, A. S. (1988). *The child's construction of economics*. Cambridge, UK: Cambridge University.

Best Start Expert Panel on Early Learning (2007). *Early learning for every child today: A framework for Ontario early childhood settings*. Toronto, ON: Ontario Minister of Children and Youth Services.

Birch, S. H., & Ladd, G. W. (1997). The teacher–child relationship and children's early school adjustment. *Journal of School Psychology, 35*(1), 61–79

Blackstone, A. M. (2003). Gender roles and society. *Sociology School Faculty Scholarship, 8*, 334–338.

Bosacki, S. L., & Moore, C. (2004). Preschoolers' understanding of simple and complex emotions: Links with gender and language. *Sex Roles, 50*, 659–675.

Bowerman, C. E., & Dobash, R. M. (1974). Structural variations in inter–sibling affect. *Journal of Marriage and the Family, 36*(1), 48–54.

Bowlby, J. (1982). *Attachment and loss*(2nd ed.). New York, NY: Tavistock Institute of Human Relations.

Boyd, J., Barnett, W. S., Leong, D. J., Bodrova, E., & Gomby, D. (2005). *Promoting children's social and emotional development through high-quality preschool*. New Brunswick, NJ: NIEER.

Bradley, R. T., Atkinson, M., Tomasino, D., & Rees, R. (2009). *Facilitating emotional self-regulation in preschool children: Efficacy of the early HeartSmarts program in promoting social, emotional and cognitive development*. Boulder Creek, CA: Institute of HeartMath.

Bredekamp, S. (1987). *Developmentally appropriate practice in early childhood programs serving children from birth through age 8*. Washington, DC: NAEYC.

Bredekamp, S., & Copple, C. (1997). *Developmentally appropriate practice in early childhood programs serving children from birth through age 8*. Washington, DC: NAEYC.

Bronfenbrenner, U. (1979). *The ecology of human development: Experiments by nature and design*. Cambridge, MA: Harvard University Press.

_______________ (1994). Ecological models of human development. *International Encyclopedia of Education, 3*(2), 1643–1647.

Burchinal, M., Lee, M., & Ramey, C. (1989). Type of day-care and intellectual development in disadvantaged children. *Child Development, 60*, 128–137.

Buss, A. H., & Plomin, R. (1984). *Temperament: Early developing personality traits*. Hillsdale, NJ: Erlbaum.

Bussey, K., & Bandura, A. (1984). Influence of gender constancy and social power on sex-linked modeling. *Journal of Personality and Social Psychology, 47*(6), 1292–1302.

_______________ (1999). Social cognitive theory of gender development and differentiation. *Psychological Review, 106*, 676–713.

Butts, R. F. (1988). A personal preface. In C. F. Bahmueller(Ed.), *CIVITAS: A Framework for Civic Education*. Calabsasas, CA: Center for Civic Education.

California Department of Education (2008). *California preschool learning foundation volume 1*. Sacramento, CA: California Department of Education.

_______________ (2013). *California preschool curriculum framework volume 3*. Sacramento, CA: California Department of Education.

_______________ (2016). *California infant/toddler learning & development foundations: Social-emotional development domain*. http://www.cde.ca.gov/sp/cd/re/itf09socemodev.asp#emoreg Retrieved July 3, 2016.

Carr, E. H. (2007). 역사란 무엇인가? 박종국 역(원저는 1961년에 출판). 서울: 육문사.

Center for the Use of Research and Evidence in Education (2012). *Evaluation of learning away: Hypothesis 8. interpersonal relationships, cohesion and sense of belonging*. http://learningaway.org.uk/wp-content/uploads/Hypothesis-8-Interpersonal-relationships-cohesion-and-sense-of-belonging-final2.pdf Retrieved January 4, 2017.

Cherry, K. (2015). *What is self-esteem?* http://psychology.about.com/od/sindex/f/what-is-self-esteem.htm Retrieved March 11, 2016.

Clinton, J. (2013). *The power of positive adult child relationships: Connection is the key*. https://www.edu.gov.on.ca/childcare/Clinton.pdf Retrieved April 19, 2016.

Coley, R. L. (1998). Children's socialization experiences and functioning in single-mother households: The importance of fathers and other men. *Child Development, 9*(1), 219-230.

Collins, S. (2016). *Self-awareness: Definition & explanation*. http://study.com/academy/lesson/self-awareness-definition-lesson-quiz.html Retrieved March 7, 2016.

Coolahan, K., Fantuzzo, J., Mendez, J., & McDermott, P. (2000). Preschool peer interactions and readiness to learn: Relationships between classroom peer play and learning behaviors and conduct. *Journal of Educational Psychology, 92*(3), 458-465.

Cooper, J. L., Masi, R., & Vick, J. (2009). *Social-emotional development in early childhood*. New York, NY: National Center for Children in Poverty.

Cordes, C., & Miller, E. (2000). *Fool's gold: A critical look at computers in childhood*. http://www.justinecassell.com/CC_Winter05/pdfs/allianceForChildhood_fools.pdf Retrieved January 30, 2017.

Crain, W. (1992). *Theories of development: Concepts and applications*. Upper Saddle River, NJ: Pearson/Prentice Hall.

Daitsman, J. (2011). Exploring gender identity in early childhood through story dictation and dramatization. *Voices of Practitioners, 6*(1), 1-12.

D'Amico, J. J., Daly, S. L., Wallace, J. D., & Wilson, J. (1980). *Words Into action: A classroom guide to children's citizenship education*. Philadelphia, PA: Research for Better School, Inc.

Damon, W. (1983). The nature of social-cognitive change in the developing child. In W. F. Overton(Ed.), *The relationship between social and cognitive development*(pp. 103-141). Hillsdale, NJ: Lawrence Erlbaum Associates.

DeBord, K. (2001). *Self-esteem in children*. https://www.ces.ncsu.edu/depts/fcs/pdfs/fcsw_506.pdf Retrieved March 11, 2016.

Degnan, K. A., Hane, A. A., Henderson, H. A., Moas, O. L., Reeb-Sutherland, B. C., & Fox, N. A. (2011). Longitudinal stability of temperamental exuberance and social-emotional outcomes in early childhood. *Developmental Psychology, 47*(3), 765-780.

Denham, S. A., Blair, K. A., DeMulder, A., Levitas, J., Sawyer, K., Auerbach-Major, S., & Queenan, P. (2003). Preschool emotional competence: Pathway to social competence? *Child Development, 74*(1), 238-256.

Department for Education (2014). *Statutory framework for the early years foundation stage*.

Bangor, UK: Department for Education.

Derman-Sparks, L., & A. B. C. Task Force (1989). *Anti-bias curriculum tools for empowering young children*. Washington, DC: National Association for the Education of Young Children.

Devries, R., & Zan, B. (1997). 유아를 위한 사회 도덕성 교육. 이은화 · 이경우 · 곽향림 역(원저는 1995년에 출판). 서울: 창지사.

Diamond, L. M., & Aspinwall, L. G. (2003). Emotion regulation across the life span: An integrative perspective emphasizing self-regulation, positive affect, and dyadic processes 1. *Motivation and Emotion, 27*(2), 125-156.

Dunfield, K., Kuhlmeier, V. A., O'Connell, L., & Kelley, E. (2011). Examining the diversity of prosocial behavior: Helping, sharing, and comforting in infancy. *Infancy, 16*(3), 227-247.

Dunn, J., & Kendrick, C. (1982). Siblings and their mothers: Developing relationships within the family. In M. E. Lamb, & B. Sutton-Smith(Eds.), *Sibling relationships: Their nature and significance across the lifespan*(pp. 39-60). Hillsdale, NJ: Lawrence Erlbaum Associates.

Early Childhood Learning & Knowledge Center (2015). *Social studies knowledge & skill*. https://eclkc.ohs.acf.hhs.gov/hslc/hs/sr/approach/elof/ssk_skills.html Retrieved July 17, 2016.

Eisenberg, N., & Lermon, R. (1983). Prosocial development: A longitudinal study. *Developmental Psychology, 19*(6), 846-855.

Eisenberg, N., Guthrie, I., Murphy, B. C., Shepard, S. A., Cumberland, A., & Carlo, G. (1999). Consistency and development of prosocial dispositions: A longitudinal study. *Child Development, 70*(6), 1360-1372.

Ellis, A. K. (1995). *Teaching and learning elementary social studies*(5th ed.). Boston, MA: Allyn and Baco.

Encyclopedia of Children's Health (2016). *Gender constancy*. http://www.healthofchildren.com/G-H/Gender-Constancy.html Retrieved February 28, 2016.

Enright, R. D., & Lapsley, D. K. (1980). Social role-taking: A review of the constructs, measures, and measurement properties. *Review of Educational Research, 50*(4), 647-674.

Epstein, A. S. (2014). Social studies in preschool? yes!. *Young Children, 69*(1), 78-83.

Erdmann, A. E. (2006). *Preschoolers' self-concepts: Are they accurate?* https://kb.osu.edu/dspace/bitstream/handle/1811/21903/Final_thesis_adobe_version.pdf Retrieved July 1, 2016.

Fabes, R. A., Carlo, G., Kupanoff, K., & Laible, D. (1999). Early adolescence and prosocial/moral behavior I: The role of individual processes. *Journal of Early Adolescence, 19*(1), 5–16.

Field, S. L., & Bauml, M. (2014). Lucy Sprague Mitchell: Champion for experiential learning. *Young Children, September*, 94–97.

Gabbe, A., & Marquis, C. (1996). The emergence of visual and conceptual perspective–taking abilities in three and four–year–old children. *The Sloping Halls Review, 3*, 47–62.

Gainsley, S. (2013). Building friendships in preschool. *HighScope Extensions, 27*(1), 1–8.

Gall, M. D., & Gall, J. P. (1976). The discussion method. In N. L. Gage(Ed.), *The psychology of teaching methods. 75th Yearbook of the National Society for the Study of Education*(pp. 166–216). Chicago, IL: University of Chicago Press.

Gecas, V. (1982). The self–concept. *Annual Review of Sociology, 8*, 1–33.

Glassman, M. (2001). Dewey and Vygotsky: Society, experience, and inquiry in educational practice. *Educational Researcher, 30*, 3–15.

Grant, J. B., & Suddendorf, T. (2009). Preschoolers begins to differentiate the times of events from throughout the lifespan. *European Journal of Developmental Psychology, 6*(6), 746–762.

Gross, J. J. (2012). Emotion regulation: Affective, cognitive, and social consequences. *Psychophysiology, 39*, 281–291.

Harter, S. (1998). The development of self–representation. In W. Damon, & N. Eisenberg(Eds.), *Handbook of child psychology: Social, emotional and personality development*(5th ed., pp. 553–617). Hoboken, NJ: John Wiley & Sons.

Hasa (2015). *Difference between social science and social studies*. http://pediaa.com/difference–between–social–science–and–social–studies/ Retrieved July 20, 2016.

Halim, M. L., & Ruble, D. (2010). Gender identity and stereotyping in early and middle childhood. In J. C. Chrisler, & D. R. McCreary(Eds.), *Handbook of gender research in psychology*(pp. 495–525). New York, NY: Springer.

Hay, D. F., Payne, A., & Chadwick, P. (2004). Peer relations in childhood. *Journal of Child Psychology and Psychiatry, 45*(1), 84–108.

Herndon, K. J., Bailey, C. S., Shewark, E. A., Denham, S. A., & Bassett, H. H. (2013).

Preschoolers' emotion expression and regulation: Relations with school adjustment. *The Journal of Genetic Psychology, 174*(6), 642–663.

Hess, U., & Thibault, P. (2009). Darwin and emotion expression. *American Psychological Association, 64*(2), 120–128.

HighScope (2016). *Social development*. http://www.highscope.org/Content.asp?ContentId=294 Retrieved January 4, 2016.

Holloway, S. D., & Reichhart–Erickson, M. (1988). The relationship of day care quality to children' free–play behavior and social problem–solving skills. *Early Child Res, Q*, 3: 39–53.

Howes, C., Matheson, C. C., & Hamilton, C. E. (1994). Maternal, teacher, and child care history correlates of children's relationships with peers. *Child Development, 65*, 264–273.

Howes, C., & Olenick, M. (1986). Family and child care influences in toddler's compliance. *Child Development, 57*, 202–216.

Howes, C., & Phillipsen, L. (1998). Continuity in children's relationships with peers. *Social Development, 7*, 340–349.

Hurlock, E. B. (1996). 아동의 성장 · 발달과 양육. 한순옥 역(원저는 1992년에 출판). 경기: 양서원.

Hyson, M., & Taylor, J. L. (2011). Caring about caring: What adults can do to promote young children's prosocial skills. *Young Children, 66*(4), 74–83.

Illinois State Board of Education (2013). *Illinois early learning and development standards*. Springfield, IL: Illinois State Board of Education.

________________ (2014). *For children birth to age three: Illinois early learning guideline*. Springfield, IL: Illinois State Board of Education.

Johnson, J. E., Christie, J. F., & Yawkey, T. D. (2001). 놀이와 유아교육. 신은수 외 역(원저는 1999년에 출판). 서울: 학지사.

Kagan, J. (2011). 성격의 발견. 김병화 역(원저는 2010년에 출판). 서울: 시공사.

Kagan, S. L. (2015). 세계 여러 나라의 교육과정 정책. 2015 유아교육국제학술대회. 서울: 아이코리아 · OMEP한국위원회 · 이화어린이연구원.

Kansas State Department of Education (2014). *Kansas early learning standards*. http://www.ksde.org/Portals/0/Early%20Childhood/Early%20Learning%20Standards/KsEarlyLearningStandards.pdf Retrieved July 23, 2016.

Karreman, A., de Haas, S., van Tuijl, C., van Aken, M. A. G., & Dekovi, M. (2010). Relations among temperament, parenting and problem behavior in young children. *Infant Behavior and Development: An International and Multidisciplinary Journal, 33*(1), 39–49.

Kharrzi, S. K., & Delgoshee, Y. (2010). Cognitive approach towards education and its impact on social responsibility of pre-school children. *Procedia Social and Behavioral Sciences, 5*, 2174–2177.

KidsMatter Australian Early Childhood Mental Health Initiative (2012). *Coping skills for managing emotions*. https://www.kidsmatter.edu.au/sites/default/files/public/KMC_201205-03_coping-skills-for-emotions.pdf Retrieved July 3, 2016.

________________________ (2014). *Developing children's social and emotional skills*. Canberra, Australia: Communications Branch, Department of Health.

________________________ (2016). *Component 2: Developing children's social and emotional*. skillshttps://www.kidsmatter.edu.au/sites/default/files/public/FrameworkBook_Component2.pdf Retrieved July 13, 2016.

Kinsman, C. A., & Berk, L. E. (1979). Joining the block and housekeeping areas: Changes in play and social behavior. *Young Children, 35*(1), 66–75.

Knafo, A., & Steinberg, T. (2011). Children's low affective perspective-taking ability is associated with low self-initiated pro-sociality. *Emotion, 11*(1), 194–198.

Kohlberg, L. (1976). Moral stages and moralization: The cognitive-developmental approach. In T. Lickona(Ed.), *Moral development and behavior: Theory, research and social issues*(pp. 170–205). Holt, NY: Rinehart and Winston.

Kostelnik, M. J., Stein, L. C., Whiren, A. P., & Soderman, A. K. (1993). *Guiding children's social development: Classroom practices*. Albany, NY: Delmar Publishers.

Kowalczyk, D. (2015). *Emotion regulation: Definition, theory & strategies*. http://study.com/academy/lesson/emotion-regulation-definition-theory-strategies.html Retrieved March 18, 2016.

Krogh, S. (1995). *The integrated curriculum*. New York, NY: McGraw-Hill.

Lackaff, J., & Mindes, G. (2013). *Social studies research summary for the work sampling system* (5th ed.). Upper Saddle River, NJ: Pearson Education.

Laible, D. J., & Thompson, R. A. (1998). Attachment and emotional understanding in preschool children. *Developmental Psychology, 34*(5), 1038–1045.

Lamb, M. E. (1978). The Development of Sibling Relationships in infancy: A short-term longitudinal study. *Child Development, 49*(4), 1189–1196.

Landy, S. (2012). *Stages of development of self-esteem in young children*. http://lakesideconnect.com/early-childhood-education-and-development/stages-of-development-of-self-esteem-in-young-children Retrieved March 11, 2016.

Lane, J. D., Wellman, H. M., Olson, S. L., LaBounty, J., & Kerr, D. C. R. (2010). Theory of mind and emotion understanding predict moral development in early childhood. *British Journal of Developmental Psychology, 28*, 871–889.

Learning Works for Kids (2016). *Improving your child's self-awareness skills*. http://cdn2.hubspot.net/hub/287778/file-231442306-pdf/improving_self-awareness.pdf Retrieved July 1, 2016.

Levin, D. E., & Carlsson-Paige, N. (2004). Marketing Violence: The Special Toll on Young Children of Color. *The Journal of Negro Education*. https://www.questia.com/library/journal/1P3-621651391/marketing-violence-the-special-toll-on-young-children Retrieved December 10, 2016.

Lewis, M. (2011). *Emotions. Encylopedia on early childhood development*. http://www.child-encyclopedia.com/emotions/synthesis Retrieved March 20, 2016.

Lindsey, E. W., & Mize, J. (2000). Parent-child physical and pretense play: Links to children's social competence. *Merrill-Palmer Quarterly, 46*(4), 565–591.

Ling, H., Luo, Y. M., & Zhang, J. R. (2013). Relationship between self-supporting behaviors and self-concept among primary school in China. *Social Behavior and Personality, 41*(8), 1245–1252.

Lipsett, A. B. (2011). Supporting emotional regulation in elementary school: Brain-based strategies and classroom interventions to promote self-regulation. *Learning Landscapes, 5*(1), 157–175.

Louisiana Department of Education (2014). *Louisiana's birth to five early learning & development standards (ELDS)*. Baton Rouge, LA: Louisiana Department of Education.

Maccoby, E. E., & Jacklin, C. N. (1974). *The psychology of sex differences*. Stanford, CA: Stanford University Press.

Manaster, H., & Jobe, M. (2012). Supporting preschoolers' positive peer relationships. *Young Chil-*

dren, 67(5), 12–17.

Martin, F. (1995). *Teaching early years geography*. Cambridge, UK: Chris Kington Publishing.

Martorella, P. H. (1985). *Elementary social studies: Developing reflective, competent and concerned citizens*. London, UK: Brownand Company.

Maxwell, L. E., & Chmielewski, E. J. (2008). Environmental personalization and elementary school children's self–esteem. *Journal of Environmental Psychology, 28*, 143–153.

McLeod, S. (2009). *Attachment theory*. http://www.simplypsychology.org/attachment.html Retrieved May 2, 2016.

________ (2016). *Id, ego and superego*. http://www.simplypsychology.org/psyche.html Retrieved December 26, 2016.

Melendez, W. R., Beck, V., & Fletcher, M. (2000). *Teaching social studies in early education*. Albany, NY: Delmar Thomson Learning.

Michigan Department of Community Health (2003). *Social-emotional development in young children*. https://www.michigan.gov/documents/Social_Emotional_Development_in_Young_Children_Guide_88553_7.pdf Retrieved February 11, 2016.

Michigan State Board of Education (2013). *Early childhood standards of quality for prekindergarten*. Lansing, MI: Michigan Department of Education.

Mid–State Central Early Childhood Direction Center (2009). *Understanding social and emotional development in young children*. http://ecdc.syr.edu/wp–content/uploads/2013/01/BulletinSocialEmotionalDevelopment2.pdf Retrieved January 5, 2016.

Mills, H., & McCarroll, E. (2012). Emotion regulation in early childhood. *Texas Child Care Quarterly, 36*(1), 5–8.

Mindes, G. (2005). Social studies in today's early childhood curricula. *Young Children, 60*(5), 12–18.

Minnesota Association for Children's Mental Health (2016). *Gender identity*. http://www.macmh.org/publications/ecgfactsheets/parentecenglish/13Gender.pdf Retrieved June 30, 2016.

Minnesota Department of Education (2015). *Social Studies*. http://education.state.mn.us/MDE/EdExc/StanCurri/K–12AcademicStandards/SocialStudies Retrieved July 20, 2016.

Ministry of Education Singapore (2012). *Nurturing early learners: A curriculum framework for kindergartens in Singapore*. North Buona Vista Drive, Singapore: Ministry of Education

Singapore.

Moor, J. E., Cooper, B. R., Domitrovich, C. E., Morgan, N. R., Cleveland, M. J., Shah, H., Jacobson, L., & Greenberg, M. T. (2015). Quarterly the effects of exposure to an enhanced preschool program on the social−emotional functioning of at−risk children. *Early Childhood Research Quarterly, 32*, 127−138.

Mussen, P. H., Conger, J. J., Kagan, J., & Huston, A. C. (1984). *Child Development and Personality*(6th rev. ed.). New York, NY: Harper & Row.

Myers−Walls, J. A., Hinkley, K. R., & Reid, W. H. (2015). *Encouraging positive self-concepts in children*. http://docs.lib.purdue.edu/cgi/viewcontent.cgi?article=2082&context=agext Retrieved November 26, 2016.

National Council for the Social Studies (2002). *National standards for social studies teachers: Expectation of excellence*. http://www.htsb.org/wp−content/uploads/2014/01/2004−NCSS−Soc−Standards.pdf Retrieved January 30, 2017.

National Council for the Social Studies (2010). *National curriculum standards for social studies*. http://www.socialstudies.org/standards Retrieved January 3, 2016.

National Scientific Council on the Developing Child (2009). *Young children develop in an environment of relationships*. Cambridge, MA: Center on the Developing Child at Harvard University.

Neill, P. (2015). Going from me to we: Social studies in preschool. *HighScope Extension, 29*(1), 1−15.

Nevada State Board of Education (2010). *Nevada pre-kindergarten standards*. Carson, NV: Nevada Department of Education.

New Jersey State Department of Education (2014). *Preschool teaching and learning standards*. http://www.nj.gov/education/ece/guide/standards.pdf Retrieved May 29, 2015.

New, M. J. (2012). *Developing your child's self esteem*. http://kidshealth.org/en/parents/self−esteem.html# Retrieved March 11, 2016.

North Carolina Department of Public Instruction (2002). *North Carolina social studies standard course of study, Effective 2003-2004 schoolyear*. (ERIC Document Reproduction Service No. ED 417510).

Office of Child Development and Early Learning (2009). *Pennsylvania learning standards for early childhood: kindergarten*. Harrisburg, PA: Pennsylvania Department of Education.

____________________ (2014a). *Pennsylvania learning standards for early childhood: Infants-toddlers*. Harrisburg, PA: Pennsylvania Department of Education.

____________________ (2014b). *Pennsylvania learning standards for early childhood: Pre-kindergarten*. Harrisburg, PA: Pennsylvania Department of Education.

Ohio Department of Education (2011). *Ohio's early learning and development standards in all essential domains of school readiness*(Birth–Age 5). http://earlychildhoodohio.org/elds/pdf/Introduction.pdf Retrieved July 23, 2016.

Ontarion Ministry of Education (2013). *The Ontario curriculum: Social studies/history and geography*. http://www.edu.gov.on.ca/eng/curriculum/elementary/sshg18curr2013.pdf Retrieved July 20, 2016.

Oren, M., & Jones, I. (2009). The relationships between child temperament, teacher–child relationships and teacher–child interaction. *International Education Studies, 2*(4), 122–132.

Parker, G., Rubin, K. H., Erath, S. A., Wojslawowicz, J. C., & Buskirk, A. A. (2006). Peer relationships, child development, and adjustment: A developmental psychopathology perspective. In D. Cicchetti, & D. J. Cohen(Eds.), *Developmental psychopathology, theory and method*(2nd ed., pp. 419–493). Hoboken, NJ: John Wiley & Sons.

Parker, W. C. (2005). *Social studies in elementary education*(12th ed.). Upper Saddle River, NJ: Pearson Prentice Hall.

Pennsylvania Department of Education (2014). *2014 infants-toddlers Pennsylvania learning standards early childhood*. https://www.pakeys.org/pages/get.aspx?page=career_standards. Retrieved March 30, 2015.

Pepler, D. J., Abramovitch, R., & Corter, C. (1981). Sibling interaction in the home: A longitudinal study. *Child Development, 52*, 1344–1347.

Petters, D. (2006). *Attachment theory and artificial cognitive systems*. http://www.cs.bham.ac.uk/~ddp/ArtificialAttachment_EUCognitionBriefing.pdf. Retrieved January 26, 2017.

Pianta, R. C., & Steinberg, M. S. (1992). Teacher–child relationships and the process of adjusting to school. *New Directions for Child and Adolescent Development, 57*, 61–80.

Pianta, R. C., & Walsh, D. J. (1996). *High-risk children in schools: Constructing sustaining relationships*. New York & London: Routledge.

Pluess, M., & Belsky, J. (2009). Differential susceptibility to rearing experience: The case of childcare. *Journal of Child Psychology and Psychiatry and Allied Disciplines, 50*(4), 396–404.

Poole, C., Miller, S. A., & Church, E. B. (2003). *Ages & stages: How children build friendships*. http://www.scholastic.com/browse/article.jsp?id=3747174 Retrieved March 6, 2016.

_________________________ (2006). Development: Ages & stages–how children develop a sense of time. *Early Childhood Today, 20*(7), 20–25.

Powell, D., & Dunlap, G. (2009). *Evidence-based social-emotional curricula and intervention packages for children 0-5 years and their families*. Tampa, FL: University of South Florida.

Putnam S. P., Gartstein M. A., & Rothbart M. K. (2006). Measurement of fine–grained aspects of toddler temperament: The Early Childhood Behavior Questionnaire. *Infant Behavior and Development, 29*, 386–401.

Quigley, C. N., & Bahmueller, C. F. (1991). *CIVITAS: Frame Work for Civic Education* (pp. 9–36). Calabasa, CA: Center for Civic Education.

Ramsy, P. G. (1998). *Teaching and learning in a diverse world*. New York, NY: Teachers College Columbia University.

Ravid, R., & Sullivan–Temple, K. (1992). *Enhancing self-concept development in preschool children*. (ERIC Document Reproduction Service NO. ED 344 699).

Rochat, P. (2003). Five levels of self–awareness as they unfold early in life. *Consciousness and Cognition, 12*, 717–731.

Rothbart, M. K. (1981). Measurement of temperament in infancy. *Child Development, 52*(2), 569–578.

Rothbart, M. K. (2012). Advances in temperament: History, concepts, and measures. In M. Zentner, & R. L. Shiner(Eds.), *Handbook of temperament*(pp. 3–20). New York, NY: Guilford Press.

Rothbart, M. K., Ahadi, S. A., Hershey, K. L., & Fisher, P. (2001). Investigations of temperament at three to seven years: The Children's Behavior Questionnaire. *Child Development, 72*(5), 1394–1408.

Rubin, R. (1980). *Children's friendships*. Cambridge, MA: Harvard University Press.

Rudasill, K. M. (2011). Child temperament, teacher–child interactions, and teacher–child relationships: A longitudinal investigation from first to third grade. *Early Childhood Research Quarterly, 26*, 147–156.

Rudasill, K. M., & Rimm–Kaufman, S. E. (2009). Teacher–child relationship quality: The roles of child temperament and teacher–child interactions. *Early Childhood Research Quarterly, 24*(2), 107–120.

Saarni, C. (2011). *Emotional development in childhood*. http://www.child–encyclopedia.com/emotions/according–experts/emotional–development–childhood Retrieved March 20, 2016.

Sammons, A. (2009). *Gender: Biological theory*. http://www.psychlotron.org.uk Retrieved August 9, 2016.

Schaffer, D. R. (1979). *Social and personality development*. Monterey, CA: Brooks/Cole Publishing Company.

Schaffer, R. H. (2006). *Key concepts in developmental psychology*. London, UK: SAGE Publications.

Schug, M. C. (1983). The development of economic thinking in children an adolescents. *Social Education, 47*, 141–145.

Schultz, D. P., & Schultz, S. E. (1987). *A history of modern psychology*. Orlando, FL: Harcourt–Brace.

Seefeldt, C. (1997). *Social studies for the preschool/primary child*(5th ed.). Upper Saddle River, NJ: Merrill.

__________ (2001). *Social studies for the preschool/primary child*(6th ed.). Upper Saddle River, NJ: Pearson Prentice Hall.

__________ (2005). *Social studies for the preschool/primary child*(7th ed.). Upper Saddle River, NJ: Pearson Prentice Hall.

Seefeldt, C., Castle, D. S., & Falconer, D. R. (2014). 제8판 아동을 위한 사회교육. 권연희 역(원저는 2010년에 출판). 서울: 시그마프레스.

Seefeldt, C., & Galper, A. (2000). *Active experiences for active children: Social studies*. Upper Saddle River, NJ: Prentice Hall, Inc.

Seefeldt, C., & Wasik, B. A. (2006). *Early education: Three, four, and five-year-olds go to school*(2nd ed.). Upper Saddle River, NJ: Pearson Education.

Sehr, D. T. (1997). *Education for public democracy*. Albany, NY: State University of New York

Press.

Selman, R. A. (1973). A structural analysis of the ability to take another's social perspective: Stages in the development of role-taking ability. *Society for Research and Child Development*, 1-30.

______ (1981). The child as a friendship philosopher. In S. R. Asher, & J. M. Gottman(Eds.), *The development of children's friendships*(pp. 242-272). Binghamton, NY: Vail Ballou Press.

Shaffer, D. R. (1999). *Developmental psychology: Childhood and adolescence*(5th ed.). Belmont, CA: Brooks/Cole Publishing Company.

Shavelson, R. J., & Bolue, R. (1982). Self-concept: The interplay of theory and methods. *Journal of Educational Psychology, 74*(1), 3-17.

Shavelson, R. J., Hubner, J. J., & Stanton, G. C. (1976). Self-concept: Validation of construct interpretations. *Review of Educational Research, 6*(3), 407-441.

Shipman, K. L., & & Zeman, J. (1999). Emotional understanding: A comparison of physically maltreating and nonmaltreating mother-child dyads. *Journal of Clinical Child Psychology, 28*(3), 407-417.

Simatwa, E. M. W. (2010). Piaget's theory of intellectual development and its implication for instructional management at presecondary school level. *Educational Research and Reviews, 5*(7), 366-371.

Sinnema, C. E. L. (2004). *Social sciences, social studies or a new term?: The dilemma of naming a learning area*. https://nzcurriculum.tki.org.nz/content/download/570/4035/file/dilemma-naming-learning.pdf Retrieved October 16, 2016.

Spodek, H. (1976). *The world's history*(2nd ed.). Chicago, IL: University Of Chicago Press.

Sroufe, L. A. (1983). Infant-caregiver attachment and patterns of adaptation in preschool. In M. Perlmutter(Ed.), *Minnesota Symposia in child psychology: The roots of maladaptation and competence*(pp. 129-135). Hillsdale, NJ: Erlbaum.

Struby, J. D. (2012). *Preschoolers. parents, and peers: Child temperament and parenting styles predictors of peer play*. Washington, DC: National Council for the Social Studies.

Sullivan, M. W., & Lewis, M. (2013). Emotional expressions of young infants and children. *Infants and Young Children, 16*(2), 120-142.

Sunal, C. S. (1990). *Early childhood social studies*. Columbus, Ohio: Merrill Publishing Company.

Symmes, S. S. (1981). *Economic education: Links to the social studies*. Washington, DC: National Council for the Social Studies.

Szewczyk-Sokolowski, M., Bost, K. K., & Wainwright, A. B. (2005). Attachment, temperament, and preschool children's peer acceptance. *Social Development*, 379-397.

Tanyel, N. E. (2009). Emotional regulation: Developing toddlers' social competence. *Dimension of Early Childhood, 37*(2), 10-15.

Thomas, A., Chess, S., & Birch, H. G. (1968). *Temperament and behavior disorders in children*. New York, NY: New York University Press. (ERIC Document Reproduction Service No. ED 025 066).

Tizard, B., Phelps, J., & Plewis, J. (1976). Play in preschool centers-II. Effects on play of the child's social class and of the educational orientation of the centre. *Journal of Child Psychology and Psychiatry, 17*, 265-274.

University of Illinois at Urbana-Champaign College of Education (2016). *Illinois early learning guidelines*. http://illinoisearlylearning.org/guidelines/domains/domain1/self-concept.htm Retrieved March 6, 2016.

Valles, N. (2012). *The moderating role of child temperament in the relation between harsh and deficient parenting and child aggressive behaviors*. http://ir.uiowa.edu/cgi/viewcontent.cgi?article=3341&context=etd Retrieved December 27, 2016.

Volling, B. L., McElwain, N. L., & Miller, A. L. (2002). Emotion regulation in context: The jealousy complex between toung sibling and relations with child and family characteristics. *Child Development, 73*(2), 581-600.

Vygotsky, L. S. (1978). Mind in society: The development of higher psychological processes. In M. Cole, V. John-Steiner, S. Scribner, & E. Souberman(Eds.), *Mind in Society*. Cambridge, MA: Harvard University Press.

Walsh, H. M. (1987). 유아를 위한 사회교육. 이경우 · 서영숙 역(원저는 1980년에 출판). 경기: 교문사.

Westcoast Child Care Resource Center (2014). *Field trips for young children*. http://www.wstcoast.org/pdf/WCCRC_FieldTrips_for_Young_Children.pdf Retrieved December 27, 2016.

Wilson, R. L., & Wilson, R. (2015). *Understanding emotional development: Providing insight into human lives*. New York, NY: Routledge.

Wisconsin Model Early Learning Standards Steering Committee (2013). *Wisconsin early learning standards*. www.collaboratingpartners.com/wmels–documents.php Retrieved July 23, 2016.

Wittmer, D. (2011). *Attachment: What works?* http://csefel.vanderbilt.edu/briefs/wwb_24.pdf Retrieved November 26, 2016.

Wolraich, M. L., Dworkin, P. H., Droiar, D. D., & Perrin, E. C. (2008). *Developmental-behavioral pediatrics: Evidence and practice*. Mosby Elsevier, PA: Philadelphia.

Zeman, J. (2016). *Emotional development-early infancy(birth-six months), later infancy months*(pp. 7–12). http://psychology.jrank.org/pages/212/Emotional–Development.html#ixzz4PmqqDIEm 2016 Retrieved November 12, 2016.

Zentner, M., & Bates, J. E. (2008). Child temperament: An integrative review of concepts, research programs, and measures. *European Journal of Developmental Science, 2*(1–2), 7–37.

저자약력

조 운 주

이화여자대학교 유아교육과(문학사)

이화여자대학교 대학원 유아교육과(문학석사, 문학박사)

현, 국립한국교통대학교 유아교육학과 교수

저서_『반성적 실천을 위한 유아교육실습』

『유아교육평가의 이론과 실제』

『유아교육기관에서의 유아생활지도』

『유아를 위한 학교폭력 예방 및 대책』

최 일 선

이화여자대학교 유아교육과(문학사)

이화여자대학교 대학원 유아교육과(문학석사, 문학박사)

현, 경인교육대학교 유아교육과 교수

저서_『유아교육개론』

『유아교육평가의 이론과 실제』

『유아교육기관에서의 유아생활지도』

『유아를 위한 학교폭력 예방 및 대책』

제3판
유아사회교육

초 판 1쇄 발행 2017년 2월 22일
초 판 2쇄 발행 2018년 7월 20일
제2판 2쇄 발행 2021년 2월 26일
제3판 1쇄 발행 2023년 8월 14일

지 은 이 | 조운주 · 최일선
펴 낸 이 | 김기섭
책임편집 | 이윤미 이혜란
펴 낸 곳 | 창지사 www.changjisa.com
08589 서울시 금천구 가산디지털 1로 83 파트너스타워 1차 9층
전화 (02) 719-2211~3
팩스 (02) 701-9386
등 록 | 1977년 4월 28일 · 제1-421호

ISBN 978-89-426-1838-5 (93370)

값 20,000원